A TEORIA SOFT EDGE

COMO AS MELHORES EMPRESAS ENCONTRAM O SUCESSO DURADOURO

use os valores essenciais de sua empresa
para acelerar o crescimento e inovar

RICH KARLGAARD

A TEORIA SOFT EDGE

COMO AS MELHORES EMPRESAS ENCONTRAM O SUCESSO DURADOURO

use os valores essenciais de sua empresa
para acelerar o crescimento e inovar

Tradutor: Alessandra Mussi Araújo

ELSEVIER

CAMPUS

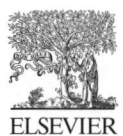

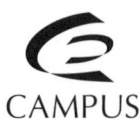

Do original: The Soft edge: where great companies find lasting sucess
Tradução autorizada do idioma inglês da edição publicada por Jossey-Bass – A Wiley Brand
Copyright © 2014 by Karlgaard. All rights reserved.

© 2015, Elsevier Editora Ltda.

Todos os direitos reservados e protegidos pela Lei nº 9.610, de 19/02/1998.
Nenhuma parte deste livro, sem autorização prévia por escrito da editora, poderá ser reproduzida ou transmitida sejam quais forem os meios empregados: eletrônicos, mecânicos, fotográficos, gravação ou quaisquer outros.

Copidesque: Edna da Silva Cavalcanti
Revisão Gráfica: Bárbara Cristina dos Santos
Editoração Eletrônica: SBNigri Artes e Textos Ltda.

Elsevier Editora Ltda.
Conhecimento sem Fronteiras
Rua Sete de Setembro, 111 – 16º andar
20050-006 – Centro – Rio de Janeiro – RJ – Brasil

Rua Quintana, 753 – 8º andar
04569-011 – Brooklin – São Paulo – SP – Brasil

Serviço de Atendimento ao Cliente
0800-0265340
atendimento1@elsevier.com

ISBN do original: 978-1-118-82942-4
ISBN 978-85-352-8087-6
ISBN (versão eletrônica) 978-85-352-8088-3

Nota: Muito zelo e técnica foram empregados na edição desta obra. No entanto, podem ocorrer erros de digitação, impressão ou dúvida conceitual. Em qualquer das hipóteses, solicitamos a comunicação ao nosso Serviço de Atendimento ao Cliente, para que possamos esclarecer ou encaminhar a questão.

Nem a editora nem o autor assumem qualquer responsabilidade por eventuais danos ou perdas a pessoas ou bens, originados do uso desta publicação.

CIP-Brasil. Catalogação-na-fonte.
Sindicato Nacional dos Editores de Livros, RJ

K27t

Karlgaard, Rich
A teoria Soft Edge: como as melhores empresas encontram o sucesso duradouro / Rich Karlgaard; tradução Alessandra Mussi Araujo. – 1 ed. – Rio de Janeiro: Elsevier, 2015.
240 p. : il. ; 24 cm.

Tradução de: The Soft edge: where great companies find lasting sucess
Inclui índice
Nota, Epílogo e Conclusão
ISBN 978-85-352-8087-6

1. Administração de empresas. I. Título.

14-15641

CDD: 658
CDU: 658

Dedicatória

Este livro é dedicado aos...
Excelentes coaches e equipes que se superam
Funcionários que ganham com dignidade o pão de cada dia, e
A todos os que demonstram coragem e virtude.

Agradecimentos

Recebi muita ajuda na produção desta obra e gostaria de começar agradecendo a Jeff Leeson, da Benson-Collister, que merece o status de coautor por seu incansável trabalho de pesquisa, redação, edição, organização e negociação de mão de obra. Annalisa Camarillo, que me apresentou a Jeff, foi uma amiga leal e constante durante a criação de *A teoria soft edge*, bem como seus colegas Anjali Acharya, Richard Bliss e Matthew Butter da NetApp. Também tiro o chapéu para Jennie Grimes.

Tivemos sorte por Susan Williams (ex-principal editora na Jossey-Bass) ter-nos escolhido como seu projeto final antes de se desligar da empresa para abrir sua própria consultoria editorial. Karen Murphy, colega de Susan, assistiu à nossa primeira apresentação do livro e disse que o considerou impetuoso, mas um tanto piegas. Ouvimos o sábio conselho de Karen, voltamos e ajustamos o foco. Também quero agradecer a Michael Friedberg, Mary Garrett, Hilary Powers e John Maas da Jossey-Bass, sem deixar de lado Carolyn Monaco, mestre em consultoria editorial.

Entrevistei inúmeras pessoas para escrever este livro.

Meu muito obrigado a Dale Klapmeier, Pat Waddick e Todd Simmons da Cirrus Aircraft; e a Rick Beach e Curtis Sanford da Cirrus Owners & Pilots Association. Agradeço também ao Dr. Richard McGlaughlin, um homem santo e sábio que falou abertamente sobre desempenho em um discurso na feira de aviação Sun'n Fun, em 2012, ao contar sua emocionante experiência em voo sobre mar aberto.

Várias pessoas na FedEx conversaram comigo, inclusive Fred Smith, o lendário fundador, CEO e presidente do conselho; David Bronczek, Rob Carter, Patrick Fitzgerald, Jim Barksdale e dezenas de outros profissionais, me ensinaram a pousar um Boeing 777 em um simulador da companhia. Um agradecimento especial à Virginia Wester, que há muito tempo trabalha como assistente executiva de Fred Smith, e a Johnny Pitts, homem de negócios de Memphis capaz de fazer com que todos na cidade atendam seus telefonemas, que gentilmente apresentou-me a Fred Smith.

Karl Oestreich abriu as portas da Mayo Clinic, onde passei algumas horas muito produtivas entrevistando Matt Dacy, Chuck Rosen, David Farley, Doug Wood, Jim Rogers, Lisa Clark, Mark Warner, Pam Johnson, Siobhan Pittock, Kelly Luckstein, entre outros, cujos QIs estão muito acima da média.

No Northwestern Mutual, pude contar com a ajuda de John Schlifske, Todd Schoon, Conrad York, Jennifer Ryan, Marie Squire, Juan Baron, Scott Theodore, Jennifer Brase, Michael Pritzl, Delynn Alexander e Jimbo Huckabee. Também aprendi muito sobre a dedicada e surpreendente força de vendas de seguros em minhas conversas com representantes financeiros em St. Louis, Omaha, Seattle e Portland.

Os fanáticos por ciclismo na Specialized foram de grande ajuda. O fundador e CEO Mike Sinyard, conhecido por sua timidez, foi extremamente solícito, assim como Robert Egger, Ian Hamilton, Amber Lucas, Eric Edgecumbe, Mark Cote e Katie Sue Gruener. Com certeza, o período que passei na Specialized foi o mais divertido desta jornada. Vou sempre guardar com carinho a lembrança do dia em que ultrapassamos "voando" o ciclista Andy Schleck em nossas turbos elétricas. O grande Schleck virou a cabeça e lançou-nos um olhar estupefato.

Também quero agradecer a Howard Price, Robyn Albarran, Julie Parrish, Cynthia Stoddard, Amy Love, Jessica Rose, Jodi Baumann, Dave Hitz, Jay Kidd, Tom Mendoza, Tom Georgens, Judy Estrin, Tony Fadell, David Chang, Margit Wennmachers, Nancy Duarte, Chris Wicher, Peter High, Jim Snabe, Vivek Wadhwa, Tara VanDerveer, Maynard Webb, Greg Becker, Danny Stern, Emily Snyder e Karen Tucker.

Com uma gratidão que beira o constrangimento, deixo meu muito obrigado aos leitores dos primeiros manuscritos desta obra: Tom Peters, Clayton

Agradecimentos | IX

Christensen, Randy Komisar, John Kennedy, Guy Kawasaki, Greg Welch, Jerry Bowyer, Rick Segal e o Pastor John Ortberg.

Agradeço também a Pamela Berkman, Nic Albert, Eveline Chao e Kathleen Dolan Davies por toda a ajuda e boa vontade com que compartilharam seu profundo conhecimento sobre o setor editorial. Um agradecimento especial a Patrick Chisholm e a todo o pessoal da Accentance pelo ótimo trabalho na transcrição das inúmeras entrevistas que realizei para este livro.

Indo um pouco mais longe, gostaria de agradecer aos meus colegas da Forbes Media – todos verdadeiros guerreiros que estão entre as pessoas mais valentes e mais inteligentes que conheci – mas estas almas elevadas merecem menção especial: Steve Forbes, presidente do conselho e editor chefe; Mike Perlis, CEO; e Mike Federle, Jack Laschever, Mark Howard, Tom Davis, Bruce Rogers, Carol Nelson, Paul Noglows, Janett Hass, Ann Marinovich, Lisa Bentley, Taryn Moy, Lisa Carden, Moira Forbes, Miguel Forbes, Tara Michaels, Brian McLeod, Michael Monroe, Leann Bonanno, Adam Wallitt, Mary Baru, Michael Peck, Jen Cooke, Sherry Phillips, Menia Poulios, Gheeva Chung, Lewis D'Vorkin, Randall Lane, Andrea Spiegel, Michael Noer, Tom Post, Dan Bigman, Bruce Upbin, Tim Ferguson, John Tamny, David Asman, Elizabeth MacDonald, Sabrina Schaeffer, Rick Ungar, Mike Ozanian, John Huber, Merrill Vaughn, Glen Davis, Elizabeth Gravitt, Mia Carbonell, Margy Loftus, Nina LaFrance, Michael Dugan, Tom Callahan, MariaRosa Cartolano, Elaine Fry, Charles Yardley e nossos superastros asiáticos: Will Adamopoulos, Tina Wee e Cecillia Ma Zecha. Meu muito obrigado também ao meu colega de longa data, Mike Woods.

Um agradecimento carinhoso vai para meus amigos do Washington Speakers Bureau: Harry Rhoads, Christine Farrell, Ronda Estridge, Anne Thalman, Bob Parsons, Christine Lansman, Georgene Savickas, Ivy Gustafson, Julie Westendorff, Kevin Jeske, Kristin Downey, Kristy Kalo, Liz Chappell, Maggie Molpus, Marissa Williams, Meredith Kennedy, Monica Abangan, Sheldon Bream, Will Lee e Nika Spencer. Agradeço também aos perspicazes conselhos de Steve Sobel, Barrett Cordero e Ken Sterling.

Finalmente, meu muito obrigado às pessoas mais próximas: minha esposa, Marji; minha filha, Kaite; meu filho, Peter; minha mãe, Pat; minha irmã, Mary e meu irmão, Joe. Não posso me esquecer daqueles que já se foram, mas que continuam sendo fonte de inspiração e alegria: meu pai, Dick, e minha irmã, Liz.

O autor

Rich Karlgaard é o editor da revista *Forbes*, para a qual também escreve uma coluna, "Innovation Rules", famosa pelas espirituosas análises das questões de liderança e negócios. Também participa regularmente do programa de televisão *Forbes on FOX*, desde seu lançamento em 2001. Entre outros empreendimentos, Karlgaard é cofundador da revista *Upside*, da Garage Technology Partners e do Churchill Club, badalado fórum de negócios aberto ao público com 7.500 membros, com sede no Vale do Silício. Foi agraciado com o prêmio "Entrepreneur of the Year" da Ernst & Young. Seu livro *Life 2.0,* publicado em 2004, figurou na lista dos mais vendidos do *Wall Street Journal*. Graduado pela Universidade de Stanford, Karlgaard mora com a família no Vale do Silício.

Para mais informações, visite o site em richkarlgaard.com.

Prefácio
Um conto de transformação – e de ganhos de produtividade duradouros

Nos negócios, ganhos marginais acrescentam. Por isso gastamos tanto tempo procurando por eles. Se pudermos reduzir 2% de custos aqui e cortar um mês do tempo de desenvolvimento ali, isso fará diferença.

Boas empresas procuram implacável e incessantemente esse tipo de melhoria. Mas as organizações excepcionais fazem mais do que isso. Elas cavam fundo para descobrir ganhos transformadores. Deixe-me ilustrar isso por meio de uma incrível história de transformação pessoal.

Em outubro de 2001, Roberto Espinosa, um morador de 31 anos de San Antonio, Texas, pisou na plataforma do elevador de serviço do Manduca, seu restaurante em River Walk, um badalado bairro da cidade. Foi como pisar no ar. De repente, a plataforma cedeu, mergulhou 9 m até o fosso e se chocou com o concreto.

Atordoado, Espinosa rastejou para fora do poço do elevador, alternando entre o estado consciente e o inconsciente. Ele mal se lembra da chegada dos socorristas que, cuidadosamente, imobilizaram o pescoço de Espinosa, o prenderam em uma maca e o levaram pelos 8 km até o Brook Army Medical Center.

Seis horas de cuidado intensivo se seguiram. Espinosa sobreviveu, mas teve uma longa e dolorosa jornada até a recuperação.

Espinosa sempre havia buscado uma vida independente. Ele tinha uma predisposição natural para os negócios. Sua família comandava uma loja de móveis chamada De Firma, no México, que em pouco tempo expandiu-se até San Antonio, com o nome de Home Emphasis. Quando criança, Espinosa acreditava que iria trabalhar no negócio da família. Mas conforme o tempo passava, ele tinha vontade de provar seu valor fora do casulo familiar e assumir novos riscos.

Foi assim que ele abriu o Manduca – sem saber se havia tomado uma decisão corajosa ou burra. Com uma média de falência de 60% em três anos, os restaurantes estão entre os negócios mais arriscados. A esposa de Espinosa, Lourdes, insistiu para que diminuíssem o risco adquirindo um seguro de vida e invalidez para Roberto. "Como não sabia muito sobre seguros, liguei para um conhecido, Fernando, uma pessoa em quem eu confiava."

A confiança valeu a pena. Depois da queda do elevador e da quase morte de Espinosa, Fernando Suarez passou a visitá-lo frequentemente no hospital, quase tanto quanto a família de Espinosa. "Ele sempre estava lá", disse Espinosa. "Como amigo, não como vendedor."

De qualquer forma, tentar vender alguma coisa seria inútil, pois Espinosa não tinha dinheiro para comprar mais apólices de seguro. O ataque terrorista de 11 de setembro tinha transformado uma leve recessão em algo pior. O setor de viagens e hotelaria foi particularmente atingido. Em 2002, a fragilidade física de Espinosa o obrigou a fechar o Manduca. Ele nunca tinha experimentado um fracasso como esse.

Percebendo a dificuldade financeira de Espinosa e o declínio de sua confiança, Suarez convidou Espinosa para ser representante de sua companhia de seguros, a Northwestern Mutual. Espinosa aceitou a proposta.

Mas, na prática, o que significa aceitar um trabalho de vendedor de seguros? Esses empregos pagam apenas uma comissão. É uma carreira de verdade? Ou é uma aposta tola, feita em um momento de vulnerabilidade? "Os primeiros três anos foram muito difíceis", admite Espinosa. "Eu tinha problemas ao fazer as ligações de vendas. Meus clientes potenciais sentiam a minha falta de convicção. Eu estava tão desencorajado, que cheguei a limpar minha mesa três vezes."

Recorrendo a coaching e mentoring, Espinosa conseguiu passar por esse áspero começo e os ganhos começaram a aparecer. Ainda assim, era difícil sobreviver, pagar as contas e continuar a vida. Então veio um ponto de virada que mudou a carreira de Espinosa para sempre. "Eu estava no funeral de um cliente", começou "quando a filha de oito anos do finado se levantou e disse que sentia saudades de seu pai. Depois ela disse que sua família ficaria bem. Eu fiquei em lágrimas ouvindo aquilo de uma menina de oito anos. De repente, soube que o que eu estava fazendo era um trabalho muito importante". Naquele dia, Espinosa achou sua convicção. Em poucos anos, ele se tornou um dos melhores recrutadores de novos representantes em San Antonio. Espinosa estima que sua produtividade aumentou cerca de *cinco vezes* quando seu "botão de convicção" foi ligado. Isso não é um ganho marginal. É algo muito maior. Para Espinosa e para a companhia que ele representa, os ganhos não param de crescer.

A maioria das companhias espera por um acontecimento transformador como esse. No entanto, venho observando que as empresas excelentes são aquelas que sabem onde lançar as sementes.

Rich Karlgaard
Palo Alto, Califórnia
Fevereiro de 2014

Apresentação

Tom Peters

Bob Waterman e eu éramos durões. Ambos consultores da McKinsey. Ambos engenheiros (Bob em mineração e eu na engenharia civil). Ambos tínhamos MBA pela Stanford. A vida para nós começava e terminava com uma análise cética. Também tínhamos uma visão "McKinseyana" da América corporativa. Entre outras coisas, trabalhávamos no escritório da McKinsey em San Francisco, no 48º andar do prédio da então sede do Bank of America. Alguns andares acima de nós ficavam as palacianas salas do CEO do banco. Portas de carvalho, se não me engano, que chegavam ao lendário nevoeiro da cidade. O chefe estava protegido contra a humanidade por um exército de subalternos em elegantes ternos Savile Row.

No entanto, numa certa tarde de 1977, lá estávamos nós, perto do quilômetro 48 da U.S. 101, virando na Mill Road para entrar em outra sede corporativa. Desta vez, iríamos para a Hewlett-Packard. Na época, a HP acabara de cruzar a fronteira de $1 bilhão em receita. Tínhamos uma reunião, que conseguimos agendar sem a menor burocracia, com John Young, presidente da HP. Assim que chegamos, John se apressou para nos receber e nos conduziu ao seu gabinete. Ou será que esta é a palavra errada? Na verdade, era um cubículo com divisórias baixas, de cerca de 3 m^2, que ele dividia com uma secretária.

Hmmmm.

Meia hora depois, o Sr. Young nos surpreendeu com uma ideia que mudaria a nossa vida. No escopo da lendária "HP Way", o conceito era conhecido carinhosamente como "MBWA" (Managing By Wandering Around – gerenciar andando por aí). O gestor não parava no escritório, saía com os engenheiros (com o pessoal de compras ou quem quer que fosse), trocava ideias e sentia o pulso da empresa onde o trabalho era realmente feito.

Agora, vamos dar um salto de cinco anos no futuro. Bob e eu escrevemos um livro intitulado *Vencendo a crise* e, apesar de publicado havia poucos dias, parecia que um monte de gente já tinha adquirido um exemplar. Estávamos em Nova York a caminho de uma entrevista matinal com Bryant Gumbel no *Today Show*. Na então chamada sala verde, Bob olhou para mim com um sorriso irônico e disse: "E aí, quem vai dizer 'MBWA' em rede nacional?" Ele era meu superior e eu hesitei.

Chamamos o MBWA de *soft stuff* (atributos sociais) – o estilo de trabalhar em contato com os clientes e funcionários, mesmo em uma empresa de grande porte. Tratava-se de uma inovação de alta velocidade, movida pela vontade de criar um protótipo rápido e fazer todo mundo utilizá-lo em ritmo acelerado. Foi um longo caminho desde as suntuosas portas de carvalho e do exército de assistentes do Bank of America que ainda trabalhavam dois andares acima de nós nos primórdios de nossa história em San Francisco.

Continuávamos sendo engenheiros. Ainda analisávamos as montanhas de todo tipo de dados que conseguíssemos desenterrar. Mas agora – graças a HP, 3M, Johnson & Johnson e cerca de 40 outras corporações do gênero – tínhamos uma visão mais completa de como sustentar um desempenho excelente. Sim, o *hard stuff* (atributos técnicos) não havia perdido a importância. No entanto, acabamos descobrindo que, por mais que lutássemos para não cair em clichês, o "alicerce da excelência" está nos *soft stuff* (atributos sociais) — a importância de envolver 100% do esforço e da imaginação dos funcionários, de nos conectarmos fortemente com os clientes e inovarmos em parceria com eles, de experimentar ideias arrojadas sem pestanejar e sem milhares de aprovações prévias, e de descartar os inevitáveis erros e avançar rapidamente para o próximo experimento.

Bob e eu descobrimos coisas que não esperávamos e que abalaram nossos preconceitos. As ideias e histórias que colocamos em *In Search of Excellence* (no Brasil, publicado como *Vencendo a crise*) dificilmente seriam "a resposta", mas ajudamos a criar um novo modelo de gestão empresarial de vanguarda.

Apresentação | XVII

Os tempos mudaram – será? Na ânsia de certificar-se, a HP Way acabou tomando o rumo errado, com uma sucessão de CEOs que gerenciavam pelos números e acabaram por sufocar a essência da HP. Como mostram os exemplos da Enron e da WorldCom na década de 1990, a crise subprime no início dos anos 2000 e atualmente os inúmeros players fora da realidade, obcecadas por números e paradigmas (Models-R-Us), as empresas podem alcançar o ápice e desmoronar pouco tempo depois.

Chegou a hora de recomeçar?

Acho que esta é uma boa hora para começar tudo de novo e isso me leva à deliciosa tarefa de aplaudir o nascimento de uma nova e necessária revolução anunciada por esta magistral teoria de Rich Karlgaard. Como editor da *Forbes*, Rich, assim como Bob Waterman e eu, conta com impecáveis credenciais lógicas e técnicas para cumprir a missão. Também como Bob e eu, ou mais ainda, nesta obra, ele não foge do lado analítico das coisas.

Rich oferece e defende um equilibrado triângulo composto pelas seguintes forças: "atributos técnicos" (*hard edge* – sistemas e processos que orientam a execução de tarefas complexas); "base estratégica" (você tropeçará e cairá rápido se não tiver um direcionamento estratégico claro) e, seu foco neste livro, os "atributos sociais" (*soft edge* – muitas vezes ignorados ou subestimados, estes representam os valores humanos e a resiliência em um mundo assustadoramente caótico).

A essência do livro, não muito diferente dos "oito princípios" que embasam o *Vencendo a crise*, consiste em capítulos que analisam em detalhes coloridos e instrutivos os elementos básicos do *soft edge*:

- Confiança
- Inteligência
- Equipes
- Gostos
- História

Dos cinco fatores que compõem o *soft edge* (ou os cinco pilares, como Rich os batizou), o elemento básico identificado como "gostos" (que corrobora claramente as preferências pessoais por trás do estonteante sucesso da Apple) é o atributo no qual Rich apresenta um exemplo que arremata todo o livro. Embora more e trabalhe no centro do Vale do Silício, o autor propositadamente estendeu sua análise a todos os setores da economia. Veja esta importante observação feita por Robert Egger, o designer-chefe da Specialized Bicycles. Egger chama de "gostos" o "encantador e indescritível ponto entre a verdade dos dados e a verdade humana... Você quer algo que funcione muito bem e que tenha uma grande carga emocional". O *hard edge* e a base estratégica são realmente necessários, mas têm pouco valor sem uma diferenciação mais ou menos sustentável, resultante do *soft edge*.

Devo admitir, com todo o carinho, que eu adorei este livro. Tenho lutado a "guerra do *soft edge*" desde 1977 – ou seja, há 37 amargos anos! Esta é, de fato, uma guerra que não pode ser vencida. Acredito firmemente no equilíbrio (como demonstra o triângulo de forças de Karlgaard). Mas também acredito que a posição padrão sempre favorecerá a base estratégica e o *hard edge*, e que, sem uma vigilância constante, o *soft edge* estará sempre relegado ao segundo (e geralmente o último) plano na divisão do tempo, atenção e dos recursos de uma empresa. Contudo, como Rich demonstra aqui de forma tão brilhante, em geral, e talvez hoje mais do que nunca, apenas um compromisso forte e apaixonadamente mantido com um vibrante *soft edge* pode elevar as chances do sucesso de longo prazo e da excelência nestes dias de mudanças cada vez mais aceleradas.

Em suma, você está avisado – ignore o argumento deste maravilhoso livro por sua conta e risco.

Sumário

Dedicatória V
Agradecimento VII
O autor XI
Prefácio XIII
Apresentação XVII

1	Uma fonte de inovação contínua	1
2	*Hard edge* versus *soft edge*	19
3	Confiança	33
4	Inteligência	61
5	Equipes	89
6	Gosto	121
7	História	153

Conclusão 183
Epílogo
  Clayton M. Christensen 193
Notas 197
Índice 205

# Uma fonte de inovação contínua
O soft edge

Inovar ou morrer. A escolha não é opcional. O tempo está correndo. Parece um pouco melodramático, mas é a verdade. Ondas fortes parecem atingir nossas empresas com mais frequência do que antes. Se quisermos sobreviver e prosperar, a inovação deve ser mais do que um acontecimento isolado. Deve ser algo perpétuo, incorporado, uma resposta automática aos desafios e mudanças.

A "resposta à inovação" nas empresas é muito parecida com uma reação imune saudável nos organismos vivos. As pessoas que gozam de boa saúde não têm explosões repentinas de saúde. Elas são saudáveis praticamente o tempo todo. Seus sistemas imunológicos lutam contra a maioria das ameaças de forma rotineira. O mesmo pode valer para as empresas? A analogia se encaixa. Nas grandes empresas, a inovação é uma resposta natural às ameaças.

Por que, então, algumas empresas respondem de forma mais robusta à inovação do que outras? De onde vem essa vitalidade? Do CEO? Talvez isso aconteça em uma pequena porcentagem das empresas. Porém, até mesmo para esse grupo relativamente pequeno, vale a pena notar que os CEOs não ocupam o cargo eternamente.

De uma estratégia inteligente? Se você acha que sim, então deve acreditar que sua estratégia sempre será a correta. No entanto, em toda a história da indústria, não encontraremos uma única empresa que sempre tenha tido uma grande estratégia. A história está repleta de organizações aparentemente sólidas que desaparecem de repente por causa de premissas estratégicas e apostas erradas. Eastman Kodak, Digital Equipment, MySpace, alguém mais?

De uma execução impecável? A Dell, com as ações que cresceram mais rápido nos anos de 1990, é muito conhecida por seu rígido controle de custos, domínio da rede de fornecedores, rapidez na entrega e outras habilidades executadas com perfeição. As tranquilas operações da Dell funcionaram de forma brilhante na era dos PCs e laptops e os departamentos de tecnologia da informação das empresas que adquiriram os dois tipos de produto para seus funcionários. De repente, o modelo perfeito de execução da Dell não foi mais suficiente para sustentar essa superioridade. Foi atropelado por uma mudança em direção aos smartphones e tablets e pelos funcionários que levavam sua própria tecnologia para o trabalho.

Será que essa robustez vem das grandes apostas em P&D (pesquisa e desenvolvimento)? Isso com certeza está implícito quando se lê um relatório anual e a empresa se orgulha do tamanho de sua verba para P&D. (Que empresa *não se orgulharia* disso?) Mas P&D, embora tenha uma importância crucial na resposta à inovação e no futuro da saúde dos negócios, por si só, não basta.

Por fim, que tal ter um exército de assistentes tecnológicos para usufruir das vantagens mais avançadas em termos de *big data*, nuvem, celulares, redes sociais e assim por diante? Ah, deve ser isso! Pense bem. Uma vantagem tecnológica já não dura tanto quanto antes. Considere semanas ou meses, e não anos e décadas.

Uma resposta saudável à inovação vem de um lugar mais profundo na empresa. Mas começa em algum lugar, e esse lugar é o que chamo de *soft edge* (atributos sociais).

COMO UM SIMPLES TRIÂNGULO É CAPAZ DE PREVER A SAÚDE POR LONGO PRAZO

No mundo biológico, sabemos que um organismo saudável tem maior chance de sobreviver e adaptar-se às mudanças do que um organismo doente. Isso não é nenhuma novidade. Agora, imagine que desejamos prever as chances de qualquer pessoa em termos de saúde por longo prazo. Podemos fazer isso? Sim. Para tanto, podemos usar um simples triângulo com os três lados iguais como o da Figura 1.1 como estrutura conceitual.

Uma pessoa com as melhores chances de gozar de boa saúde por longo prazo é aquela que é saudável em *todos os* lados do triângulo. Essa pessoa terá saúde *física* — muita energia, poucas doenças e facilidade de locomoção, para o trabalho e para o lazer. Uma boa saúde *mental e emocional* é o segundo componente do bem-estar. Isso não equivale a uma vida cheia de felicidade, claro. Isso significa que a pessoa terá uma perspectiva equilibrada, entenderá a causa e o efeito, terá a capacidade de planejar com antecedência e será capaz de atuar até mesmo em circunstâncias difíceis. O terceiro lado do triângulo, a saúde *social*, significa que ela tem mais chance de ter uma vida saudável quando está perto da família e dos amigos e colegas, em ambientes com baixo índice de criminalidade e um estado de direito estável, coesão social e oportunidade econômica. Retire algum desses pilares sociais — viva em um país devastado pela guerra, digamos — e suas perspectivas de saúde estarão em risco, mesmo que você esteja física e mentalmente forte neste momento.

Figura 1.1   Triângulo da saúde

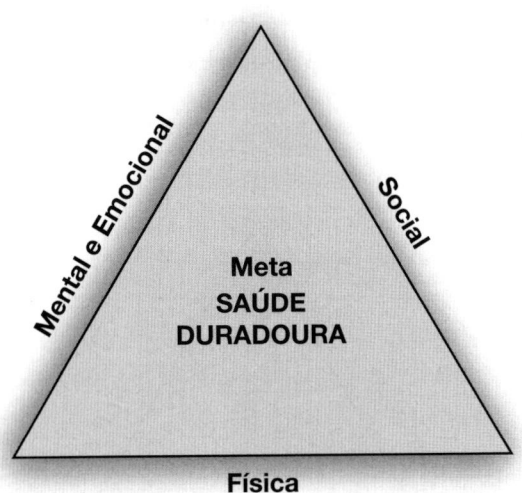

Visto dessa forma, uma análise do triângulo da saúde pode revelar rapidamente *onde* uma pessoa correria o risco de não gozar de boa saúde por longo prazo.

O TRIÂNGULO DO SUCESSO DURADOURO DA EMPRESA

Agora pensemos em termos de negócios. Imagine que desenhássemos um triângulo parecido com aquele que prevê a saúde de uma pessoa por longo prazo. Somente esse triângulo poderia prever as chances de uma empresa ter sucesso duradouro. Em sua forma mais elementar, ele se pareceria com a Figura 1.2.

Façamos uma rápida análise do triângulo, começando pela base, a *base estratégica*. Qual a importância de adotar uma estratégia correta para a empresa? Quando visitei Fred Smith, fundador, CEO e presidente do Conselho da FedEx, na sede em Memphis, ele disse que essa era a principal prioridade da empresa.

A base estratégica — Fundamental

Como me disse Fred Smith: "A primeira coisa que toda organização precisa acertar é a estratégia. Você pode ter as melhores operações. Você pode ser o mais competente naquilo que fizer, mas se você não tiver uma boa estratégia, será tudo em vão. Pense na Digital Equipment. Pense na Wang. Pense na Lockheed no setor de aeronaves comerciais. Havia caminhos diferentes a seguir quando essas empresas escolheram a estratégia errada. Sem uma estratégia viável, você acaba saindo do negócio."

Figura 1.2 Triângulo do sucesso de longo prazo da empresa

Figura 1.3   Base estratégica

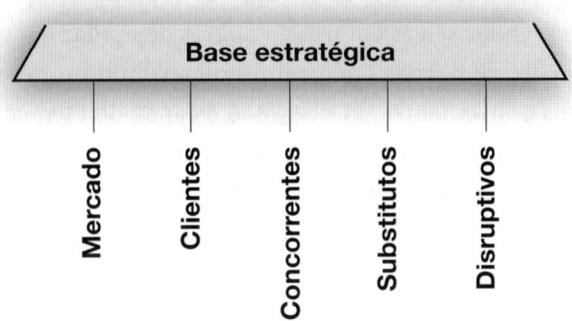

Este não é um livro sobre estratégia. Mas você só conseguirá entender a diferença entre *soft edge* e estratégia se tiver uma compreensão clara sobre o verdadeiro significado de estratégia. Portanto, vamos dar uma rápida olhada nisso. Ao conversar com os melhores CEOs — que, assim como Smith, já passaram por vários ciclos de negócios e mudanças no mercado — e ao ler mais livros clássicos sobre estratégias de negócios, como *Estratégia Competitiva* (Ed. Campus, 2005) de Michael Porter, *O Dilema da Inovação* (Ed. M. Books) de Clayton Christensen e *O Jogo da Liderança* (Ed. Campus – RJ Inativar) de A. G. Laffley e Roger Martin (para citar apenas três dos melhores), você acaba voltando para os cinco pilares da estratégia ilustrados na Figura 1.3. Analisemos um de cada vez.

Mercado: Em quais mercados você atua no momento? São eles os mercados certos para o seu negócio? Você deveria entrar em algum ou sair de outros? Quais são os mercados adjacentes? Quais são as forças que moldam esses mercados? Quais mercados em que você atua estão crescendo, e quais estão estagnados?

Clientes: Quem são seus clientes? Por que eles compram seu produto? Quem são seus clientes potenciais? Por que eles *ainda não* compraram seu produto? Seus produtos têm o preço certo para seus clientes? Como seus clientes reagiriam a preços mais altos? E a preços mais baixos?

Concorrentes: Quem são seus concorrentes diretos? Como suas competências e produtos se equiparam aos deles? Em que você é melhor e em que você é pior? Qual é a sua posição de mercado em relação à deles?

Substitutos: Quem são seus concorrentes indiretos? Para onde seus clientes iriam se você não existisse? Esses substitutos ameaçam se tornarem concorrentes diretos? Ou representam uma oportunidade de expansão e aquisição?

Disruptivos: Quais são as empresas capazes de mudar o jogo tecnológico no seu setor? Você vê novos concorrentes oferecendo produtos muito mais baratos ou mais convenientes do que você é capaz de oferecer, mesmo que ainda não sejam seus concorrentes diretos? Esses produtos disruptivos estão encontrando novos clientes que antes eram ignorados? Você está perdendo funcionários valiosos para esses concorrentes de disrupção? Quando começará a perdê-los?

Essas considerações são vitais para sua empresa, mas não são as perguntas feitas no *soft edge*. Embora sejam importantes, devo deixá-las de lado agora, porque — como já disse — este não é um livro sobre estratégia. (Para ver minhas principais opções de excelentes livros sobre estratégia, visite meu site em richkarlgaard.com.)

O *hard edge* — execução precisa

Quando a Apple tornou-se a empresa mais valiosa do mundo, em setembro de 2012 — título que perdeu um ano depois, mas que ainda poderá reconquistar —, seu CEO era Tim Cook, que estava no cargo havia apenas 13 meses. Antes disso, Cook trabalhou como Chief Operating Officer (COO) da Apple desde 2007.

Cook era considerado por muitos o melhor COO de empresas de grande porte do mundo. Por que Cook era tão eficaz? Primeiro, ele era (e ainda é) um "pé de boi" para trabalhar. Normalmente, começa a enviar e-mails para os colegas às 4h30. Quase sempre não almoça, come barras energéticas o dia todo. No domingo à noite, convoca uma reunião de gerentes da Apple (por telefone, graças a Deus) para falar sobre a semana. Cook exige de si próprio a excelência e espera o mesmo de seus colegas. Por exemplo, quando um gerente da Apple relatou um problema com uma fábrica na China, a resposta de Cook foi um olhar incrédulo. Então, "o que você está fazendo aqui?", perguntou Cook. "Vá já para o aeroporto, pegue um avião e resolva o problema." O gerente nem teve tempo de fazer a mala.[1]

A segunda razão pela qual Cook era um tremendo COO é porque ele tinha completo domínio do que eu chamo de *hard edge* dos negócios, conforme demonstrado na Figura 1.4.

Figura 1.4   O *hard edge*

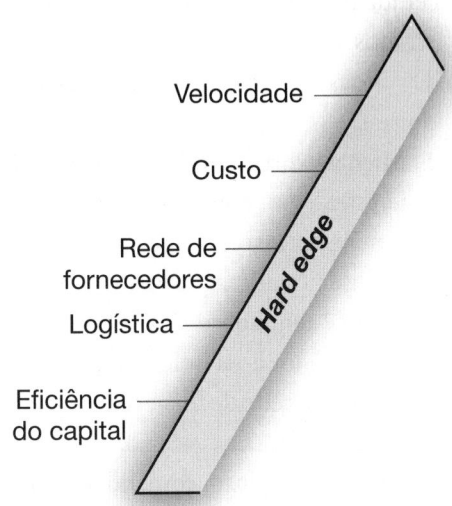

O próprio Cook chama isso de lado da execução. A execução do *hard edge* consiste em gerenciar exatamente de acordo com os números. As pessoas que estão do lado do *hard edge* dos negócios são boas em fazer os trens andarem no horário. O foco está no lucro. O idioma comum é o tempo, o dinheiro e os números. Todas as empresas no mundo precisam desses funcionários – os "Tim Cook da vida". As empresas que não conseguem executar com precisão o *hard edge* dos negócios vão fracassar no final.

Estes são os cinco pilares que embasam o *hard edge*:

Velocidade: Quando a FedEx promete uma entrega de um dia para outro, tem que cumpri-la ou sua marca será afetada. O mesmo acontece com a Amazon, que agora está fazendo entregas diárias em alguns mercados. A execução necessária para que isto ocorra é a soma de uma série de números. Os aviões estão no horário? Com que rapidez cada avião é descarregado? Qual é a velocidade das esteiras? A velocidade também é crucial no desenvolvimento de novos produtos. No Capítulo 5, descreverei como a SAP, gigante do setor de software, explodiu e depois reconfigurou a abordagem da sua equipe para reduzir o tempo de desenvolvimento de produtos em 60%.

Custo: Nem todas as empresas concorrem com base no menor preço, mas nenhuma será bem-sucedida por muito tempo se desperdiçar dinheiro por ter seus custos mal administrados. Isso significa dinheiro não disponível para P&D, para aumentar a força de vendas, para bonificações mais altas aos funcionários que merecem e aos acionistas.

Rede de fornecedores: Michael Porter, professor na Harvard Business School, decano dos pensadores de estratégia, colocaria os fornecedores na categoria de estratégia. Em seu livro mais famoso, *Estratégia Competitiva* (Ed. Campus, 2005), ele faz duas perguntas relacionadas: que vantagem seus fornecedores têm sobre você? Que vantagem você tem sobre eles? O que mudou desde o livro seminal de Porter de 1980, claro, foi a tecnologia, que consegue monitorar e relatar mudanças em tempo real na rede de fornecedores. Por isso incluo a rede de fornecedores no lado do *hard edge*.

Logística: Norman Schwarzkopf, que foi comandante-chefe das U.S. Central Forces Command na Guerra do Golfo Pérsico, disse o seguinte em entrevista na televisão: "Os generais de gabinete falam de estratégia. Os verdadeiros generais falam de logística."[2] A logística se confunde com a rede de fornecedores, mas, na verdade, ela é o *como* da rede de fornecedores. Onde estão os caminhões? Qual a quantidade de combustível disponível? Quanto isso vai custar? Estamos operando com bastante rapidez? Todas as grandes empresas têm pulso firme com a logística.

Eficiência do capital: Essa vantagem *hard edge* é crucial para o sucesso. Sua empresa está fazendo o melhor uso de seu capital? Digamos que você comande a Southwest Airlines. Como você limitaria as compras de combustível? Essa decisão pode afetar de forma positiva ou negativa a lucratividade da companhia aérea nos próximos cinco anos. Ou digamos que você seja uma startup que está crescendo rapidamente, mas ainda não é rentável. Você deveria levantar capital com a emissão de ações? Aumentando sua linha de crédito com o banco (supondo que isso seja possível)? Será que você deveria optar por títulos com alto rendimento? As grandes empresas pensam na sua estrutura de capital. As estratégias tributárias também seriam incluídas em eficiência do capital.

Discutirei mais o *hard edge* no próximo capítulo. Agora é hora de apresentar o tema central deste livro — o *soft edge*.

O *soft edge* — a expressão de seus valores mais profundos

O *soft edge* é o lado mais mal compreendido dos negócios. Também tende a ser negligenciado e não receber investimentos suficientes em muitas empresas. Há várias razões para isso: primeira, é difícil medir o *soft edge*. Segunda, como é difícil medir, é mais difícil ainda atribuir um valor de ROI (retorno sobre o investimento) a quaisquer investimentos realizados. Terceira, a maioria dos CEOs e membros dos conselhos não se sente à vontade usando a linguagem do *soft edge*.

A Figura 1.5 mostra o *soft edge* conforme descrito neste livro.

Figura 1.5   O *soft edge*

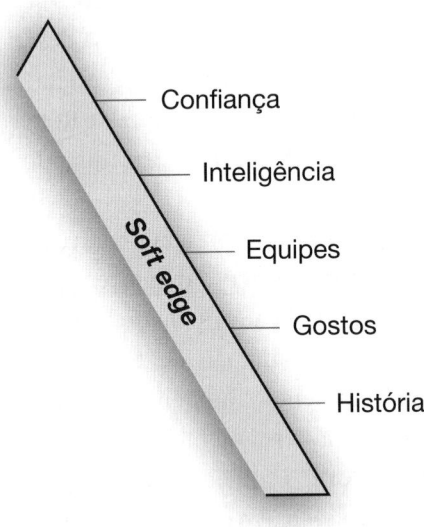

O foco do restante deste livro, com exceção do Capítulo 2, está no *soft edge* e nas vantagens duradouras das empresas que serão abordadas aqui. Aqui estão os cinco pilares do *soft edge*, junto com algumas das lições apresentadas posteriormente no livro:

- Confiança
- Inteligência
- Equipes
- Gostos
- História

Confiança

A confiança é a vantagem básica do *soft edge*. Começa com duas perguntas: seu mercado *externo*, seus clientes e acionistas confiam em você? E segundo, seu mercado *interno*, seus funcionários e fornecedores confiam em você? Deixe-me demonstrar a importância da confiança pedindo que você imagine uma carreira que a maioria das pessoas relutaria seguir. Seria um emprego em vendas por comissão, em um mercado no qual as pessoas se recusam a comprar seu produto. Os seguros de vida se enquadram nessa descrição. E, mesmo assim, a Northwestern Mutual alcançou uma absurda receita de $25 bilhões com base nessa única palavra, *confiança*. Você se lembra de Roberto Espinosa da Preface? Ele viu sua produtividade aumentar *cinco vezes* quando começou a ter confiança em sua carreira.

Dentro de uma organização, a confiança começa com a cultura e os valores. Há razões pelas quais as organizações que fazem parte das listas de melhores empresas para trabalhar publicadas pelas revistas, de fato, apresentam um desempenho melhor do que as demais. As empresas que criam confiança têm uma vantagem no recrutamento. Também têm uma vantagem em termos de retenção e produtividade. Externamente, confiança significa que seu produto ou serviço é autêntico e forte o suficiente para resistir à correria da mídia nos dias de hoje. Quando as coisas saem errado, os clientes e stakeholders acreditam que você fará a coisa certa. A confiança gera atração.

A confiança pode parecer um conceito não muito claro em termos de ROI. Entretanto, os resultados das pesquisas e do mercado demonstram que uma confiança profunda gera retornos mensuráveis no mundo real. A confiança

Uma fonte de inovação contínua | 11

constitui a base de relacionamentos de trabalho eficazes. Melhora a eficácia do grupo e o desempenho organizacional. E, talvez o mais importante, a confiança sustenta a inovação, facilitando o aprendizado e as experiências. O Capítulo 3 discute as formas para se criar um ambiente que engendre esse tipo de confiança, incluindo os segredos para desenvolver um propósito ainda maior e criar uma cultura organizacional segura.

Inteligência

Na maioria das áreas técnicas, da medicina ao software, a educação formal torna-se ultrapassada num ritmo cada vez mais acelerado. Como você se mantém atualizado? Como as equipes e as empresas aprendem e se tornam mais inteligentes com o passar do tempo? O que é a *inteligência organizacional*, ou seja, velocidade de processamento, memória, reconhecimento de padrões? O Capítulo 4 discute como a Mayo Clinic e a equipe feminina de basquete da Stanford University, entre outras, permanecem no topo buscando implacavelmente uma vantagem por meio da inteligência organizacional.

Mas o que, exatamente, significa ser inteligente no mundo dos negócios? Desbravar o conhecimento e incentivar o aprendizado são realizações essenciais para o sucesso. Mas há outra dimensão para ser inteligente: uma que está relacionada com alguns conceitos que parecem fora de moda, como paixão, perseverança e trabalho árduo. Esses traços são fundamentais para acelerar o aprendizado e ajudá-lo a adaptar-se mais rapidamente às tendências mais revolucionárias.

No Capítulo 4, arriscamo-nos a compreender de forma profunda o que significa ser inteligente no complexo mundo dos dias de hoje. Analisamos também uma série de hábitos — como estabelecer relacionamentos benéficos, aprender com os erros e pensar lateralmente — que com certeza o ajudarão a obter uma vantagem em relação a seus concorrentes.

Equipes

Como Fred Smith da FedEx gerencia 300 mil pessoas de uma equipe no mundo inteiro que lidam com mais de 2,5 bilhões de encomendas por ano? Como alcançar o equilíbrio adequado entre autoridade central e autonomia periférica em uma organização tão complexa do ponto de vista logístico? Ou por que, em um setor completamente diferente, a SAP, gigante alemã do segmento de software, desmembrou a estrutura gerencial de seu departamento de desenvolvimento com 20 mil pessoas e a substituiu por equipes menores?

Como colaboração e inovação são quesitos obrigatórios na economia global, trabalhar em equipe de modo eficaz é essencial. Sim, nós humanos não somos perfeitos. Temos necessidades, funções e perspectivas diferentes que incorporamos a cada interação ou esforço em equipe. Mas quando trabalhamos juntos, aprimoramos uns aos outros. Aumentamos a responsabilidade, a paixão e o esforço: facilitamos o aprendizado e catalisamos a inovação.

No Capítulo 5, o foco está nas equipes pequenas e com alto desempenho, com 8, 10 ou 12 pessoas. Explorando as melhores maneiras de identificar os excelentes membros de uma equipe e analisando como impulsionar os poucos escolhidos a alcançar o próximo nível de desempenho, o capítulo apresenta uma estrutura conceitual poderosa para gerenciar equipes criativas, rápidas e flexíveis.

Gostos

Gostos é a palavra que Steve Jobs usava ao descrever o apelo estético universal, porém singular, da Apple. Jobs sentia que o gosto vinha de sua própria compreensão do yin-yang da ciência e da humanidade. O designer-chefe da Specialized Bicycles, Robert Egger, chamava isso de "o encantador e indescritível ponto entre a verdade dos dados e a verdade humana". O cofundador da Nest Labs, Tony Fadell, dizia: "Se você não tiver um projeto envolvente do ponto de vista emocional, ninguém dará a menor bola."

Durante as últimas décadas, um bom design tem-se tornado um ativo competitivo cada vez mais valioso. No entanto, o gosto é muito mais do que apenas um design atraente. É uma sensibilidade universal, um envolvimento emocional, que apela ao que há de mais profundo em nós mesmos. É assombro e desejo, poder e controle. Vemos isso naqueles produtos mágicos que não só nos representam melhor, mas também nos fazem sentir e ter um desempenho ainda melhor.

Que tipo de empresa é capaz de criar, de forma constante, produtos ou serviços que atinjam esses pontos de contato emocionais? Será que você também é capaz de fazer isso? Esses são os temas do Capítulo 6. Minha meta é demonstrar como um piscar de olhos na imaginação é transformado em um objeto físico

Uma fonte de inovação contínua | 13

e tangível que surpreende e encanta. No processo, discuto como geometria, familiaridade, egoísmo (isso mesmo, egoísmo), consistência e simplicidade contribuem com os mecanismos da atração.

História

Descobri que as empresas que alcançam um sucesso duradouro têm uma história de apelo contínuo. Mas agora, na era das mídias sociais, o desafio é: como contar a história da empresa *à sua maneira* quando clientes, fãs e críticos insistem em contá-la *do jeito deles*? E se você não aprovar — ou realmente detestar — o modo como essas pessoas contam a história de sua empresa?

Usadas tanto interna quanto externamente, as histórias têm um propósito e criam a marca. O propósito pode ser um atributo simples, mas é o que dá sustentação à sua coluna, principalmente quando "encontrar um jeitinho" pode melhorar temporariamente o resultado final e agradar os acionistas. Externamente, as histórias são usadas para lançar novas marcas e melhorar a imagem das marcas existentes — uma tarefa que se torna mais difícil com as diferentes formas de comunicação da atualidade.

Os seres humanos evoluíram como contadores de histórias — isso não é novidade, mas *como* você conta a história da sua empresa — ainda é uma disciplina em fase de evolução. O Capítulo 7 apresenta uma relação estranhamente controversa, porém frutífera, na criação das histórias entre uma empresa e seus clientes. Além disso, estabelece alguns "certos e errados" na prática de contar uma história com eficácia, incluindo formas de entender melhor o seu público, medir a verossimilhança e aprimorar suas técnicas narrativas.

O PRÊMIO É A INOVAÇÃO CONTÍNUA E O SUCESSO DURADOURO

Agora que você tem uma ideia dos três lados isolados do triângulo, posso juntar todas as partes. Se sua meta é criar uma empresa que seja capaz de inovar de forma contínua, saudável nos momentos voláteis e que aproveite o sucesso duradouro, use um triângulo parecido ao da Figura 1.6.

No entanto, tenha em mente que o foco deste livro é o lado mal compreendido e desacreditado do triângulo — o *soft edge*. Se você quiser conhecer os detalhes dos benefícios, desafios e práticas do domínio do *soft edge*, é melhor ler os capítulos deste livro na ordem correta. Como mencionamos anteriormente, a confiança é essencial. É a base sobre a qual acontece qualquer aprendizado e onde as grandes equipes são formadas. Confiança, aprendizado e grandes equipes contribuem para um sentido mais apurado do gosto que, junto com a inteligência, geram histórias mais envolventes, as quais, por sua vez, ajudam a criar mais confiança e assim por diante.

Mas se você deseja descobrir apenas algumas vantagens do *soft edge*, não se preocupe. Cada capítulo também foi escrito para ser independente, com suas próprias narrativas, técnicas e termos bem definidos. Se você é fascinado por equipes e pelo trabalho em equipe, mergulhe fundo. Se precisar aprimorar algumas técnicas narrativas antes de fazer uma grande apresentação na próxima semana, aí estão elas. Na verdade, se você acessar meu site, richkarlgaard.com, encontrará uma avaliação abrangente (e gratuita) para determinar seus pontos fortes e fracos no *soft edge*. Os resultados poderão ajudá-lo a guiar sua leitura ou identificar os capítulos que talvez seja importante rever.

Figura 1.6   Triângulo completo do sucesso da empresa no longo prazo

Cada capítulo sobre confiança, inteligência, equipes, gostos e histórias termina com uma visão rápida sobre o futuro, dando uma olhada no que há de novo ou mais avançado no quesito em questão. Normalmente, o foco é sobre como a tecnologia ou os dados estão sendo incorporados às tarefas do *soft edge*. Para uma possível surpresa dos leitores que preferem o *hard edge*, o *soft edge* representa uma das últimas fronteiras de números e estatísticas; de bits e bytes. Atualmente, vários grandes pensadores, futuristas e cientistas estão descobrindo formas novas e fascinantes sobre como desenvolver ao máximo o potencial de uma organização. E essas são ferramentas tangíveis e reais que podem ajudá-lo a fazer coisas que anteriormente acreditava-se serem possíveis apenas para verdadeiros gênios.

Além disso, os Capítulos 3 até o 7 apresentam alguns temas recorrentes que estão muito ligados à excelência do *soft edge*: vontade, coragem, paixão e propósito. Reconheço que ideias como vontade e coragem talvez não pareçam tão inerentes ao *soft edge*, mas ninguém disse que esse conceito seria fácil de definir. Pelo contrário, como Tom Peters e Bob Waterman escreveram em seu importante livro *Vencendo a crise*, "o *soft edge* é uma seara difícil de dominar".[3] O fato é que estabelecer uma estratégia ou esmiuçar números é muito mais fácil do que criar confiança ou motivar o aprendizado. É preciso força de vontade e paixão para criar uma cultura permanente de inovação. E nos mercados atuais, ter uma perspectiva de longo prazo em detrimento do lucro no curto prazo exige muita coragem.

Portanto, não se engane: ser bem-sucedido no *soft edge* não é fácil. Por isso somente as empresas extraordinárias conseguem.

POR QUE O *SOFT EDGE* AGORA?

Muitos colegas me perguntaram por que eu estava escrevendo um livro chamado *The Soft Edge* agora.

Acredito que o mundo dos negócios está em uma encruzilhada, na qual as pessoas do *hard edge* estão dominando a narrativa e a discussão. A essência de Wall Street, por exemplo, é *hard edge* puro. É impulsionada pela velocidade, execução e eficiência do capital no curto prazo. Controla a forma como pensamos sobre o capitalismo e a livre-iniciativa atualmente. Isso é bom? (Deixo para você responder.)

Também dominam a discussão tendências como *big data* e *analytics* (análises avançadas). Embora ferramentas extremamente poderosas, elas são o cérebro, e não o coração e a alma da sua empresa. Algumas organizações — várias delas localizadas no Vale do Silício, onde moro — esqueceram-se disso. Essas empresas lidam com tecnologia de ponta e funcionários brilhantes, com notas de 800 pontos (a pontuação máxima) na prova de matemática do SAT (teste de avaliação de conhecimento exigido para entrar em curso superior nos Estados Unidos). Essas empresas podem ser bem-sucedidas em determinados períodos, normalmente de forma espetacular. Porém, não prosperarão durante muito tempo se sufocarem o *soft edge*. A Hewlett-Packard perdeu o rumo depois de anos ignorando os valores culturais transmitidos por seus fundadores, Bill Hewlett e Dave Packard. O então chamado HP Way era compreendido de forma universal pelos funcionários da HP como um conjunto de padrões éticos e inspiradores. Durante décadas, o HP Way guiou a excelência contínua da empresa. Entretanto, vários CEOs, buscando avidamente o crescimento para chegar ao topo, destruíram os valores essenciais (*core values*) da HP. Por fim, perdeu-se o HP Way — e, com ele, a criatividade, a retenção de talentos e o valor da marca.

Ao final, também acabaram o crescimento e o lucro.

Atualmente, pressionados por uma economia difícil e atormentados pelos acionistas, vários líderes empresariais acabam tentados a ignorar os valores mais profundos de seus clientes e funcionários. A alienação e a falta de confiança estão no auge. A maioria das pessoas no mundo inteiro detesta seu trabalho. Esse argumento de que o capitalismo leva à alienação normalmente é feito por críticos do capitalismo. Como editor e colunista da *Forbes*, deixe-me apresentar o mesmo ponto como um entusiasta do livre mercado. Podemos e devemos administrar nossas empresas de uma forma melhor. Se fizermos isso, sairemos lucrando no longo prazo.

Agora, quero deixar claro que este livro não é um estudo acadêmico. É uma coletânea de observações e casos interessantes. Como um veterano observador do mundo dos negócios, com 30 anos de estrada na *Forbes* e como participante de várias startups no Vale do Silício, sinto-me capacitado para compartilhar essas observações. Você pode concordar ou não, mas espero que sim.

Escolhi um amplo espectro de empresas — grandes e pequenas, de produtos ou serviços, de dentro e de fora do Vale do Silício, de capital aberto ou fechado (e até mesmo uma empresa de propriedade dos próprios clientes). Escolhi essa variedade para ver se consigo estabelecer alguns princípios universais do sucesso duradouro.

Ao mesmo tempo em que escolhi organizações de vários tamanhos, produtos e estruturas proprietárias, há uma constante: elas mantêm a liderança contínua em seus setores. As empresas descritas aqui são líderes do setor em receita ou fatia de mercado, e a maioria atua há décadas ou mais. Duas já duram mais de um século. A maioria já passou por grandes desafios e reveses. Muitas, mesmo atualmente, enfrentam ameaças perturbadoras. De forma proposital, deixei de fora jovens estrelas como Google e Facebook, devido ao seu pouco tempo de existência e porque nenhuma delas foi avaliada de forma rigorosa. É verdade que Google e Facebook se parecem mais com a Apple do que com a Eastman Kodak, mas só o tempo dirá.

Com algumas definições frescas na memória e uma fundamentação sólida no *hard* e no *soft edge* dos negócios, agora vamos dar uma olhada em como nossas concepções, certas ou erradas, afetam situações como prioridades organizacionais ou alocação de recursos. O capítulo seguinte explora essa tensão entre o *hard* e o *soft edge*, colocando ambos dentro de um conceito histórico e analisando sua utilidade atual.

Racionalidade da máquina contra humanismo hippie?

Será que essa é uma luta justa?

Vamos ver.

2

Hard edge versus soft edge
A batalha por recursos

Conforme o CEO e o presidente da FedEx salientam, uma estratégia correta é fundamental para o êxito de qualquer empresa. É claro que sua estratégia poderá evoluir. Mas se ela não for implementada logo de início ou se você deixar de analisá-la regularmente para fazer os ajustes necessários, sua empresa estará fadada a tomar decisões desastrosas.

Nenhum CEO ou gestor competente questionaria a necessidade de adotar uma estratégia inteligente, robusta e flexível.

Na verdade, a batalha por dinheiro e a dúvida existente na maioria das empresas e entre grande parte dos gestores é se devem optar pelo *hard edge* (atributos sociais) ou pelo *soft edge* (atributos técnicos). Eis a questão crucial: na batalha por recursos limitados, qual o lado — o *hard edge* ou o *soft edge* — deveria receber a maior parte dos recursos e dos esforços? Há uma resposta correta para cada empresa, que poderá variar de um ano para o outro. Mas de acordo com minhas investigações, um número excessivo de empresas investe pouco tempo e dinheiro em sua excelência no *soft edge*. No longo prazo acabarão pagando caro por esse erro.

São três as principais razões desse erro:

- O *hard edge* é mais facilmente quantificável. Os indicadores de velocidade, custo, cadeias de fornecimento, logística e eficiência do capital são bem assimilados. A coleta de dados é relativamente fácil, bem como a análise e a administração desses dados.

- Mas um investimento bem calculado no *hard edge* proporciona um ROI mais rápido. Adquirir uma tecnologia que contribua para a redução dos custos ou do tempo da cadeia de valores não parece nenhum bicho de sete cabeças.
- CEOs, CFOs, COOs, conselhos de administração e acionistas falam a linguagem das finanças. Essas pessoas — os profissionais focados no *hard edge* da empresa — são experientes e sentem-se à vontade ao lidar com números. Para esses titãs que geralmente só utilizam o lado esquerdo do cérebro, o *soft edge* assemelha-se à esfera dos artistas, dos idealistas, dos hippies, dos poetas, dos psicanalistas e dos milagreiros. É quase como um conflito entre Vênus e Marte.

Então, será que o *hard edge* compõe um *business case* mais convincente na batalha por tempo e dinheiro? Não — apenas o caso mais fácil. Eis as razões para investir tempo e dinheiro no *soft edge* de sua empresa:

- A robustez do *soft edge* facilita a identificação da marca, proporciona margens de lucro maiores, ajuda a promover a lealdade dos consumidores e contribui para aumentar o comprometimento dos funcionários. A excelência nesse conjunto de atributos é a passagem de saída do mercado de commodities.
- As empresas competentes no *soft edge* muitas vezes conseguem sobreviver a um grave erro estratégico ou a uma disrupção cataclísmica que as levaria à falência se não tivessem um *soft edge* robusto. Lealdade, entusiasmo e comprometimento são os dividendos gerados por tal robustez.
- A excelência no *hard edge* proporciona uma vantagem efêmera, pois pode ser clonada com maior facilidade do que quando o ponto forte está no *soft edge*, principalmente porque a tecnologia e os programas de software vêm se tornando cada vez mais baratos e mais amplamente acessíveis.

Por exemplo, o excelente design da Apple e sua leal base de fãs — vantagens do *soft edge* — são a essência de seu duradouro apelo, mais do que a cadeia de fornecimento e a eficiência do capital, embora esses dois aspectos também sejam bastante significativos. E o que proporciona à Starbucks sua principal vantagem? Um café melhor? Nem tanto, dizem os aficionados pela bebida. Locais mais baratos? Exatamente o contrário. É sua excelência no *soft edge* — que inclui confiança, marca e funcionários bem-humorados — que proporciona uma experiência continuamente satisfatória.

O *HARD EDGE* É FRUTO DA ESCASSEZ DE RECURSOS

Muitas vezes ouvimos dizer que o *hard edge* teve início durante os primórdios da Renascença, com o advento do método das partidas dobradas.

É intrigante que muitas práticas do *hard edge* tenham precedido a industrialização, o advento da matemática e até mesmo o surgimento da civilização. Sem dúvida, o objetivo da relação custo-benefício surgiu quando a humanidade se deu conta de que os recursos naturais eram finitos — fato que Caim compreendeu e seu irmão Abel, não. Os primeiros "bancos de dados" surgiram há cerca de 30 mil anos em paredes de cavernas na região que é hoje o Sul da França. Os caçadores do período Paleolítico e os coletores de alimentos faziam pinturas nas cavernas para registrar a movimentação de cervos, alces e outros grandes animais, que eram caçados e abatidos — a carne servia de alimento para o caçador e sua família, e o couro, de agasalho para todos.

À medida que os instintos mais primitivos do homem ensinavam-no a rastrear e registrar, os recursos disponíveis tornavam-se cada vez maiores, e logo foram inventadas ferramentas que o ajudavam a fazer cálculos. Acredita-se que a ferramenta de cálculo mais antiga — o ábaco — tenha sido inventada na Babilônia, no ano 500 a.C. O ábaco romano, primeiro dispositivo portátil para fazer cálculos, sobreviveu do ano 27 a.C. ao ano 400 d.C. Seu uso principal era contar moedas, possivelmente permitindo que os imperadores romanos, como Calígula, espoliassem os cidadãos romanos ainda mais rapidamente. O Suanpan, ou ábaco 2/5, era um dispositivo capaz de fazer as quatro operações: somar, subtrair, multiplicar e dividir, e até mesmo determinar raízes quadradas. Esse instrumento teve origem na cultura chinesa por volta do ano 1.300 d.C.

O final do período Renascentista, a década de 1600, experimentou uma verdadeira explosão dos dispositivos e máquinas de calcular. Uma miríade de novas e variadas invenções que facilitavam os cálculos surgiu nos quatro cantos da Europa, mas os dois dispositivos realmente significativos foram a régua de cálculo de William Oughtred, usada pelos gênios da ciência e da engenharia até meados da década de 1970, e a calculadora mecânica de Blaise Pascal, precursora das calculadoras da era industrial.

Em 1886, a máquina de somar passou a ser mais amplamente usada quando William Seward Burroughs, avô do jornalista esportivo William S. Burroughs, fundou a American Arithmometer Company, mais tarde denominada Burroughs

Corporation. Apenas quatro anos mais tarde, Herman Hollerith, um dos fundadores da IBM, criou um sistema de perfuração de cartões que reduziu o tempo de apuração dos resultados do censo americano de 1890 de sete anos para seis semanas.

"NO FUTURO O SISTEMA TERÁ PRIORIDADE"

Mas o *hard edge* comercial atingiu realmente seu ápice no início do século XX, com a teoria de Frederick Taylor sobre a administração científica, muitas vezes denominada taylorismo. Foi a era do liberalismo político. A ciência entrava. Os heróis solitários saíam. "No passado o homem vinha em primeiro lugar; no futuro o sistema terá prioridade", escreveu Taylor na introdução de sua obra *Princípios da administração científica*, cujo original foi publicado em 1911.

Taylor desenvolveu uma ideia simples e atraente: você conseguiria maximizar a produtividade de uma empresa em quantidades mensuráveis, se conseguisse detectar e depois eliminar todas as fontes de perda de tempo irracionais. Para tanto, os gestores deveriam observar, registrar, mensurar e analisar tudo que os trabalhadores faziam. Nada de "cada um trabalhando do seu jeito no chão de fábrica". Nada de "na hora a gente vê como faz". Taylor queria reduzir ao máximo os complexos processos de fabricação, ou seja, as etapas repetitivas que qualquer trabalhador era capaz de executar.

Como era de se esperar, o taylorismo exigia um nível de controle quase ditatorial sobre os trabalhadores e suas práticas operacionais. Naturalmente, Taylor enxergava seu movimento sob uma perspectiva melhor, vendo-o como o redentor do proletariado, pois os trabalhadores mais produtivos passariam a ganhar salários melhores.

O pico da influência de Taylor ocorreu nas primeiras décadas do século XX e suas teorias tiveram maior repercussão nas montadoras de veículos de Henry Ford. Na verdade, exatamente conforme Taylor havia previsto, a Ford pagava a seus operários mais produtivos quatro vezes mais que o salário do mercado para aquele tipo de mão de obra.

Embora o taylorismo tenha sido eclipsado por outras teorias sobre eficiência, Taylor libertara o gênio da lâmpada do *hard edge*. Essa filosofia gerou muitos métodos contábeis, de escrituração comercial e cronometria, bem como gráficos de fluxo de trabalho, réguas de cálculo mais rápidas, estudos sobre movimento e métrica do ritmo de montagem. Esses métodos permitiram aos gestores observar, mensurar, analisar, agir — e exercer controle. Esses fatores representavam a essência da administração científica e dificultaram qualquer argumentação que contestasse seu valor.

Em seu sentido mais estrito, o taylorismo — cronômetros e outros dispositivos semelhantes — ficou obsoleto na época da Grande Depressão da década de 1930. Mas nas décadas de 1950 e 1960, uma forma de taylorismo fez sua última investida, marcando uma era organizacional após a Segunda Guerra Mundial. Quem marcou essa era foi um homem brilhante, que não tinha a menor ideia de como conectar seus preciosos dados e análises de sistemas ao mundo menos concreto e mais nebuloso da forma de agir dos seres humanos.

Seu nome era Robert McNamara, um homem inicialmente voltado ao *hard edge*. Tendo em mãos os diplomas de mestrado e doutorado pela Universidade da Califórnia em Berkeley e pela Harvard Business School, McNamara atravessou a Segunda Guerra Mundial desenvolvendo rotas e logísticas para os aviões de bombardeiros americanos. Em 1947, Henry Ford II contratou McNamara e alguns experts em estatística militar para tentar salvar a Ford Motor Company, que estava sendo esmagada pela General Motors. Esses jovens eram chamados de Meninos-Prodígio e logo ficou comprovado que, na Ford, seus métodos analíticos funcionavam. O carro da Ford, lançado nesse período, que obteve o maior sucesso foi o utilitário Ford Falcon. Não despertava paixões, mas seu preço era acessível, gastava relativamente pouco combustível e não exigia muita manutenção. Nesse sentido, o Falcon era o carro perfeito para os Meninos-Prodígio.

McNamara não permaneceu muito tempo na Ford. Em 1961, o novo presidente dos Estados Unidos, John F. Kennedy, nomeou-o Secretário de Defesa. Uma das prioridades da função de McNamara era analisar o envolvimento dos Estados Unidos no conflito com o Vietnã. Ele assim o fez e decidiu aumentar o contingente de soldados americanos presente no Vietnã do Sul de 900 para 16 mil soldados. Após o assassinato de Kennedy, McNamara e o Presidente Lyndon Johnson adotaram uma estratégia denominada escalada agressiva. Ampliaram o efetivo presente no Vietnã de 16 mil para mais de 500 mil soldados. Os sistemas de análise de McNamara haviam concluído que os Estados Unidos tinham condições de vencer uma guerra de atividades hostis e intermináveis executadas com o intuito de minar a resistência do inimigo.

Conforme sabemos hoje, McNamara estava enganado. Redondamente enganado. No documentário *Sob a Névoa da Guerra*, exibido em 2003, ele admite que sua abordagem à análise de sistemas falhara porque não levara em consideração a natureza humana: especificamente, a sabedoria dos vietnamitas e a falta de apoio por parte dos tradicionais aliados dos Estados Unidos, bem como da mídia americana.

No entanto, mesmo depois que o rígido conceito de McNamara sobre análise de sistemas morreu enredado nas traiçoeiras selvas do Vietnã, as décadas de 1960 e 1970 testemunharam o surgimento de uma nova classe de ferramentas para os negócios que refletiam um grande entusiasmo pela análise quantitativa.

Quando o mainframe 360 da IBM se tornou o primeiro computador corporativo de preço acessível — para organizações de grande porte —, imediatamente surgiram os bancos de dados. Um deles foi o SABRE, que a American Airlines usava para administrar suas reservas. Esse foi um evento transformador para as linhas aéreas comerciais.

Então, em 1978, a ciência analítica perdeu parte de sua importância. Dan Bricklin e Bob Frankston formaram uma parceria e criaram o VisiCalc para o computador pessoal Apple II. O VisiCalc foi um sucesso imediato e vendeu mais de um milhão de cópias ao longo de sua existência. Mas o reinado do VisiCalc durou pouco e, na década de 1980, seu rival, o Lotus 1-2-3, dominou o mercado. Entretanto, este também não conseguiu manter sua posição após a criação do Excel, da Microsoft. Lançado em 1984, originalmente o Excel fora desenvolvido para o "robusto" Macintosh 512K da Apple. Hoje talvez seja difícil acreditar que muitas pessoas compravam um Mac apenas para usar um produto criado por Bill Gates.

Encastelados nas esferas mais altas (ou seja, mais dispendiosas) da computação empresarial, os sistemas de gerenciamento de dados tornaram-se um grande sucesso comercial, criando um dos primeiros bilionários da área da tecnologia, Larry Ellison, cofundador da Oracle. O uso dessas ferramentas fez muitos outros bilionários surgirem, entre eles Sam Walton, fundador do Walmart, que, valendo-se desses sistemas, conseguia verificar o que estava vendendo em cada prateleira da Walmart em suas inúmeras unidades espalhadas pelo mundo. Entre os retardatários na adoção dessas ferramentas estavam algumas lojas de descontos mais antigas, como a Sears, que experimentaram certo declínio.

Em 1989, Howard Dresner, analista que trabalhava para o Gartner Group, cunhou o termo "business intelligence" para descrever como os sistemas de suporte baseados em fatos eram capazes até mesmo de fazer previsões. Sam Walton usou esse conhecimento para abastecer suas lojas, cidade por cidade, e para determinar o preço dos produtos do Walmart com base na provável resposta dos consumidores.

O novo milênio trouxe uma explosão de ferramentas analíticas mais ágeis e mais acessíveis em termos financeiros que abordavam cada aspecto da vida digital: pontos de venda, vendas on-line, prontuários médicos, redes sociais e aplicativos móveis. Como mudamos da medição de dados em kilobytes para zettabytes, nossa capacidade de criar modelos previsíveis e de usar informações como ativos estratégicos aumentou exponencialmente. E os custos também foram reduzidos na mesma proporção. Nos tempos de Robert McNamara, quem teria previsto que uma empresa de mídia com um nome tão bizarro, *Google*, iria criar o primeiro supercomputador planetário?

Embora a tecnologia moderna e o *analytics* (análises avançadas) possam parecer séculos distantes de Fredrick Taylor e de seu cronômetro, muitas de suas teorias de administração e negócios continuam a dominar o discurso empresarial. Até hoje, a maioria dos gestores é orientada pelas convicções popularizadas por Taylor e McNamara, que incluem um misto de ênfase moderada e certo grau de ceticismo em relação à eficiência e à eliminação de desperdícios, uma crença secreta na gestão de cima para baixo e um foco quase reverente nas métricas e nos resultados financeiros.

A REAÇÃO AUMENTA DIANTE DA FRIA RACIONALIDADE

Embora a administração científica e suas variações tenham florescido ao longo dos últimos 100 anos, uma reação paralela causada pelo que muitos consideram fria racionalidade e implacável eficiência vem-se instalando. O *yin* e o *yang* da gestão eficaz sempre giraram em torno da busca pelo ponto certo entre a verdade dos dados e a verdade humana. Em dado momento, modismos acadêmicos e ondas culturais se inclinarão mais em uma direção do que em outra. Em determinado ano, um conceito *hard edge*, como o retorno dos ativos, dominará o modo de pensar dos gestores e dos artigos das revistas. No ano seguinte, será a loucura da guerra por talentos, um movimento *soft edge*. É claro que não faz sentido argumentar a respeito da superioridade do *hard* ou do *soft edge,* do *yin* ou do *yang,* de Vênus ou de Marte. Todos sempre serão necessários. As melhores empresas conseguiram abraçar uma disciplina *hard edge* e, ao mesmo tempo, evitar os riscos mais extremos do taylorismo inerentes à análise exclusivamente voltada ao *hard edge.*

A falha de Taylor foi fatal. Segundo ele, os operários eram pessoas indolentes, ignorantes e desinteressadas. Encorajava os gestores a encará-los como meros componentes substituíveis. Promoveu um nível extremo de previsibilidade e controle que tornou o trabalho de seus operários mal remunerado e enfadonho, mesmo quando eles recebiam um salário melhor. Taylor achava que a barganha valia a pena. Henry Ford pensava da mesma forma e jamais perdoou os bem remunerados operários de sua fábrica por sua ingratidão quando, na década de 1930, eles começaram a se organizar em sindicatos.

Percebendo a desvantagem da gestão orientada apenas pela análise quantitativa proposta por Taylor, James Hartness, engenheiro mecânico e inventor da máquina operatriz, em sua obra publicada em 1912, *The Human Factor in Works Management,* estimulava o cultivo de um relacionamento melhor com os trabalhadores. De forma semelhante, Henri Fayol, engenheiro de minas de origem francesa, desenvolveu uma teoria de negócios frontalmente contrária à administração científica defendida por Taylor. Dando à sua teoria o nome de "Teoria Clássica da Administração", Fayol promoveu a equidade, o espírito de equipe e a união.

Na década de 1930, à medida que as condições econômicas se deterioravam nos Estados Unidos como um todo, Hollywood juntou-se ao contingente de pessoas que tentavam colocar por terra a racionalidade da máquina que Taylor tanto defendia. No filme *Tempos Modernos,* produzido em 1936, o icônico Carlitos, interpretado por Charles Chaplin, tenta desastradamente abrir caminho através do mundo vertiginoso criado pela industrialização moderna.

Mas a tirania da eficiência e da execução não estava limitada à força de trabalho composta pelos funcionários administrativos. O miserável operário de Chaplin pode ser visto como o precursor do "homem-organização" da década de 1950, termo cunhado pelo sociólogo William Whyte. A desumanização do trabalho dos operários não estava muito distante da desumanização do trabalho dos funcionários administrativos. De forma muito semelhante àquela do operário da linha de montagem, o gestor, preso à sua escrivaninha, ficava sufocado pelos processos e refém dos mecanismos da racionalidade e da eficiência. Drenados de sua iniciativa e criatividade, muitos executivos experimentavam o mesmo tédio maquinal de seus colegas do chão de fábrica.

Em resposta ao mal-estar reinante na corporação, Abraham Maslow apresentou, em seu livro publicado em 1954, *Motivation and Personality*, sua hierarquia das necessidades, a taxonomia dos desejos fundamentais do ser humano. Fornecendo uma estrutura conceitual que talvez ajudasse a obter o comprometimento dos funcionários, suas teorias retratavam os indivíduos de forma muito mais complexa que a retratada por Taylor, que os considerava meros "componentes substituíveis". Em vez de se sentirem felizes pelo simples fato de receberem um salário, os funcionários descritos por Maslow tinham expectativas mais altas e mais abstratas, como preservar a autoestima e conquistar a autorrealização.

Mas a imagem do infeliz homem-organização não foi propagada apenas por cientistas sociais como Whyte e Maslow. Os romancistas retratavam o trabalho nas grandes organizações como algo embrutecedor e monótono. Há muito a literatura americana vem retratando os executivos corporativos e os gestores como melancólicos teleguiados, esmagados sob o peso de minúcias empíricas e de uma hierarquia autoritária. De forma notável, os escritos de Sloan Wilson, Richard Yates e John Cheever retratam os homens que o triturador representado pela empresa acaba levando à alienação, à indiferença e ao alcoolismo.

Quem, então, poderia imaginar que a resposta à rotina de trabalho da maioria das corporações americanas da década de 1970 partiria do Japão, país cuja cultura está impregnada de tradições e que dá grande valor à hierarquia?

COMO EDWARDS DEMING ENCONTROU O EQUILÍBRIO MÁGICO

O rápido renascimento do Japão após a Segunda Guerra Mundial foi um choque para os gestores empresariais americanos e também para os investidores. O país do sol nascente adquiriu plena força durante o período de estagnação dos Estados Unidos, na década de 1970 e no início da década de 1980. Portanto, foi ainda mais surpreendente quando as pessoas souberam que o guru da administração que exerceu maior influência sobre o Japão era um americano natural de uma pequena cidade do estado de Iowa que estudara na Universidade de Wyoming.

Seu nome era W. Edwards Deming. Embora no passado ele tivesse dado aulas de estatística, sua paixão — quase uma religião — tornou-se a qualidade. Deming era capaz de demonstrar que a ênfase na qualidade poderia reduzir as despesas e aumentar a produtividade. A grande surpresa foi que a qualidade poderia também contribuir para levantar o moral dos funcionários, diminuir a alienação, aumentar a fatia de mercado da empresa e consolidar a marca.

Os conceitos de Deming sobre qualidade eram tão bons que a maioria das empresas americanas se recusava a acreditar neles. Seus conceitos eram *totalmente* contrários à lógica ocidental. Pareciam tão absurdos quanto as fantásticas viagens no tempo ou o moto contínuo. Como a qualidade poderia *reduzir* os custos?

Mas é preciso estabelecer algum ponto de partida, dizia Deming, e a qualidade era a chave mágica que abriria a porta para a obtenção de outras vantagens. O discípulo mais conhecido de Deming foi o cofundador da Sony, Akio Morito, que levou sua organização a dominar o mercado da eletrônica na década de 1980. Mas a influência de Deming pode ser constatada até hoje. A Toyota leva a qualidade tão a sério que investe bilhões de dólares em sua mundialmente famosa Universidade Toyota, onde os funcionários tornam-se alunos e aprendem filosofias mais profundas sobre a qualidade e a melhoria contínua antes de colocar os pés no chão de fábrica. Deming foi um dos raros gênios que enxergaram o poder mágico de harmonizar o *hard* e o *soft edge*.

A década de 1980 testemunhou também a publicação de dois livros que se tornaram verdadeiros marcos: *Vencendo a crise,* de Tom Peters e Bob Waterman, e o livro de Allan Kennedy, *Corporate Cultures: The Rights and Rituals of Corporate Life,* ambos publicados em 1982. Essas duas obras contestavam o conceito de que uma empresa era exclusivamente um empreendimento racional e promoviam a importância da cultura e da saúde organizacional e de uma gestão humanista. Os dois livros desbancaram o culto à racionalidade pura — condenavam os gestores que sempre se atinham a um modelo de negócios empírico — e exortavam as empresas a dar maior ênfase à criatividade e à autonomia, e procurar elogiar as novas ideias.

Particularmente o livro *Vencendo a crise* contribuiu para estabelecer o palco para futuros experts em gestão, como Warren Bennis, Rosabeth Moss Kanter, Gary Hamel, Jim Collins e Patrick Lencioni. Salientando falhas gerenciais do passado, esses escritores foram importantíssimos, pois colocaram a liderança, o trabalho em equipe e a inovação no centro do palco.

Contudo, sob meu ponto de vista, o livro mais importante sobre gestão dos últimos 20 anos é *O dilema da inovação*. Escrita por Clayton Christensen, professor da Harvard Business School, a obra mostra como a rígida racionalidade e a fixação por números impedem que os gestores enxerguem as inovações que estão surgindo ao seu redor, muitas vezes bem diante deles.

Vou fazer uma pausa para responder a uma pergunta que, suponho, muitos leitores gostariam de fazer.

Mas por que todo esse alvoroço? Será que de agora em diante não podemos apenas nos concentrar nos *soft edge* e na promessa de sucesso duradouro? Sem dúvida, mas creio que é importante mostrar que os estudiosos da administração, os líderes corporativos e mesmo os escritores há muito vêm debatendo os papéis apropriados que dizem respeito ao *hard* e ao *soft edge* nas organizações humanas. Acho que são debates válidos. O equilíbrio certo entre esses dois conjuntos de atributos está em constante mutação. Alguns desafios organizacionais exigirão soluções que, em sua maioria, demandam o *hard edge*; outros são, basicamente, problemas de *soft edge*.

Com a finalidade de demonstrar o equilíbrio e a flexibilidade necessários, precisamos retomar a história. Já descrevi os extraordinários benefícios relativos à produtividade resultantes da aplicação das teorias de Taylor que foram comprovados no chão de fábrica por seu principal discípulo, Henry Ford, na década de 1910 e início da década de 1920.

Mas vamos ao final da história. O taylorismo não foi suficiente como o atributo sustentável de Ford. As outras montadoras logo o alcançaram e continuaram a avançar. Alfred Sloan, CEO da General Motors durante o predomínio da empresa na metade do século XX, acuava o colérico e envelhecido Ford tanto na organização como no marketing. Ford sentiu-se encurralado. Ficou tão furioso com os sindicatos — como seus bem pagos operários tiveram a coragem de traí-lo daquela forma!? — que duplicou o controle ditatorial. De repente, as linhas de montagem de Ford passaram a ser vistas como uma força maligna. Ford jamais aceitou o fato de que havia passado de herói nacional a bode expiatório. Acabou morrendo como um homem desnorteado e infeliz. Mas os tempos mudam. O rígido taylorismo deixara de ser uma vantagem.

Lição: a evolução empresarial sempre irá modificar o valor relativo das habilidades do *hard* e do *soft edge*. Mas o *hard edge* é mais suscetível a mudanças porque é o lado que está mais sujeito às influências da tecnologia e dos números.

AS VANTAGENS DO *HARD EDGE* SÃO ADMIRÁVEIS, PORÉM EFÊMERAS

Não me compreendam mal: não estou questionando a importância do *hard edge*. A Apple, marca cujo *soft edge* tem raízes hippies e é quase uma religião, levou a excelência operacional do *hard edge* a um nível jamais visto. Empresas como a Siemens, a Novartis e o Citigroup estão conseguindo cortar custos a uma taxa anual de bilhões de dólares pelo fato de abraçarem novas tecnologias, como computação na nuvem e virtualização, entre outras criações recentes.

Observe atentamente a empresa líder de qualquer setor, aquela que cria ou modifica as coisas — como a Samsung, Walmart, FedEx e Amazon — e você constatará que existe uma forte correlação entre a excelência da cadeia de fornecimento do *hard edge* e a liderança da categoria.

Os números realmente funcionam e sua utilidade não é o problema.

Atualmente, por outro lado, o problema das empresas é que seus métodos e ferramentas continuam a pender acentuadamente na direção do *hard edge*, embora, por si só, este conjunto de atributos não possa prometer uma vantagem de mercado sustentável. Hoje, a atração exercida pelos dados e pelo *analytics* parece irresistível. Somos atraídos por aquilo que podemos mensurar. Sentimos segurança nos dados. Podemos brincar com o *analytics*. Podemos determinar a velocidade. Podemos registrar o rendimento e as taxas de utilização de uma forma que Fredrick Taylor e Henry Ford jamais teriam imaginado.

Porém, essas vantagens do *hard edge* estão sendo superadas mais rapidamente do que antes.

Da mesma forma que as ferramentas da era digital — largura de banda, capacidade de armazenamento e potência da computação — continuam a caminhar na direção do infinito e da liberdade, elas também nivelam o campo de jogo. A corrida armamentista chegou ao fim. Todos podem se armar até os dentes. Esse aumento exponencial do número de pessoas que têm acesso às mesmas ferramentas e ao mesmo conhecimento provoca enormes mudanças no mercado e novas tendências de disrupção.

Na década passada, a fabricação e as cadeias de fornecimento foram revolucionadas pelo baixo custo, principalmente pela mão de obra asiática. Nesta década, quem dá as cartas é a robótica. Hoje as disrupções sofridas pela indústria do conhecimento não são causadas pela terceirização para os asiáticos, mas sim pela concorrência da mão de obra gratuita. As empresas que se dedicavam à produção de enciclopédias não foram derrubadas por mão de obra barata trazida da China ou da Índia, mas sim pela Wikipédia, como resultado de um esforço voluntário.

Portanto, por mais rápida e eficiente que sua empresa se torne e por mais que ela consiga reduzir os custos, a tecnologia e os concorrentes descobrirão um jeito de sobrepujá-la oferecendo produtos ainda melhores e mais baratos. E com a tecnologia moderna, os consumidores podem, com um simples clique, comparar preços, características, serviços e qualidade. O ciclo de vida normal que vai da inovação à comoditização está ficando cada vez mais curto. Portanto, o domínio do *hard edge* já não é suficiente. Pense nesses atributos técnicos como os critérios básicos — necessários para competir, mas não suficientes para vencer.

Consideremos o seguinte: somente 75 empresas da primeira lista publicada do índice S&P 500 permaneciam na lista 40 anos mais tarde, uma taxa de mortalidade acima de 10 por ano. A expectativa de vida média de uma empresa do S&P 500 vem decrescendo sistematicamente de mais de 50 anos para menos de 25. De acordo com as estimativas, é provável que cerca de apenas um terço das grandes corporações de hoje continuem a ser empresas representativas durante o próximo quarto de século.[1]

Considerando essas realidades, a tentação natural é entrincheirar-se e fixar-se nos atributos quantificáveis, racionais e comprováveis — enfim, em tudo o que chamamos de *hard edge*. Seus investidores praticamente exigirão que você faça isso. Mas é nesse ponto que esses atributos ficam escorregadios. Na maioria das vezes, a trajetória e o ritmo da evolução do *hard edge* está fora de nosso controle. Se é que alguém pode controlá-lo, é uma meia dúzia de engenheiros em organizações como a Qualcomm, a ARM e a Intel, fabricantes de chips para telefones, tablets e laptops. Ou uns poucos engenheiros da Google, da Cisco ou da Huawei, que trabalham dia e noite para ampliar a capacidade da largura de banda da Internet. Creio que você captou a ideia. A menos que esteja bem enfronhado na ciência da computação ou na multiplexação por divisão de código óptico, é muito provável que não consiga controlar o ritmo da evolução tecnológica. Portanto, embora deva tentar otimizar as vantagens do *hard edge* de sua empresa, não poderá prever por quanto tempo elas irão durar. A única coisa que você poderá fazer é se adaptar quando a tecnologia mudar. Mas os outros poderão fazer o mesmo.

Portanto, para finalizar, as vantagens do *hard edge* são necessárias, porém efêmeras. Na pior das hipóteses, o êxito do *hard edge* poderá fazer você cair na armadilha das tecnologias, técnicas e filosofias ultrapassadas.

O *SOFT EDGE* É A CHAVE DA SAÚDE DURADOURA DA EMPRESA

Após avaliar muitas empresas excelentes e líderes extraordinários ao longo de meus anos de trabalho na Forbes, bem como durante as pesquisas desenvolvidas na época em que eu estava escrevendo este livro, posso fazer três afirmativas com segurança:

- As organizações excelentes e longevas são experts tanto no *hard* quanto no *soft edge*.
- O desempenho excelente depende da descoberta do equilíbrio certo entre o *hard* e o *soft edge* em toda e qualquer situação.
- No cômputo geral, o *soft edge* sai ganhando. Nesta implacável economia global do *Great Reset*,* dominar o muitas vezes negligenciado *soft edge* será tão crítico quanto (ou até mais que) manter a excelência no *hard edge*.

Chegou o momento de mergulharmos mais profundamente no *soft edge*, analisando os cinco pilares fundamentais que defini para esse conjunto de atributos e que descreverei em detalhes em cada um dos próximos cinco capítulos.

---

* **Nota da Tradutora:** *Great Reset* foi a queda brusca dos mercados, entre 2008 e 2012, que se encontravam inflados por causa da alavancagem excessiva.

3

Confiança
A força multiplicadora de todas as coisas boas

Não faz muito tempo, eu estava no Four Seasons Hotel, em Palo Alto, na Califórnia, e ouvi por acaso uma conversa entre dois capitalistas de risco do Vale do Silício. Ambos estavam na casa dos 30 anos e tinham sido graduados por Stanford e Harvard. Trajavam ternos azuis feitos sob medida e camisa com o colarinho aberto, o estilo moderno de se vestir dos grandes magnatas. Faço uma paráfrase:

Então, você acha que a estratégia da computação na nuvem é um Cavalo de Troia?

Você acertou na mosca, meu chapa. O jogo continua o mesmo. Deixar os consumidores sem saída!

Eu gostaria de colocar uma questão. Haveria alguma relação entre o sarcasmo dos homens e as táticas predatórias? A primeira vez que ouvi um compenetrado profissional de vendas iniciar todas as frases que dizia com a palavra "portanto" foi durante a eticamente duvidosa explosão das empresas "pontocom", no final da década de 1990. Se não me falha a memória, foi também a época em que os bancos de investimento de Wall Street começaram a imitar o jeito de falar das adolescentes que frequentavam os shoppings das imediações de Los Angeles, um dialeto que Frank Zappa resumiu em sua canção da década de 1980, "Valley Girl".

O que explica essa estranha mudança em um idioma? Uma teoria é que na década de 1980 o sucesso da série televisiva *Seinfeld* introduziu uma ironia escarnecedora na cultura e na linguagem. Essa ironia foi captada pelos últimos adolescentes da geração *baby boomer*[*] e pelos Gen Xers,[**] cansados da importância que a geração anterior conferia a si mesma. Na década de 1990, época da arrogância do "estive lá, fiz isso, comprei a camiseta tal", o cinismo tinha se transformado no jargão da moda dos mundos empresarial e financeiro, tanto na Costa Leste como na Oeste.

Mas as gírias sarcásticas também servem incrivelmente bem para tornar trivial a gravidade da má conduta. Um analista de empresas pontocom da Merrill Lynch, formado em Yale, falou por todos os aspirantes ao status de *cool* (descolado)*:* "LFMN a $4. Não consigo imaginar que POS (m...) isso poderia ser." Por certo, o analista estava recomendando uma ação que, no íntimo, desprezava. Estava sinalizando a seus companheiros o que pensava realmente do tal LFMN e da grande quantidade de pessoas ingênuas que compravam ações com base nas recomendações dele. *Brincadeirinha.* Já neste novo milênio, as pessoas de maior influência ridicularizam e riem nas costas dos outros em seus posts no Twitter e nos blogs. No passado, usar de franqueza excessiva no círculo social era um passo em falso que poderia levá-lo a ser tachado como um sujeito certinho demais ou um imbecil.

Portanto, o que devemos fazer quando encaramos sarcasmo vindo de um CEO ou de um vice-presidente que diz coisas do tipo:

"Estamos nos negócios por uma única razão — responder sim quando alguém nos ligar e perguntar: 'será que ficarei bem?'"

"São nossos amigos, nossa família, nossos clientes. Sempre achei que se você pretende ganhar a vida nesta comunidade, é preciso retribuir."

"Você está sempre em uma montanha quando inicia a escalada."

Decidi lançar um olhar mais cuidadoso a essa supostamente presunçosa empresa — a Northwestern Mutual, fundada há 157 anos e sediada em Milwaukee, Wisconsin, que atua no ramo de seguros e serviços financeiros e tem uma receita anual de $25 bilhões.

---

[*] *Nota da Tradutora*: Definição genérica para os nascidos durante um período de alto índice de natalidade, depois da Segunda Guerra Mundial, mais especificamente entre 1946 e 1964.

[**] *Nota da Tradutora*: Termo que se refere à geração nascida após a geração baby boomer, entre a década de 1960 e a de 1980.

AS VENDAS DA NORTHWESTERN ESTÃO AVALIADAS EM $25 BILHÕES

A primeira coisa que me chamou a atenção foram as faixas. Metade do BMO Harris Bradley Center, situado em Milwaukee — a maior arena coberta da cidade e casa do time profissional de basquete Milwaukee Bucks — fervilhava de representantes financeiros da Northwestern Mutual que caminhavam pelo gramado da arena cumprimentando colegas e batendo papo. Era possível ver inúmeras fitas presas na lapela de seus ternos representando suas realizações daquele ano. Vários homens e mulheres circulavam pelo local e as fitas, que chegavam até a bainha de suas calças, tremulavam ao vento.

Passava um pouco das 8 horas — aparentemente o horário oficial de início do expediente das empresas do Meio-Oeste determinado por algum decreto legal — e os 8.400 representantes financeiros tomaram seus lugares. Esposas e crianças somavam outras 3 mil pessoas na plateia. Exatamente às 8 horas, uma senhora de meia-idade, com cabelos loiros típicos do Wisconsin e trajando um vestido vermelho, subiu ao palco para entoar as canções "Star-Spangled Banner" e "God Bless America".

Após alguns avisos, uma pausa para a apresentação de alguns números de ilusionismo seguida pela performance de um músico country que tocou a célebre "Bohemian Rhapsody" composta por Fred Mercury do Queen — uma façanha para um guitarrista solo —, o CEO da Northwestern Mutual, John Schlifske, subiu ao palco. O homem avantajado, que parecia um ex-jogador do Bay Packers, começou a falar sobre os valores da Northwestern Mutual. De repente, tive a sensação de estar sendo transportado de volta no tempo — para a América de meados do século XX, quando os profissionais de vendas (então quase todos do sexo masculino) liam livros como o de Dale Carnegie, *Como fazer amigos e influenciar pessoas* (São Paulo: Ed. Nacional, 1985); o best-seller de Napoleon Hill, *Como fazer fortuna: pense e fique rico* (Rio de Janeiro: J. Olympio, 1950) ou *O Poder do Pensamento Positivo* de Norman Vincent Peale (São Paulo: Cultrix, 1984). A linguagem desses livros é saudável e isenta de ironia. Hoje eles soam como se estivessem escritos em um idioma estrangeiro. Mas essa é a linguagem do CEO da Northwestern Mutual, John Schlifske.

Parece séria demais. Onde estão os finais sarcásticos das piadas? Em Nova York ou em San Francisco, um CEO poderia se tornar motivo de chacota nas redes sociais se falasse dessa maneira. Ou talvez não. Schlifske, sua empresa e seus representantes financeiros com suas ridículas fitas e ternos simples representam uma ética e um espírito que muitos de nós ridicularizamos quando estamos com nossos amigos "descolados", mas dos quais secretamente sentimos falta: confiança e sinceridade. Em uma cultura na qual imperam cada vez mais o cinismo e a desconfiança, a Northwestern Mutual ousa se comportar como o antiquado George Bailey do setor de serviços. Permanecendo estável há mais de 157 anos, sempre atendendo ao chamado quando o acidente acontece ou quando vem o diagnóstico de câncer, essa organização se transformou na maior companhia de seguros de vida no maior mercado de seguros do mundo, os Estados Unidos.

No filme *A felicidade não se compra*, o personagem de James Stewart, o banqueiro George Bailey, nunca ficou rico. Mas muitos representantes financeiros da Northwestern Mutual saíram da classe média e tornaram-se milionários trabalhando com afinco, sendo fiéis à empresa e, principalmente, confiando nela.

A CONFIANÇA É O ALICERCE DA GRANDIOSIDADE

Pode-se atribuir várias definições à Northwestern Mutual, mas gosto de pensar nela como uma empresa, um grupo ou um sistema no qual podemos confiar quando a situação envolve riscos ou incertezas. Quando confiamos, sentimo-nos confortáveis com a certeza de que a outra parte atenderá às nossas necessidades de modo correto e competente. Não existe garantia de que nossa confiança terá retorno. Confiar sempre envolve riscos e traições — a possibilidade de que uma parte tente tirar vantagem da outra ou da organização.

Contudo, seja como for, acabamos confiando. Confiar é o risco que precisamos correr se quisermos avançar. A confiança é a chave para a construção de relacionamentos. É o preço que pagamos quando queremos promover o engajamento, a criatividade e um excelente trabalho. Conforme Warren Bennis colocou com tanta propriedade, "a confiança é o lubrificante que torna possível o trabalho das organizações".[1]

Para as organizações, a confiança tem duas dimensões básicas. Uma é a confiança *externa* entre a organização e seus consumidores. A empresa assumirá a responsabilidade por seus produtos? Se algo sair errado, seu pessoal fará a coisa certa? Desde que o mundo é mundo, os negócios sempre dependeram da confiança e da boa vontade externa para que o comércio floresça. Na verdade, a palavra *crédito* tem suas origens na palavra latina *credere:* "dar crédito a, ter confiança em".

A segunda dimensão é a confiança *interna* entre os funcionários, os gestores e os altos executivos da empresa. Incorporando os sistemas organizacionais e a cultura, essa forma de confiança é criada por meio da credibilidade e do respeito com que os funcionários sentem que são tratados. Não é surpresa alguma que essa dimensão da confiança seja o princípio que define as melhores empresas para trabalhar.

Atualmente, acho que todos já ouviram falar das inúmeras listas das maiores e melhores empresas para se trabalhar publicadas regularmente por revistas que adoram mencionar as regalias oferecidas por essas organizações, como potes de biscoitos *gourmet* gratuitos, máquinas de café expresso, camas elásticas e instalações para a prática de rapel. Isso transmite uma imagem falsa, pois leva os leitores a acreditarem que um excelente lugar onde trabalhar se assemelha a um Club Med. Entretanto, tenho conversado com várias empresas que rotineiramente fazem parte dessas listas dos melhores lugares onde trabalhar e gostaria de corrigir essa impressão. Esses benefícios são interessantes — e certamente atraem os leitores — mas têm importância relativa, na melhor das hipóteses. A verdadeira base dos "melhores lugares" para se trabalhar é extremamente simples: a confiança.

Como me revelou Jim Davis, Chief Marketing Officer (CMO) do SAS Institute, empresa de software de análises avançadas de dados que sempre faz essas listas de melhores lugares: "As revistas gostam de valorizar os benefícios. Sempre publicam uma imagem de pessoas pulando em uma sala cheia de bolas ou algo assim. No entanto, isso é apenas uma fração do que torna uma empresa um excelente lugar para se trabalhar."

Quais são as questões importantes? Davis responde com uma série de perguntas. "O alto escalão transmite uma direção estratégica? Há espaço para o avanço? Existe um ambiente que permite aos funcionários dar o seu melhor no trabalho? É aí que a inovação entra em cena."

Tom Georgens, CEO da NetApp, afirmou algo semelhante: "As revistas querem saber quais são as maiores mordomias que oferecemos aqui, como massagens para os animais de estimação e comida de graça. Mas não temos nada parecido e não nos preocupamos com isso, pois nossa principal preocupação gira realmente em torno da confiança e construir uma cultura sólida e solidária. Sendo assim, acreditamos que este é um ótimo lugar para trabalhar, não porque ficamos brincando o dia inteiro. Na verdade, gosto de deixar bem claro que a cultura de confiança que nos leva a essas listas também nos permite vencer no mercado. Nenhuma empresa foi classificada como um ótimo lugar para trabalhar um dia antes de encerrar suas atividades."

Confiança pode parecer um conceito confuso quando se trata de valor financeiro. Contudo, como demonstram os resultados de pesquisas e do mercado, dignidade, respeito, orgulho — e o sentimento de confiança que essas qualidades formarem — criam retornos do mundo real e aumentos mensuráveis na produtividade.

CONQUISTAR A CONFIANÇA É UMA AÇÃO ESTRATÉGICA — E RARA

Em qualquer clima econômico, conquistar a confiança não é apenas uma coisa legal de se fazer — é uma ação estratégica. Você pode montar sólido *business case* para convencer a cúpula a investir em ações que gerem confiança. A confiança sustenta as relações de trabalho eficazes, melhora a eficácia do grupo e o desempenho organizacional, além de sustentar a credibilidade organizacional e a resiliência. Todos esses fatores contribuem para a criação de uma vantagem competitiva duradoura — afinal, a confiança atrai talentos, fortalece parcerias e mantém clientes.

Bem, essas ideias não são apenas opiniões minhas. Décadas de pesquisa salientam o papel fundamental da confiança dentro de uma organização. No nível micro, a confiança está relacionada com resultados, como satisfação dos funcionários, esforço e desempenho, cidadania corporativa, colaboração e trabalho em equipe, eficácia da liderança e êxito nas negociações.[2] No nível macro, a confiança é considerada uma força motriz das mudanças organizacionais, da sobrevivência da organização, do empreendedorismo, das alianças estratégicas, das fusões e aquisições, e até mesmo da saúde econômica nacional.[3]

Vamos fazer uma pequena pausa: tudo indica que a confiança está por trás de quase todos os aspectos da administração de uma empresa. Sendo assim, você pode pensar que conquistar a confiança está no topo da lista de prioridades de um líder.

Mas não é bem assim.

Nas organizações, hoje a confiança tem uma importância muito menor do que tinha apenas uma geração atrás. O mais recente Edelman Trust Barometer,* que conduz uma abrangente pesquisa anual sobre as impressões do público, revelou que apenas 19% das pessoas acreditam que os líderes tomam decisões éticas ou morais. Esse baixo índice soa muito ruim, não é mesmo? E vai piorar. Apenas 18% dos entrevistados acreditam que os líderes de empresas dizem a verdade. E embora uma conduta imprópria em Wall Street não surpreenda ninguém, de acordo com recente pesquisa conduzida pelo Instituto Gallup apenas uma em cada cinco pessoas confia no banco no qual fazem suas principais transações. Esse nível é cerca da metade do que ocorria antes da crise financeira de 2008-2009.[4]

Seria exagero dizer que a confiança está em baixa? Talvez. Mas, com certeza, ela tem um longo caminho de volta a percorrer. Por mais incrível que pareça, as regalias não estão ajudando. Há fortes indícios de que as pessoas suspeitam de empresas que falam muito sobre confiança e chegam a defendê-la superficialmente, mas mencionam mordomias como mesas de pebolim, máquinas de café expresso, licença-maternidade, horários flexíveis e até mesmo oportunidades de trabalhar em casa.

Essas coisas são boas, mas não me parece que contribuam para estabelecer uma relação de confiança. O que faz isso?

"Somente quando as informações podem fluir facilmente (e esse é o esperado) — se estabelece a confiança. É a base de todas as interações que ocorrem em uma empresa", explica Jay Kidd, Chief Technical Officer (CTO) da NetApp. "Dessa forma, você pode ter equipes flexíveis, pois os limites organizacionais ficam extremamente permeáveis, o que dificulta a formação de feudos políticos."

Um dos colegas de Kidd, Dave Hitz, cofundador da NetApp, coloca a questão de forma um pouco mais ilustrativa: "Reflita sobre sua vida. Talvez você já tenha pertencido a um clube esportivo ou a determinado grupo pequeno. Pense em uma época na qual você realizou mais coisas do que em qualquer outro período de sua vida. Por que isso aconteceu? Já pertenci a equipes que trabalhavam arduamente, mas não obtinham resultados: os objetivos não eram alcançados. E já pertenci a equipes em que as pessoas trabalhavam com afinco,

---

* *Nota da Tradutora*: Edelman Trust Barometer é um índice que mede o nível de confiança das sociedades no governo, nas empresas, nas ONGs e na mídia.

mas se divertiam ao mesmo tempo, que tinham respeito e confiança mútuos e que desenvolviam um trabalho maravilhoso. Quando você analisa a questão, constata que não é uma diferença de 10% ou 20%. É uma diferença enorme, talvez duas ou três vezes maior em termos de resultados." Não é uma diferença insignificante. Chega a ser transformadora. E emana dessa definição mais profunda da confiança. Já foram escritos alguns livros excelentes que exaltam as virtudes e os benefícios da confiança, entre eles a obra de Edward Marshall *Building Trust at the Speed of Change* e *O poder da confiança* (Rio de Janeiro, Campus, 2008) da autoria de Stephen M. R. Covey. Em minha opinião, Covey oferece uma das melhores formas de ilustrar o poder da confiança. Ele explica que quando a confiança é pouca, ela cobra um imposto sobre cada transação, comunicação e decisão. Isso diminui a velocidade e aumenta os custos. Quanto menor a confiança, mais alto o imposto. Por outro lado, os indivíduos e as organizações que promovem uma cultura de confiança obtêm um multiplicador do desempenho — na analogia de Covey, um dividendo. Nesse sentido, a confiança maximiza as chances de os funcionários serem bem-sucedidos em suas interações diárias com os consumidores e os colegas.

A CONFIANÇA É ESSENCIAL PARA A INOVAÇÃO

Se ainda não consegui convencê-lo de que a confiança vale o risco, vou fazer mais um esforço: vamos falar de inovação. Hoje a inovação é importante, concorda?

Está na boca e na cabeça das pessoas e também nas apresentações de PowerPoint em todos os lugares.

Atualmente, graças a pessoas como Clayton Christensen, a sabedoria convencional afirma que a cultura organizacional é a chave da inovação. Cada vez mais, a metodologia dos melhores lugares onde se trabalhar tem forte correlação com empresas que são também inovadoras ou particularmente inovadoras no longo prazo. Por quê? Porque a confiança tem implicações na divisão do conhecimento e nos resultados da aprendizagem. A confiança interpessoal compartilhada entre os funcionários facilita o comprometimento, a aprendizagem e a experimentação — todos elementos vitais para a inovação.[5] Na verdade, um estudo da PriceWaterhouse Coopers sobre inovação corporativa com empresas que figuram no índice *Financial Times 100* mostrou que o fator diferenciador número 1 entre as pessoas mais criativas e as menos criativas era a confiança.[6]

As ideias não podem ser arrancadas da cabeça de uma pessoa — devem ser oferecidas voluntariamente. E, na verdade, as grandes ideias só são oferecidas àqueles em quem confiamos. Portanto, não é de surpreender que a criatividade e a inovação floresçam em ambientes nos quais reina a confiança e que murchem quando a desconfiança impera.

Externamente, hoje a confiança e a transparência são mais importantes do que nunca. De acordo com pesquisa conduzida pelo Instituto Edelman, pela primeira vez na história dos Estados Unidos, a impressão de franqueza, sinceridade e autenticidade é mais importante que a qualidade dos produtos e serviços.[7] Isso significa que a confiança afeta aspectos tangíveis como parcerias da cadeia de fornecimento e lealdade duradoura dos clientes. As pessoas querem estabelecer parcerias com vocês porque ouviram dizer que sua empresa é confiável, pois está alicerçada em uma cultura de confiança. De certa forma, uma excelente empresa onde se trabalhar também a torna uma excelente empresa com quem trabalhar.

E quando os consumidores confiam em uma organização, é mais provável que sintam um impulso mais forte de comprar os produtos por ela comercializados e que se sintam mais satisfeitos. É mais provável também que colaborem com a organização compartilhando informações pessoais ou contribuindo para uma pesquisa de mercado.

Quando seus clientes confiam em sua organização, você pode cobrar preços mais altos que a concorrência, oferecer um conjunto de características que proporcione margens de lucro mais altas que as esperadas pelos clientes e estabelecer um prazo de entrega maior — e *mesmo assim* eles continuarão a comprar de você.[8]

Em poucas palavras, confiança vende.

E mesmo assim, quando você analisa um estudo, uma enquete ou um indicador, estes sugerem que a confiança caiu por terra. Portanto, para a meia dúzia de empresas de um setor que criaram uma cultura de confiança, esta é quase uma qualidade mágica. A confiança é uma das vantagens do *soft edge* (atributos sociais) que separam as organizações duradouras daquelas que talvez comercializem um produto à primeira vista deslumbrante ou conveniente, mas que carecem de credibilidade e autenticidade.

PROBLEMAS NO PARAÍSO: A NETAPP

A NetApp, fornecedora de soluções para armazenamento em redes de computadores, com valor calculado em $6,5 bilhões, faz parte de um pequeno mundo de empresas de elite. Consta tanto da lista da *Forbes* das Empresas Mais Inovadoras do Mundo *como* de listas dos melhores lugares onde se trabalhar. Tom Mendoza, que ocupou a presidência da NetApp de 2000 a 2008, foi fundamental para o estabelecimento da cultura da NetApp alicerçada no binômio inovação e confiança. Tive oportunidade de perguntar a ele e também ao atual CEO, Tom Georgens, como eles conseguiram criar e manter essa cultura.

"Você logo descobre se a cultura de sua empresa é realmente excelente e se goza daquela confiança essencial quando atravessa tempos difíceis", declarou Tom Mendoza. "Qualquer empresa pode cultivar uma cultura excelente quando tudo vai bem. Mas é quando a coisa aperta que você descobre se está mesmo disposto a honrar seus valores."

Ser considerada uma das melhores empresas onde se trabalhar sempre foi motivo de orgulho para a NetApp. Mas o que acontece quando o prêmio máximo é conquistado apenas um mês antes de uma demissão em massa?

"Ironicamente, o ano em que fomos eleitos o melhor lugar onde se trabalhar foi muito difícil para nós", comentou Georgens. "Terminamos o mês de janeiro como a empresa número 1 e, em fevereiro, tivemos de reduzir nossa força de trabalho. E pensávamos: será que a época poderia ter sido pior?"

Vamos fazer uma pausa para avaliação. O modelo financeiro da NetApp nunca esteve ameaçado. Fundada em 1992, em 2009 a empresa atingira uma receita de aproximadamente $4 bilhões e continuava lucrativa. Na verdade, quem estava ameaçada era a cultura da NetApp. Isso teria importância? Seria uma ameaça à sua cultura *soft* (em contraposição a uma ameaça financeira *hard*) digna da atenção dos altos executivos? Um acionista talvez achasse que não. Um diretor do conselho talvez achasse que não. A imprensa financeira talvez dissesse que não. Mas os líderes da NetApp discordam. Acreditam que a cultura é a fonte precípua da constante inovação da NetApp, de sua capacidade de competir tanto com empresas grandes e consolidadas como com inúmeras startups do Vale do Silício. Portanto, uma lista dos melhores lugares onde se trabalhar funciona como uma previsão de sua futura capacidade de inovação. Assim, a pergunta "como manter uma boa cultura ao longo dos difíceis tempos atuais?", na verdade, não tem nada a ver com a elaboração de listas. Tem a ver com a construção do futuro.

"Há um aspecto no qual acho que nos saímos bem", comentou Mendoza. "Pensamos muito, e por longo tempo, em qual seria o percentual da empresa que sentiria os efeitos da redução. Decidimos ser agressivos em nossa previsão, pois assim evitaríamos ter de divulgar outras más notícias mais tarde, como costumam agir muitas empresas."

"Preste muita atenção na maneira como você trata as pessoas que estão se desligando da empresa", acrescentou Mendoza. "Você deve ser justo, claro. Deve resolver o assunto assim que possível, pois não quer que a coisa fique se arrastando. Certificamo-nos de que as pessoas haviam entendido que era uma questão financeira e não de insatisfação com os funcionários. Procuramos deixar clara essa mensagem."

Mas a *forma* como a mensagem é transmitida é tão importante quanto o conteúdo desta. Isso significa que quando você enfrenta um clima econômico difícil e a necessidade de dispensar funcionários, deve ser transparente: é preciso dar aos profissionais afetados uma oportunidade de fazer perguntas cara a cara.

"Trabalhamos juntos como equipes executivas e viajamos o mundo", explicou Mendoza. "Visitamos 80% dos escritórios onde nossos funcionários estavam alocados em um período de uma semana. Todos os membros da equipe executiva combinaram: vamos ficar diante de nossos funcionários, explicar o que estamos fazendo e dizer-lhes como imaginamos o futuro. Vamos permitir que todos perguntem o que quiserem."

E Mendoza complementou: "Sabe, o que me surpreende é que em 2009, quando fomos obrigados a tomar essa atitude, ouvimos poucas perguntas sobre qual seria a razão. Em vez disso, grande parte dos funcionários perguntou: 'O que podemos fazer para ajudar a empresa a dar a volta por cima?' Deixávamos essas reuniões de alma renovada. E dizíamos entre nós: 'sabe de uma coisa? Deveríamos fazer isso todos os anos ou a cada dois anos, independentemente da situação financeira da empresa'. É um excelente veículo de comunicação entre patrões e funcionários."

Sem dúvida, o comprometimento com a cultura e sua ênfase implícita na confiança se faz presente em tempos difíceis. Para Tom Mendoza e o restante da liderança da NetApp, essa cultura foi construída com firme deliberação, mas mantê-la ao longo dos bons e dos maus tempos, ao longo de mudanças de liderança e de reorganizações corporativas continua a ser um desafio. Mendoza comentou: "As pessoas vivem me perguntando: 'Como você mantém a cultura?' E eu respondo: 'é uma tarefa árdua'. Se você afirma que as pessoas são seu ativo mais importante, prove isso. Pense dessa forma. Despenda tempo com isso. Fique cara a cara com seu pessoal para que eles saibam que você está dizendo a verdade."

A CONFIANÇA AINDA FUNCIONA QUANDO A REJEIÇÃO ÀS VENDAS É A NORMA?

Vou lhes contar uma história pessoal. Eu estava com vinte e poucos anos, tinha alguns anos de formado e voltara para minha terra natal, em Dakota do Norte, para visitar meus pais e amigos dos tempos de escola. É uma sensação agradável estar novamente em casa, visitar pessoas que cresceram junto com você. A outra sensação era de alívio. Eu me sentia satisfeito por deixar a Califórnia por alguns dias, satisfeito por estar livre da deprimente e incessante ansiedade que assombra uma vida que não leva a lugar nenhum. Ainda não tinha um emprego estável. De vez em quando, conseguia algum trabalho como redator freelance. Mas quando a maré estava baixa, eu fazia qualquer coisa por uns trocados: empregos temporários como digitador, segurança de transportadoras, lavador de pratos em uma cafeteria.

Mas pelo menos eu não estava vendendo seguros. Não estava tão por baixo a esse ponto. Ainda me lembro nitidamente da seguinte situação: eu estava na área de concessão de um time de basquete conversando com alguns velhos amigos de meus tempos de escola. Ríamos muito, relembrando velhas histórias dos tempos da guerra e falando sobre o período em uma linguagem fantasiosa. A cerca de 100 m de nós estava Andy Anderson, que fazia parte de nosso grupo dos tempos de escola, mas ele estava diferente. Trajava roupas de um verdadeiro adulto, seus cabelos estavam aparados e seu rosto bem barbeado. Com um olhar simpático, ele caminhou em nossa direção.

"Vejam quem vem vindo!" disse Stroh, um dos membros de nosso alegre grupo. "Cuidado! Aí vem Andy Anderson para tentar nos empurrar um seguro!"

Que humilhação! Que situação embaraçosa! Ser tachado de vendedor de seguros antes mesmo de conseguir abrir a boca e dizer "olá"! Naquele exato momento, eu me convenci de que ser vendedor de seguros era o emprego mais constrangedor do mundo. Eu poderia ter descido até o nível de ser um guarda de segurança ou um lavador de pratos, pensei com meus botões, mas pelo menos não sou um Earnest Andy da vida que se aproxima para cumprimentar velhos amigos e é lembrado como vendedor de seguros.

Somente décadas mais tarde é que passei a me sentir à vontade dentro da vida corporativa. Uso calças com vinco, pelo menos em público, e tento cumprimentar meus colegas e clientes do modo mais sincero e simpático. Mas, por Deus do céu, ainda não consigo imaginar como deve ser vender seguros! Que tipo de pessoa deve ser essa, que enfrenta rejeição todos os dias? Construir uma vida e uma carreira com base em comissões sobre vendas, comercializando um produto no qual a maioria das pessoas não gostaria nem de pensar?

Fiz essa pergunta a um bem-sucedido sócio-diretor da Northwestern Mutual. Estávamos desfrutando um agradável almoço no Capital Grille, em Milwaukee. E comecei a fazer perguntas como "o que você acha de vender seguros? Como lida com a rejeição? Como pode saber se um novo funcionário terá êxito ou irá fracassar?".

Scott Theodore interrompeu-me. Ele é sócio-diretor da Northwestern Mutual que trabalha fora de Denver. Montou seu próprio escritório e hoje conta com 120 consultores financeiros e 32 funcionários. "Eu não pensava em entrar para o ramo de vendas", começou ele. "Minha formação inclui um diploma em engenharia petrolífera e um em geologia. Em 1987, mudei para o Colorado com a finalidade de entrar no negócio de petróleo. Alguns anos mais tarde, a empresa na qual eu trabalhava foi vendida. Era uma companhia nacional de petróleo e gás, e em certa época 9 mil pessoas perderam o emprego. Eu tinha acabado de me casar, comprado uma casa. Certo dia fui chamado por um representante da Northwestern Mutual e quando lhe disse que eu talvez perdesse meu emprego, ele indicou meu nome a um recrutador e eles me puseram nessa jogada", concluiu Theodore rindo.

Perguntei: "Se você não queria entrar para o ramo de vendas, por que aceitou a oferta?"

"Procurei cinco de meus amigos mais chegados e soube que quatro deles já eram clientes da Northwestern", explicou Theodore. "Eles se referiam à empresa de uma forma reverente, como se ela fosse um tesouro nacional." E eu disse: "Verdade? É apenas uma companhia de seguros." Theodore prosseguiu contando que agendou uma entrevista com o sócio-diretor, que lhe mostrou um esboço de como poderia ser o futuro se ele aceitasse a posição.

COMO A CONFIANÇA GERA DETERMINAÇÃO (E VICE-VERSA)

A perspectiva de um futuro brilhante pode ser interessante, creio eu, mas o problema continua sendo aqueles temidos telefonemas. Logo de manhã, Todd Schoon, vice-presidente executivo para as agências da Northwestern Mutual — ou seja, o missionário da empresa que supervisiona a força de vendas nacionais da organização — colocou-se diante da plateia do BMO Harris Bradley Center e lembrou aos representantes a matemática simples que determina o sucesso ou o fracasso na Northwestern Mutual. Schoon denominou esse cálculo de regra de 10-3-1. Faça dez telefonemas para marcar três reuniões e, em média, conquiste um cliente novo entre as pessoas que lhe atenderam nessas reuniões.

Confie no processo, aconselhou Schoon. Faça esses dez telefonemas.

Durante o almoço, Scott Theodore ampliou a fórmula de Schoon: "Todo novo representante tem um mentor que trabalha com ele. Os dois se reúnem três vezes por semana, durante dez minutos por dia, e o mentor pergunta: 'O que você fez ontem e quais são seus objetivos para hoje?' Além disso, depois que você completa um mês na empresa, passa a ter reuniões mensais com sete ou oito de seus pares que ingressaram praticamente na mesma época que você. Todos os meses, esse grupo discute suas atividades, resultados da produção e objetivos. Quantas chamadas telefônicas você fez? Quantos compromissos conseguiu agendar? Quantas indicações você obteve? Temos um sistema de pontos que indica eventuais lacunas. Digamos que você ligou para várias pessoas, mas não conseguiu marcar muitas reuniões. Isso nos diz que há alguma falha no processo de vendas. Podemos aprimorar sua linguagem ao telefone ou talvez a indicação não tenha sido suficientemente forte como poderia ter sido. Vamos aprimorar no modo como você consegue obter o compromisso do cliente. Podemos ver isso antes que chegue a hora da reunião."

É extremamente difícil fazer a integração de um novo representante da Northwestern Mutual. Alguns dos novatos mais promissores, pelo menos no papel, desistem porque não conseguem ou não querem fazer esses telefonemas. "É preciso determinação para ser bem-sucedido", afirmou Theodore. "Determinação e confiança. A pessoa precisa acreditar no processo." Corroborando o que Theodore disse, Conrad York (vice-presidente de marketing da Northwestern Mutual) acrescentou que "é um negócio simples e ao mesmo tempo difícil. A confiança nos dá convicção. E a convicção leva ao comprometimento".

A Northwestern Mutual despende em média $20 mil para fazer a integração de um novo representante, confidenciou-me um líder da Costa Oeste. Mas quatro entre cinco dos recém-contratados não serão bem-sucedidos, ou seja, não assumirão um compromisso. Para a maioria, isso acontece nos três primeiros meses. São $100 mil investidos nos novos representantes que se engajam após três meses e que estão dispostos a se esforçar no longo prazo. Depois disso, são necessários de vários meses a alguns anos para que a maioria dos representantes obtenha um rendimento decente e regular. Uma vez que isso aconteça, o indivíduo deve resistir à tentação de gastar grande parte dessa renda. Os representantes bem-sucedidos, como Scott Theodore, aprenderam a poupar e abriram seu próprio escritório com assistentes que agendam compromissos e representantes que geram uma receita ainda maior. O objetivo é gerar negócios dentro do negócio.

Com dedicação e paciência — e jamais tendo receio de fazer os dez telefonemas por dia segundo a fórmula sugerida por Schoon — um representante da Northwestern bem-sucedido tem condições de faturar várias centenas de milhares de dólares por ano ou até mais quando chegar à metade de uma carreira produtiva. Depois disso, a situação fica ainda melhor. Alguns dos melhores representantes da Northwestern são verdadeiros milionários que podemos encontrar por aí.

Entretanto, para que esses bons resultados sejam alcançados não é apenas o processo de vendas que precisa ser confiável. Se a própria Northwestern Mutual não for confiável, nada disso irá funcionar no nível do representante. É nesse aspecto que os fatos comprovam que a Northwestern Mutual tem três vantagens relacionadas com a confiança. A primeira é sua grande longevidade. A empresa foi fundada em 1857 — período que cobre uma guerra civil, duas guerras mundiais e vários períodos de recessão. Segunda, a Northwestern Mutual é de propriedade de seus clientes. "Podemos nos dar ao luxo de efetuar pagamentos que poderão prejudicar nossos resultados no curto prazo", comentou o CEO John Schlifske. "Uma companhia de seguros de propriedade dos acionistas sempre terá de decidir entre os interesses dos clientes e os dos acionistas." A terceira vantagem, que está relacionada com a segunda, é a solidez do balanço patrimonial da Northwestern Mutual. A empresa tem $215 bilhões em ativos e $1,5 trilhão em contratos de seguros de vida. Essa proporção de 7:1 entre os contratos de seguro e os ativos está entre as mais baixas — por isso está também entre as mais garantidas — do setor de seguros de vida. Assim, quando falo sobre a confiança como uma vantagem *soft edge*, na verdade estou querendo dizer duas coisas. Em primeiro lugar, eu me refiro à confiança cultural interna entre os gestores da empresa e os trabalhadores. *Você pode acreditar que sua carreira nessa empresa será bem-sucedida?* Em segundo, estou falando da confiança externa, a que se aplica à relação entre a empresa e seus clientes. *Será que poderei contar com a empresa quando precisar dela?*

A Northwestern Mutual passou 157 anos tentando equacionar esse problema. Os resultados falam por si. A empresa fez um trabalho admirável no sentido de estabelecer a confiança em dois vetores: interno e externo.

Até que ponto a confiança é importante? Pense nela da seguinte forma: os seguros são tanto um grande negócio — conforme comprovado pela receita anual de $25 bilhões da Northwestern Mutual — como um algoritmo baseado em probabilidades matemáticas. Portanto, você poderia imaginar que cerca de 800 gênios da matemática do Vale do Silício ou de Wall Street, indivíduos aprovados no SAT, aquele exército de George Baileys com seus ternos bem-comportados e suas fitas poderiam desestabilizar o setor de seguros eliminando a necessidade dos intermediários da Northwestern Mutual. Mas isso não aconteceu. Devemos observar que mesmo os cérebros mais bem-dotados do mundo não conseguiram descobrir uma forma de derrubar a confiança.

A CRIAÇÃO DE UMA CULTURA DE CONFIANÇA DENTRO E FORA DA EMPRESA

Compreender e administrar a confiança — como ela é criada, apoiada e até mesmo recuperada — é uma competência crítica para qualquer organização. Uma empresa confiável é aquela que opera com eficiência, preocupa-se com os interesses de seus acionistas e pauta sua conduta pelos princípios de honestidade e justiça.

Nas organizações confiáveis, os trabalhadores acreditam que os colegas têm uma conduta ética e que a organização como um todo honra seus valores e seus compromissos. Jennifer Brase, vice-presidente de diversidade e inclusão da Northwestern Mutual, recusou inúmeras ofertas de emprego em virtude da grande confiança que deposita em seu empregador: "Já fui convidada por diversas empresas, mas não aceitei porque sei que posso contar com o apoio da Northwestern. Meu setor é muito regulamentado. É difícil para qualquer pessoa, isoladamente, manter-se atualizada sobre questões que dizem respeito à conformidade. Mas a Northwestern o faz, e fica atenta por nós."

Como é possível criar um clima que gere esse tipo de lealdade e confiança? Como desenvolver uma cultura que possa ser concretizada tanto quando os ventos estão contra como quando estão a favor? A receita para o desenvolvimento desse tipo de coisa não é tão obscura quanto você poderia pensar. Mas o primeiro passo é compreender que a confiança não é baseada naquilo que a empresa faz, mas sim no que seus líderes fazem.

Liderança confiável

Adotar um comportamento moral correto é uma das formas mais fáceis de um líder demonstrar que é digno de confiança e, ao mesmo tempo, criar um clima de segurança. Se você é um líder — um CEO ou um colega de trabalho prestativo a quem os outros recorrem quando precisam de orientação — precisa compreender que todas as suas ações estão sendo julgadas pelos funcionários e pelos integrantes da equipe. Portanto, viver e respirar esses profundos valores básicos, como Tom Mendoza e John Schlifske fazem, é essencial. Se existe um evangelho ou uma luz guia neste caso é que uma organização confiável e uma liderança desleal são incompatíveis. Como diz o velho ditado, os líderes devem fazer o que dizem. É preciso que haja coerência entre as palavras e as ações de um líder.

Na década de 1990, passei uma semana viajando com Bill Gates que, como todo mundo sabe, é o fundador da Microsoft. Ele estava percorrendo algumas cidades com a finalidade de despertar entusiasmo pela versão mais recente do Office da Microsoft, na época denominado Office 4.0. Certa ocasião, já noite avançada, estávamos na metade de um voo da Delta entre Boston e Nova York quando observei: "Você vale bilhões. Por que está voando na classe econômica?"

"Devo isso a Steve Ballmer", respondeu Gates. "Ballmer diz que, se quiserem, os funcionários da Microsoft podem voar na primeira classe, mas é por sua própria conta. A Microsoft paga passagens na classe econômica. Paga diárias semelhantes às dos Hotéis Hilton, não do Four Seasons. Paga por aluguéis de veículos da Ford, não da Cadillac. Tenho de obedecer aos limites estabelecidos por Ballmer, do contrário ninguém o fará."

Infelizmente, muitos parecem não aceitar o modelo de gestão de cima para baixo, no qual a autoridade — explícita e inequivocadamente demonstrada — cria confiança. Na verdade, a confiança cria autoridade.

Boa parte da percepção dessa autoridade é o cultivo de um forte senso de autoconhecimento. Você reflete sobre a maneira como suas ações, inclusive suas palavras, afetam os outros, ou vive completamente alienado? Você não deveria ficar surpreso, mas sua resposta está estreitamente relacionada com a sua atual capacidade de conquistar confiança. Aqueles que cultivam a autorreflexão promovem o estabelecimento da confiança. Aqueles que não o fazem contribuem para minar a confiança.

Eis algumas outras coisas que um líder pode fazer para conquistar a confiança. Uma delas é demonstrar uma preocupação genuína. Temos tendência a confiar nas pessoas que, acreditamos, preocupam-se com nosso bem-estar. Assim, procure demonstrar que você fará a coisa certa em relação aos outros, mesmo que isso seja desconfortável ou o coloque em risco. Outro comportamento que contribui para o estabelecimento da confiança é ser previsível. Reflita sobre isso — a imprevisibilidade é o anátema do conceito de confiança. Os psicoterapeutas são muito procurados por pessoas cujos pais são imprevisíveis, muitas vezes em virtude de vícios. Uma parte importante da previsibilidade é a integridade, ou seja, honrar sua palavra.

A propósito, quando se trata de confiança, a previsibilidade é diferente do que quando se trata de tática. Bons líderes e bons orientadores costumam dar uma sacudida nas coisas. Certa vez, Phil Jackson, lendário treinador de basquete, adotou uma prática com o Chicago Bulls no escuro. Ele queria confirmar até que ponto os jogadores conheciam realmente as jogadas que estava lhes ensinando.

Mas uma boa liderança não se resume a uma lista de coisas que você pode fazer, e a confiança não se resume ao ambiente no qual você atua. Confiança é algo que fazemos, tanto no sentido concreto como abstrato. "Creio na liderança, não na gestão", explicou Tom Mendoza da NetApp. "Você pode ser bombástico, pode ser tranquilo, mas liderança é o que você é, não o que você diz. Portanto, no meu entender, o princípio fundamental da liderança é que as pessoas não se importam com o que você sabe, a menos que saibam com o que você se preocupa. Todos os setores têm uma coisa em comum — as pessoas atendem às exigências de seus líderes não porque têm medo, não porque se sentem intimidadas, mas porque não querem decepcioná-los."

Confiança gera confiança

Sei que essa é uma generalização muito ampla, mas em matéria de negócios parece que não costumamos confiar muito nas pessoas. Na verdade, setores inteiros passaram a oferecer de tudo — de testes de honestidade a testes de treinamento ético. Isso indica que não confiamos em nossos funcionários para administrarem o próprio talento e aspirações, para serem automotivados e fazerem um trabalho excelente. Quando refletimos um pouco, chegamos à conclusão de que isso é profundamente triste. Esses funcionários são as mesmas pessoas que se dedicam a obras beneficentes comunitárias, à educação dos filhos, que em seu tempo livre criam novos produtos ou descobrem novas ideias. Mas quando se trata de trabalho, ainda os tratamos como crianças que precisam de uma lista de tarefas para que realizem alguma coisa.

Querem alguns exemplos? Embora para alguns isso não pareça um grande problema, a proibição do uso de sites de redes sociais, como o Twitter e o Facebook, é sinal de que a gestão não confia que seus funcionários usarão esses sites apenas para fins comerciais. Jim Goodnight, fundador e presidente do Instituto SAS, comentou: "De fato, controlamos os sites que as pessoas visitam e às vezes o tempo que despendem em cada site. Contudo, tirando isso, não monitoramos o que os funcionários fazem dentro da empresa. É uma questão de confiança. A confiança é provavelmente o fator mais importante em um lugar excelente onde trabalhar — é preciso que seu pessoal confie em você. E se você ficar xeretando muito, perderá a confiança deles."

Quando se tornou de conhecimento público que Marissa Mayer, CEO do Yahoo, extinguira a popular política da empresa de trabalhar em casa, Richard Branson, fundador do Grupo Virgin, publicou a seguinte declaração em um blog: "Para que um relacionamento de trabalho seja bem-sucedido é preciso que a confiança seja mútua. Grande parte do êxito consiste em acreditar que as pessoas cumprirão suas obrigações estejam onde estiverem, sem necessidade de supervisão. Gostamos de dar às pessoas liberdade para trabalharem onde quiserem, seguros de que têm motivação e experiência suficientes para apresentarem um excelente desempenho, estejam elas em sua mesa no escritório ou na cozinha da própria casa. Na verdade, seus funcionários jamais trabalharam fora do escritório e jamais o farão."[9]

Em poucas palavras, confiança gera confiança.

Isso significa que um dos segredos de estabelecer a confiança é fazer os trabalhadores e os funcionários de todos os níveis readquirirem a maturidade que resulta em respeito próprio e autodeterminação. Essa maneira de pensar cria um ambiente de respeito mútuo. Por meio de diversos experimentos, Ernest Fehr — cientista comportamental da Universidade de Zurique, na Suíça — confirmou o seguinte: "se você confia nas pessoas, elas se tornam mais confiáveis". Por outro lado, "punições cuja finalidade é evitar que as pessoas mintam, na verdade, farão com que elas mintam cada vez mais".[10] Portanto, se você discordar que seus funcionários usem o Facebook, argumentando que duvida que eles não fiquem desperdiçando tempo, pode levá-los a usar o site cada vez mais.

A grande lição: você pode pagar pelo tempo que as pessoas passam no trabalho e elas vão aparecer e cumprir suas obrigações, mas você não pode arrancar ideias, esforços extraordinários e soluções inovadoras da cabeça delas. Em vez disso, se você demonstrar confiança e respeito, ideias excelentes e inovadoras lhes serão prontamente oferecidas.

Procure seu verdadeiro norte

Recentemente, conversei com várias pessoas da Northwestern Mutual sobre o que faz os funcionários felizes por trabalharem nessa empresa. "Não somos motivados apenas pelos cifrões, pelo dinheiro ou pelos prêmios", disse Michael Pritzl, vice-presidente de desenvolvimento de liderança. "Essa satisfação deriva de uma vida de trabalho ajudando as pessoas. Aquilo que dizemos é tão ou mais importante que as recompensas financeiras. É o sentimento verdadeiro de ter um norte que é poderoso na Northwestern Mutual."

Em qualquer organização, uma boa forma de maximizar a confiança é identificar seu principal propósito. Qual é a finalidade de sua existência? Que valor significativo você proporciona a seus funcionários, seus clientes e à sociedade? Um grande objetivo deve ser inspirador, não meramente financeiro. Deve criar uma causa comum e promover um esforço coletivo. Deve responder a todas as perguntas difíceis sobre os *porquês*:

Por que se comprometer? Por que persistir? E, mais importante, por que confiar?

As grandes organizações têm grandes objetivos. Naturalmente, isso não é nenhuma novidade — em seu íntimo, você sabe disso. Mas você vivencia essa constatação?

De acordo com Jennifer Aaker, professora de marketing na Stanford Graduate School of Business, transmitir uma forte convicção e cultivar o seu significado tem seu próprio conjunto de benefícios. "Pesquisas recentes demonstram que existe uma forte correlação entre felicidade e significado. Na verdade, causar um impacto significativo no mundo que o rodeia é um fator de felicidade melhor do que muitas outras coisas que você pensa que o farão feliz", afirmou Aaker. "Quando prestamos atenção e temos cuidado com tudo que fazemos, inclusive com nosso trabalho, temos oportunidade de exercer influência não só no nosso próprio bem-estar como no bem-estar de nossa família, amigos, colegas de trabalho e da comunidade como um todo."[11]

Crie um clima de segurança

Como líder ou gestor você tem duas opções. Pode, conscientemente, criar confiança na organização ou permitir que pequenas questões e interpretações errôneas, ambas indicadoras de uma cultura baseada no medo, solapem a confiança. O medo mata a curiosidade, reprime a exploração, sufoca a criatividade e emperra o crescimento. Em uma atmosfera de medo as pessoas têm receio de cometer erros. O medo afeta o desempenho, a sinergia, o trabalho em equipe e o moral.

Embora alguns gestores acreditem que o medo é necessário para que metas e objetivos sejam alcançados, vários pesquisadores, desde Abraham Maslow e W. Edwards Deming a Edgar Schein e Harvey Hornstein, fazem advertências quanto aos sutis — porém profundos — efeitos da gestão baseada no medo. Segundo Deming, o medo faz com as pessoas hesitem em compartilhar suas melhores ideias, expandir suas capacidades e habilidades, admitir os próprios erros, sugerir melhorias do processo, questionar o propósito implícito e a fundamentação de decisões ou procedimentos. Esse temor pode até mesmo impedir que elas atuem tendo em mente o melhor interesse da empresa.[12]

Em vez de promover uma atmosfera de medo, você deve construir uma cultura de confiança. Todos os funcionários devem se sentir confiantes de que podem participar de reuniões e projetos, dizer o que pensam (caso estejam preparados) e ser respeitados por suas opiniões e ideias. As culturas inovadoras são ambientes seguros para questionamentos honestos. Não posso deixar de dizer que esse tipo de cultura pode, decididamente, ser um lugar pouco seguro para falsidade e exibicionismo. Jeff Bezos, da Amazon, tinha grande antipatia por observações mal fundamentadas ou feitas aleatoriamente. O mesmo acontecia com Bill Gates na Microsoft e Steve Jobs na Apple. As grandes empresas jamais confundem um ambiente seguro com um jardim de infância. Na verdade, elas têm como objetivo uma autêntica segurança adulta que estabelece a confiança, ajuda a alimentar um diálogo firme e coerente baseado em fatos, não em grandiosidades ou ressentimentos, e permite que as grandes ideias aflorem. Os pesquisadores dão a isso o nome de "segurança psicológica".[13] O objetivo é dar apoio a conversas francas e ser tolerante com quem admite seus erros.

Neste ponto, o cético talvez pergunte: *será que a ausência de medo leva à complacência?* Talvez isso ocorra, mas mostraria apenas que você recrutou o tipo errado de pessoa. Se o seu pessoal precisa do medo para se sentir motivado, você já fracassou como gestor.

Tudo isso soa bastante simples, não é mesmo? Liderar com integridade. Confiar em seu pessoal. Fornecer um propósito verdadeiro e significativo. Fazer as pessoas se sentirem seguras para experimentar e manifestar-se. Mas não é tão simples quanto as palavras fazem parecer. Agir sempre é mais difícil do que falar. Felizmente, novas ferramentas e tecnologias que podem ajudar a mensurar, analisar e solidificar a confiança começam a surgir.

USE DADOS (COM SABEDORIA) PARA PROMOVER A CONFIANÇA ENTRE SEUS CLIENTES E FUNCIONÁRIOS

As marcas giram em torno do estabelecimento da confiança. Na realidade, uma marca é uma promessa que uma empresa ou organização faz a seus clientes. Reflita sobre isso por um segundo...

A Levis, com seus rebites e *jeans* pesados, garante que seus produtos são mais resistentes que qualquer outro da categoria. A Nordstrom garante que você pode devolver qualquer item por ela comercializado sem nenhum questionamento. O McDonald's promete consistência e limpeza. Essa é a razão pela qual tendemos a preferir os produtos de marcas registradas aos genéricos na hora da compra.

Assim, fazer promessas e cumpri-las cria confiança, enquanto quebrar promessas destrói a confiança. Essa dinâmica depende menos do que a marca diz e mais do que ela faz. Os seres humanos são, por natureza, hábeis em discernir, de forma subconsciente, aquilo que é autêntico. Se uma coisa não é verdadeira, logo saberemos. Marcas medíocres ou modismos passageiros não conquistam uma lealdade verdadeira entre os clientes porque seus líderes prestam exagerada atenção ao que as marcas *dizem*, mas demonstram pouca preocupação com o que elas *fazem* efetivamente. E é aí que reside um grande perigo para qualquer marca.

Da maneira como vejo a questão, temos a tendência de conferir qualidades humanas às empresas, tratando-as da mesma forma como tratamos nossos amigos. Se nossos amigos nos traem, agindo com desonestidade, perdemos a confiança neles e, às vezes, até rompemos a amizade. De forma semelhante, se uma empresa se envolver em práticas que não seguem um código de conduta que consideramos correto — se não cumpre as promessas feitas — quase sempre deixamos de prestigiá-la. E, naturalmente, com a Internet e as mídias sociais, essa dinâmica foi bastante amplificada.

Nesse sentido, seus clientes representam a definitiva checagem da realidade. Eles permitem que você, como empresa, adquira um senso melhor de sua reputação — se está em alta ou em baixa. Na economia atual, que gira em torno da Web, as empresas utilizam aplicativos e ferramentas de redes sociais — como o LinkedIn, o Facebook e o Twitter — para solicitar feedback dos consumidores e mensurar a satisfação do cliente.

Empresas como o Instituto SAS, desenvolvedor de programas de software para análise de dados, fornecem ampla gama dessas ferramentas. De acordo com Jim Goodnight, diretor do SAS, as avançadas análises sociais operam basicamente em duas dimensões: análise das redes e das mídias sociais. Goodnight explicou: "Uma das melhores maneiras de determinada marca saber o que as pessoas estão pensando ou dizendo dela é analisar todos os posts que a mencionam no Twitter e nos blogs." Esse é o papel do analytics (análises avançadas) das mídias sociais. Basicamente, todos os dias, de hora em hora, você reúne todos os tweets e faz uma busca em todos os blogs que dizem respeito a seu produto ou marca. Depois, processa esse enorme volume de dados por meio de um *engine* (mecanismo) de análise social, como o que o SAS criou, com a finalidade de determinar se o que as pessoas estão dizendo sobre seu produto é bom ou ruim, positivo ou negativo.

Na segunda dimensão, a análise de redes, uma instituição como o SAS atribuiria um valor a cada cliente de sua empresa, determinando quais pessoas na rede são, conforme eles as denominam, *formadores de opinião*. "Se localizamos alguém que é um formador de opinião", completou Goodnight, "procuramos nos certificar de que não o perderemos como cliente. Ou talvez queiramos lhe impingir algumas ofertas especiais, pois sabemos que, como consumidor, essa pessoa exercerá influência sobre muitas outras pessoas".

Portanto, ambas as dimensões — identificar a opinião pública e classificar os consumidores entre os quais há maior oscilação — ajudam a identificar o posicionamento atual de uma marca e seu potencial futuro. Com regularidade e com uma visão contínua e individual dos clientes, esse conjunto de dados pode também ajudá-lo a mensurar o verdadeiro grau de lealdade e confiança dos clientes. Mas à medida que você classifica esses vários tipos de análises dos clientes, deve ter em mente que existe uma linha tênue entre usar informações para criar valor e usá-las como recurso para abalar a confiança. Esse tipo de abalo pode ser facilmente interpretado como invasão.

A utilidade do analytics de mídias sociais não se resume a avaliar a reputação pública de uma empresa. Algo semelhante está ocorrendo *dentro* das empresas. "Se a intenção é analisar a organização por dentro, podemos dizer que muitas empresas estão utilizando mineração de dados de texto (text mining) e analytics de mídias sociais para acompanhar as conversas internas." Para avaliar a satisfação dos clientes e a saúde geral da empresa, Jim Davis, do SAS, aconselha: "Temos um hub chamado Socialcast, mecanismo interno que registra as conversas desenvolvidas entre os funcionários sobre os mais variados tópicos. A força de vendas tem um aplicativo semelhante, denominado Chatter."

O surgimento dessas redes sociais internas em toda a organização proporciona uma grande oportunidade de avaliar o grau de energia de sua força de trabalho. No entanto, repetindo as advertências anteriores, o equilíbrio entre passar a conhecer seus funcionários e invadir a privacidade deles é delicado. Algumas empresas podem se sentir tentadas a registrar cada tecla digitada em cada teclado — taylorismo na era digital! Mas não se esqueça de que confiança gera confiança.

Fazendo uma comparação, talvez pareça um pouco fora de moda perguntar a seus funcionários como eles se sentem, mas isso pode fornecer um quadro útil do moral em toda a organização. Por exemplo, uma pesquisa conduzida pela Northwestern Mutual entre seus representantes financeiros incluía o seguinte enunciado: "Se eu tivesse a oportunidade de refazer minha carreira nesta empresa eu o faria" (alternativa sim ou não), e 92% responderam enfaticamente "sim". Os líderes da Northwestern Mutual se convenceram de que alguma coisa certa eles estavam fazendo.

De forma semelhante, conforme explicou Dave Hitz, cofundador da NetApp: "Uma das razões pelas quais desenvolvemos programas que giram em torno dos melhores lugares onde se trabalhar é que eles representam um mecanismo de feedback." A liderança da NetApp pode constatar se a empresa está por baixo em determinada categoria quando comparada a outras organizações, ou se está por baixo em comparação aos anos anteriores. "São dados em tempo real com os quais podemos trabalhar", explicou Hitz. "Raramente saímos a campo tentando resolver algo do *soft edge*, como, por exemplo, a confiança, sem que tenhamos alguns dados do *hard edge* (atributos técnicos) que nos proporcionem um insight do que poderia fazer a diferença", acrescentou Jay Kidd (atual CTO). "Com base nesses dados, temos condições de implementar programas que impulsionem números que, em nossa opinião, não são aceitáveis e que deveriam ajudar a maximizar a confiança."

Assim, mesmo na era do big data e do analytics, uma das melhores formas de saber o grau de confiança que as pessoas têm em sua organização continua sendo a realização de uma pesquisa simples. "Pelo que sei, não existem dados suficientes disponíveis para que você possa ter uma ideia real de como as pessoas pensam a respeito de alguma coisa, a não ser através de pesquisas", declarou Jim Goodnight, CEO do Instituto SAS. "Coisas como confiança — você confia em seus gestores, você se sente valorizado — são realmente difíceis de mensurar apenas com base em dados aos quais você tem acesso", acrescentou Jim Davis.

No entanto, com certeza, essas limitações não evitaram que as empresas tentassem encontrar formas inéditas e inovadoras de avaliar o moral e a saúde corporativa. A empresa de software australiana Atlassian colocou telas planas em cada uma de suas saídas. Todos os dias quando você sai da empresa pedem-lhe que responda a quatro perguntas. Embora possa parecer que essas perguntas são apresentadas de uma forma imbecil na tentativa de torná-las divertidas e se assemelharem a um jogo, têm um propósito sério. A finalidade é captar o nível de energia e o grau de confiança reinante na empresa. Podemos imaginar que logo teremos condições de fazer algo semelhante com um aplicativo para smartphones ou sensores digitais incorporados aos crachás de identificação.

VISUALIZAÇÃO DE DADOS: UM CATALISADOR DA CONFIANÇA

Algumas tecnologias recentes podem ser utilizadas para outras finalidades além de mensurar e analisar a confiança dentro de uma empresa. Podem, inclusive, ser usadas para criar confiança. Mas antes você precisa descobrir uma *linguagem* de confiança que seja amplamente compreendida em toda a organização.

"Estamos concluindo nossa mais recente pesquisa sobre os funcionários", explicou Keith Collins, diretor de tecnologia do SAS. "Colocamos todos os dados no formato de analytics visual para que todos vejam. O aspecto mais poderoso desse método é que eu posso me comparar a todas as outras divisões. E isso significa ter abertura com todos os executivos da empresa e neles confiar — realmente permitimos que todos tenham acesso às informações sobre todos."

Grande parte do que torna os dados e sua visualização tão valiosos — e isso sem dúvida contribui para estabelecer a confiança — é que eles proporcionam uma linguagem comum que se dissemina por toda a empresa, estabelecendo uma ponte entre a proficiência e o treinamento. Para ser honesto, muitos não compreendem planilhas eletrônicas facilmente. Não pensamos naturalmente em números e estatísticas. Em vez disso, somos naturalmente mais analíticos e mais inclinados à visualização. Isso significa que grandes volumes de dados podem nos confundir ou nos colocar na defensiva, fazendo com que, consciente ou subconscientemente, ofereçamos resistência à mensagem por trás de toda essa informação.

Mas com a visualização de dados, as instituições podem criar uma linguagem compartilhada, um conjunto comum de entendimento, de forma que os funcionários não se sintam manipulados. Por que alguns de nós, por exemplo, desconfiamos de advogados? Porque eles costumam usar uma linguagem jurídica. Como criaturas desconfiadas que somos, imaginamos que os advogados estão fazendo isso para nos manipular em vez de nos informar. Portanto, considero o analytics visual — a linguagem simples das imagens, história e contexto — um grande propulsor do consenso, um catalisador da confiança. A visualização dos dados permite que você compreenda mais facilmente a forma como as pessoas *veem* a situação que a empresa está enfrentando.

Colocar as questões dentro de um contexto em todas as divisões e equipes representa uma ferramenta poderosa. Se você conseguir compreender as questões e os problemas dentro de um contexto compartilhado, terá condições de acelerar as decisões e sua execução. A representação visual dos dados lhe oferece contexto, venha você de uma área do *soft edge,* como recursos humanos, ou de uma área do *hard edge,* como finanças. Ao criar essa estrutura de fácil compreensão, você estará estabelecendo a confiança entre diferentes grupos de pessoas. Isso, na verdade, representa uma nova forma de obter o melhor de toda a organização.

COMO ALCANÇAR A VANTAGEM COMPETITIVA

- A confiança está se tornando mais valiosa pela simples razão de que está diminuindo dentro da sociedade.
- A confiança tem dois importantes componentes: confiança externa (clientes, fornecedores, acionistas) e confiança interna (funcionários). As grandes empresas investem em ambas.
- A confiança, mais que o salário e as regalias, é o segredo para fazer uma lista dos melhores lugares onde se trabalhar.
- A confiança é a base da inovação, pois ideias não podem ser arrancadas da cabeça das pessoas.
- A confiança é também a base da produtividade das vendas. Os profissionais de vendas têm êxito quando confiam no propósito de suas carreiras e de sua empresa.
- A confiança é facilmente destruída pela hipocrisia dos executivos.
- A confiança pode ser solidificada com o analytics visual, que cria uma linguagem comum entre grupos diversos.

4

Inteligência
Com que rapidez você e sua empresa conseguem adaptar-se?

Em 2012, a CBS Sports, que transmitiu o campeonato de basquete masculino da NCAA durante 30 anos, classificou as melhores equipes universitárias de todos os tempos. No topo da lista — à frente da UCLA Bruins de 1967-68 e da Universidade de Kentucky Wildcats de 1995-96 — estava a Indiana University Hoosiers de 1975-76. Essa equipe marcou 32 a 0 naquela temporada e arrasou a Universidade de Michigan no jogo pelo título da NCAA em 1976.

O técnico do Indiana era Bobby Knight, um líder durão da velha guarda. Knight gostava de xingar os juízes e atirar cadeiras. Não tolerava nenhuma divergência, nem mesmo que os jogadores falassem durante os treinos. Os exercícios de condicionamento de Knight eram brutais, e incluíam subir e descer os 109 lances de escada do ginásio Assembly Hall da Indiana University. "Nossos calouros não podiam acreditar", disse um pivô mais antigo, descrevendo a intensidade e os vômitos ocasionais. "Nem eu. Quando comecei no ano passado, quase entrei em choque."

Knight também insistia que seus jogadores assistissem às aulas e se formassem. "Se um garoto vem para Indiana e a única coisa que lhe ensinamos é o basquete, então pusemos tudo a perder", disse Knight a um jornalista esportivo. *Pusemos tudo a perder?* É quase certeza que o técnico Knight não usou as palavras "pusemos tudo a perder". O modo extravagante como Knight usava um palavreado profano deixaria um sargento constrangido.

"Só porque o técnico do Indiana University, Bobby Knight, aquele maníaco cordial, não deu um soco em um jogador, não estrangulou um árbitro, não deu uma coronhada em um jornalista ou esbravejou durante os últimos minutos, não é motivo para ignorar sua equipe", Curry Kirkpatrick da *Sports Illustrated* escreveu em um artigo em 1975. Knight contou a Kirkpatrick que já havia feito todo o possível para acabar com sua "boca suja" — por um tempo —, mas que o esforço não valia a pena. "Não estou me tornando um *bleep-bleep* mais educado, seu filho de uma *bleep-bleep*", acabou admitindo. "Só estou me tornando um *bleep-bleep* mais inteligente." Claro que ele não disse "*bleep-bleep*".*

Junto com os jogadores de Knight, assistentes técnicos e treinadores, somente outra pessoa — uma estudante — viu o técnico Knight em todos os jogos em casa do Indiana University, e em todos os treinos, durante a grande temporada do Indiana. Essa jovem vinha todos os dias e sentava na arquibancada, algumas fileiras atrás do banco da equipe. Dia após dia, ela aparecia para assistir aos Hoosiers jogarem ou treinarem. Ela ficava de olho no técnico Knight. Analisava-o em detalhes e tomava notas.

Seu nome é Tara VanDerveer. E enquanto Knight tornava-se esse "mais inteligente *bleep-bleep*", ela também evoluía. Suas anotações sobre as práticas de Knight tinham volume suficiente para encher várias gavetas de arquivos. Em pouco tempo, VanDerveer também se tornou técnica. Em dez anos, ela teve uma das carreiras mais bem-sucedidas de técnicos da história do basquetebol feminino da NCAA.

Ao analisar o desenvolvimento da técnica VanDerveer, assim como os pensamentos e histórias de outros grandes líderes, este capítulo busca aprofundar a compreensão sobre o que significa, tanto para as pessoas quanto para as organizações, ser inteligente no mundo supercompetitivo dos dias de hoje.

O QUE, EXATAMENTE, SIGNIFICA SER INTELIGENTE?

Quando usamos a palavra *inteligente*, normalmente falamos sobre inteligência. Na literatura de pesquisa, a inteligência é descrita de várias formas. Em geral, é

---

* *Nota da Tradutora*: Som estridente e repetitivo que ouvimos nas transmissões de televisão e rádio para substituir os palavrões.

descrita como — e estou parafraseando aqui — uma atitude mental geral que envolve a capacidade de raciocinar, planejar, resolver problemas, pensar de forma abstrata e aprender rápido. Para maior clareza, essa descrição pode ser dividida em dois componentes principais:

- A capacidade de aprender coisas novas e solucionar novos problemas — que recebe o nome de "inteligência como processo".
- A capacidade de aplicar os resultados do aprendizado — que recebe o nome de "conhecimento".[1]

Essa aptidão completa de aprendizado, pensamento e aplicação é reconhecida pelo termo *inteligência geral*, normalmente indicado pelo símbolo *g*. Voltando mais de um século atrás, muitas pessoas acreditavam que nascíamos com uma inteligência predeterminada, o nosso *g*, que não se alteraria de forma significativa. Nossas diferenças individuais no *g* são medidas através de testes psicométricos, normalmente um teste de QI, que abrange áreas cognitivas como raciocínio, velocidade de processamento, memória e capacidade espacial. Embora às vezes sejam consideradas independentes, grande parte das pesquisas determinou que essas áreas não o são — e isso quer dizer que se você se sair bem em um domínio, tende também a se sair bem nos outros.[2]

Mas quando se trata de medir a inteligência, o *g* não é a única opção disponível. Em 1983, Howard Gardner, psicólogo desenvolvimentista e professor de Harvard, lançou a teoria de Inteligências Múltiplas (IM). Outra estrutura conceitual teórica chamada Inteligência Emocional, ou IE, tornou-se popular em 1995 com o psicólogo e escritor científico do *New York Times*, Daniel Goleman. As duas teorias afirmam que não existe apenas uma única inteligência, conforme definido pelo *g*, mas uma série de dimensões e camadas diferentes para a inteligência. Enquanto as três abordagens — o *g*, a IM e a IE — apresentam pontos válidos e vantagens específicas, estou aqui para lhes dizer algo muito importante: quando você chega lá — *nenhuma delas importa*.

Isso mesmo. A inteligência geral, a inteligência múltipla e a inteligência emocional — e todos os outros tipos de "inteligências" teorizadas e promulgadas pelo meio acadêmico — não importam muito nos negócios. Agora, não me interprete mal: não estou dizendo que estruturas conceituais como o *g*, a IM e a IE sejam irrelevantes. Não o são. São extremamente úteis como meios de estudo, pesquisa e discussão. O teste cognitivo, com todas as suas falhas e distorções, foi muito produtivo na criação e aplicação das intervenções de mudança de vida. E menciono isso logo de cara porque qualquer discussão válida sobre a inteligência precisa, pelo menos, reconhecer as teorias mais proeminentes do desenvolvimento cognitivo.

Porém, todas essas teorias, assim como as altíssimas pontuações de testes e as médias de notas que as sustentam, são jogadas pela janela quando se trata de ser realmente inteligente no contexto de uma organização complexa ou de uma determinada carreira. No mundo real, inteligência não é uma questão de procurar o próximo aluno genial com pontuação máxima na escala 4.0 ou encontrar um resultado estratosférico em um teste de QI. Na verdade, trata-se da importância do trabalho duro, da perseverança e resiliência. Chamemos isso de determinação. Chamemos de coragem. Chamemos de tenacidade. Chamemos de atitude confiante. Esses são conceitos tão antigos que, às vezes, é fácil perdê-los de vista.

É difícil resumir em palavras o que é determinação e qualidades associadas: ela não é revelada por notas e sociedades de honra e currículos inflados. É comum que em lugares como o Vale do Silício e Manhattan, Boston e Seattle, nós, do mundo dos negócios, disseminemos essa ideia tola (e sem determinação) de que somente as pessoas que servem para ser contratadas são aquelas com uma pontuação de 800 nos testes de matemática do SAT.

Determinação, coragem e persistência são temas que você encontrará ao longo deste livro. Contudo, quando o assunto é inteligência nos negócios, a determinação aparece não como uma vantagem paralela ao *g*, mas sim como uma forma do próprio *g*. A determinação leva diretamente a um aprendizado mais rápido. Essa é sua virtude oculta.

O que significa ser inteligente no mundo dos negócios? A maioria dos líderes empresariais pensaria nisso como a capacidade de realizar algo; de conquistar, superar os tempos difíceis, aguentar e ser bem-sucedido. T. Boone Pickens é inteligente. Donald Trump e Madonna também são. Talvez não sejam gênios da matemática como Mark Zuckerberg, do Facebook, ou Sergey Brin, do Google, mas são astutos, espertos e capazes. Sobreviverão durante os tempos bons e ruins. Vão adaptar-se às mudanças nos mercados e sairão ganhando mais do que perdendo.

Ao falar sobre inteligência, Tom Georgens (CEO da NetApp, empresa de armazenamento de dados, avaliada em $6,5 bilhões) fez uma observação muito interessante: "Sei que isso deixa muitas pessoas irritadas, mas quando você atinge determinado ponto na carreira — e isso não demora muito, uns cinco anos, talvez — todas as notas e referências acadêmicas do mundo já não significam mais nada. Desse ponto em diante, tudo o que importa são as realizações." Essa é uma compreensão importante. Sobre suas próprias contratações, Georgens disse: "Há pessoas em meu staff que eu nem sei que faculdade fizeram ou o que estudaram." Para ele e outros CEOs, em determinado ponto, isso já não importa mais.

Analisando a ideia de um ponto de vista mais empreendedor, "quando buscam pessoas, algumas das melhores empresas de capital de risco que conheço", disse-me Greg Becker, CEO do Silicon Valley Bank, "preferem aquelas que são guerreiras, que já passaram por provas e adversidades. Essas pessoas encontrarão uma maneira de fazer dar certo, seja lá o que for".

Maynard Webb, presidente do Conselho da Yahoo e membro do Conselho da Salesforce.com, disse, "o que estou buscando é um talento. E talento não é apenas o intelecto. Talento é também o que você já fez. Se você é um empreendedor tentando despontar, está trabalhando com afinco. Você precisa ser durão, estar disposto a apanhar muito. Então busco o fator da determinação".

Para a maioria, isso deveria ser uma boa notícia: não estamos limitados ou somos definidos pelas capacidades ou aptidões que herdamos. Grande parte do que nos torna inteligentes se deve ao que aprendemos ou, dito de outra forma, ao que aprendemos da maneira mais dura. Bem, algumas pessoas dirão que, tecnicamente, essas coisas não correspondem a ser inteligente. Muito justo. Estou disposto a admitir que ideias como esforço e perseverança não se alinham diretamente à definição científica de inteligência. Mas antes de descartar a definição deste livro sobre inteligência, consideremos o que alguns dos maiores profissionais da atualidade, incluindo CEOs, consultores, executivos financeiros, técnicos esportivos e até mesmo um renomado *chef* de cozinha têm a dizer. Creio que, depois disso, você verá como a determinação leva diretamente a tornar-se mais inteligente e resulta na capacidade de aprender e adaptar-se mais rápido.

A DETERMINAÇÃO ACELERA O APRENDIZADO

Desde o período pré-natal até o fim da vida, os fatores empíricos moldam os circuitos neurais que sustentam nosso comportamento. Esses fatores empíricos incluem tanto influências involuntárias, como a adversidade, quanto influências intencionais, como o aprendizado e o treinamento. Isso significa que o cérebro humano tem uma incrível plasticidade neural — a capacidade de modificar a função e a conectividade neural — mesmo aos 70 anos de idade. Isso é uma ótima notícia em muitos níveis. É difícil visualizar como enfrentar os desafios da vida com um cérebro incapaz de se adaptar ao ambiente.

Além disso, as pessoas mais inteligentes nos negócios não são aquelas com o *g* mais alto. Pelo contrário, são aquelas que normalmente se colocam em situações que exigem determinação. Esses atos de coragem aceleram o aprendizado através da adaptação. As pessoas da área de vendas que fazem mais ligações telefônicas, por exemplo, sempre vão superar seus colegas que fazem menos ligações. Mas aqui está o ponto principal: isso acontece não só porque o ato de fazer mais ligações aumenta matematicamente as chances de sucesso. Parece que fazer todas essas ligações traz benefícios adicionais. Aqueles que fazem ligações com mais frequência, ao encarar a árdua tarefa de expor-se a um possível não, colocam-se em uma curva de aprendizagem mais rápida. Levam menos tempo para aprender o que funciona e o que não dá certo. Aprendem com mais rapidez técnicas para superar a rejeição. Portanto, sua taxa de rendimento aumentará — ou seja, o dobro de ligações, o triplo de vendas. O ato de fazer várias ligações também desenvolve habilidades autorregulatórias como autodisciplina, gratificação adiada e, talvez o mais importante, aprendizagem autorregulada.

Falando de aprendizagem autorregulada, lembra-se daquela pessoa que viu todos os treinos e jogos no ginásio-sede do time do técnico Bobby Knight? Fiz uma visita à técnica de basquete feminino da Stanford University, Tara VanDerveer, em seu escritório perto do ginásio de basquete de Maples Pavilion. "Eu adorava ver os treinos do Bob Knight", recordou VanDerveer. Hoje com 60 anos, VanDerveer foi criada em Massachusetts, mas tem a voz desafinada de uma pessoa do Centro-Oeste e o humor seco característico da região. "Eu não me sentava na primeira fila. Sentava um pouco atrás do banco do time", diz, rindo com a lembrança. Queria ficar fora do alcance dos olhos de Bob Knight quando ele perdia a paciência, começava a chutar as cadeiras ou xingar Deus e o mundo. Mas havia o outro lado de Knight, e por isso VanDerveer sempre o acompanhava — e continuava aprendendo.

"Ao observar o técnico Knight, aprendi tanto as coisas que eu faria, como as que não faria", revelou-me VanDerveer. "Ele foi um grande professor e seus treinos eram muito bem organizados. Ver os treinos todos os dias me deu muita confiança para que eu pudesse sair por aí e me tornar técnica de uma equipe."

Isso é um eufemismo. VanDerveer, técnica de Stanford desde 1985, é a quarta técnica mais vitoriosa do basquete feminino da história da NCAA e venceu dois campeonatos dessa entidade. Seu currículo como técnica principal também inclui uma medalha de ouro nos Jogos Olímpicos de 1996, 4 Big Ten Championships quando estava no Ohio State, 18 Pac 10 e Pac 12 Championships, e a impressionante marca de 83% de vitórias durante a vida universitária. Como se isso não bastasse, atualmente ela também está entre o seleto grupo de 13 mulheres que figuram no Basketball Hall of Fame, junto com astros do basquete masculino como Bill Russell, Magic Johnson, Larry Byrd, Michael Jordan, Pat Riley e Phil Jackson.

Porém, sua formação como treinadora começou muito antes dos tempos de faculdade em Indiana. Para compreender melhor os desafios que VanDerveer teve que superar para tornar-se uma técnica de elite, é necessário entender que ela cresceu do lado errado do Title IX, emenda educacional aprovada em 1972 que, entre outras coisas, determinava o acesso igualitário aos esportes organizados para as mulheres. Isso significa que praticamente não havia oportunidades para garotas ou mulheres praticar esportes quando VanDerveer era jovem.

Assim, VanDerveer trilhou seu próprio caminho até alcançar o sucesso como treinadora. Observou técnicos da época em que era jovem. As equipes de garotos da sexta, sétima e oitava séries, a equipe de calouros do ensino médio: ela os observava todos os dias. "Cresci vendo os treinos dos garotos", disse ela.

E este é o verdadeiro segredo: a inteligência não é apenas uma coisa que herdamos dos nossos pais, é um processo contínuo afetado por nossas experiências e associações — ambas buscadas e impostas. As pessoas bem-sucedidas são apenas mais tenazes ao buscar aquelas oportunidades para acelerar seu aprendizado, conforme podemos ver no exemplo de Tara VanDerveer com Bob Knight.

Esse valor do aprendizado acelerado não está limitado apenas a pessoas como VanDerveer. Para entender melhor os desafios para tornar-se e continuar inteligente, vejamos o caso de uma organização realmente excepcional que atua em um dos setores mais intensos em termos de conhecimento no mundo.

A EXPLOSÃO DO CONHECIMENTO: MAYO CLINIC

Em janeiro de 1863, Abraham Lincoln assinou a Emancipation Proclamation (Proclamação da Emancipação), libertando os escravos. Seis meses depois, aconteceu a Batalha de Gettysburg, que mudou o rumo da Guerra Civil do Exército da União. Durante o mesmo ano, um médico chamado William W. Mayo fugiu para o mais longe que pôde da guerra, indo parar no sul de Minnesota, em uma cidade chamada Rochester. Mayo tinha dois filhos, William J. e Charles, que se uniriam ao trabalho do pai nos anos 1880.

Naquela época, a associação era a atitude que prevalecia entre os médicos americanos. Um homem jovem — eram todos homens então — trabalhou duro para tornar-se médico. O conhecimento era um bem valioso. A última coisa que um médico faria com um bem tão rentável seria compartilhá-lo ou doá-lo. Porém, os irmãos Mayo viam as coisas de uma forma diferente. À frente do seu tempo, abraçaram a inovação e o trabalho em equipe. Viajaram a Paris para conhecer os melhores métodos cirúrgicos. Pediram a outros médicos e pesquisadores que se juntassem à sua clínica. Em 1889, deram início à primeira clínica particular em grupo integrada do mundo — que se tornou mundialmente conhecida como a Mayo Clinic.

A Mayo Clinic é a "marca líder em medicina há mais de 100 anos", disse seu último CEO, Dr. John Noseworthy. Poucos discordariam. A Mayo Clinic tem algo em torno de 32 mil profissionais de saúde licenciados. Esse é um exército enorme de pessoas inteligentes. O desafio é que essas 32 mil pessoas também precisam receber treinamento, certificação, atualização e estar em dia com as técnicas e práticas mais modernas para manter o nível histórico de excelência da clínica.

Para conseguir isso, a Mayo tem faculdades tradicionais como vários outros centros médicos. Entre elas estão — e tentaremos dar uma rápida passada por elas — a Mayo Medical School, uma faculdade de Medicina tradicional como em Harvard ou qualquer outra grande universidade. Há a Mayo Graduate School, cujo foco está nos campos científicos fora da medicina. Depois há também uma faculdade de pós-graduação em Medicina para residentes e pesquisadores — pessoas que já se formaram na faculdade de Medicina, mas que estão se especializando em alguma área — que, na verdade, é a maior escola de pós-doutorado do país. Mais médicos passaram pela Mayo School of

Graduate Medical Education do que por qualquer outra instituição nos Estados Unidos. Além disso, a Mayo tem uma faculdade para os que não são médicos. Essa faculdade, chamada Mayo School of Health Sciences, oferece treinamento para 30 especialidades diferentes da saúde — desde enfermeiros anestesistas e citotecnologistas (pessoas que examinam as espécies de células) até flebotomistas (pessoas que coletam seu sangue). Finalmente, existe a Mayo School of Continuous Professional Development, que mantém os profissionais da saúde atualizados sobre novas pesquisas, práticas e tecnologias.

Uau! São cinco faculdades. Mas eu não poderia deixar de incluir o Mayo Clinic Online Learning Program, um catálogo extenso de cursos e módulos on-line que pretendem ajudar uma força de trabalho no mundo inteiro a encontrar tempo para aprender novas habilidades e práticas. Para otimizar a educação on-line, a Mayo combina esses três cursos on-line com aulas presenciais.

Para as especialidades que exigem mais treinamento prático, como cirurgia, grande parte da aprendizagem da Mayo ainda é clínica, mas o treinamento adicional consiste em prática e simulações que utilizam tanto cadáveres como manequins. Para aproveitar a natureza competitiva natural dos cirurgiões, o Dr. David Farley, professor de cirurgia, criou um evento para os internos realizado todo mês de julho, chamado *Surgical Olympics* (Olimpíada Cirúrgica). É um decatlo que inclui eventos como colocação de cateteres intravenosos, incisões transversais e dar um nó apenas com uma mão — tudo isso executado com o relógio correndo e enquanto o Dr. Farley observa — o que ajuda os internos a entender onde estão tanto em termos de conhecimento e procedimentos cirúrgicos básicos, como de capacidade de lidar com a pressão.

Portanto, não há a menor dúvida de que o pessoal da Mayo leva o aprendizado e a educação continuada muito a sério. Na verdade, eu apostaria que existem poucas, se é que há outras, organizações de serviço no mundo que adotam uma abordagem tão rigorosa e organizada para oferecer um aprendizado, treinamento e desenvolvimento profissional ao longo da carreira.

Mas nem tudo é perfeito, nem mesmo no bucólico mundo de Rochester, Minnesota. Um problema real com a medicina atualmente é o fato de ser necessário saber muita coisa.

"Vejamos a cardiologia", começou o Dr. Doug Wood, professor de doenças cardiovasculares da Mayo, quando nos reunimos na mesa da sala de jantar em um canto do edifício principal da Mayo Clinic, chamado Center for Innovation

(Centro para a Inovação). Wood prosseguiu: "De volta aos anos 1980, havia três grandes periódicos de cardiologia. Cada um com uma publicação mensal. Você conseguia acompanhar. Mas agora, um desses periódicos mensais foi dividido em três periódicos separados que são publicados quinzenalmente. Outro dos periódicos foi divido em quatro, embora ainda sejam publicados mensalmente. Então, no total, aqueles três periódicos se transformaram em onze periódicos por mês. Há muita coisa para se ler, principalmente para alguém que já lida com uma agenda apertada de consultas, procedimentos, plantões e reuniões com o staff."

Agora somemos a isso a explosão da literatura sobre medicamentos e testes de tratamentos. Em 1960, eram publicados cerca de 100 artigos sobre testes de controle aleatórios, geralmente considerados a autoridade para as melhores práticas em medicina. Hoje, são publicados anualmente mais de 10 mil artigos relatando os testes de controle aleatórios.[3] Como alguém espera conseguir manter-se atualizado com esse crescimento exponencial de conhecimento e informação?

É impossível.

Grandes desafios à aprendizagem também existem com a prática de procedimentos, principalmente com a cirurgia, como me contou o Dr. Farley: "A repetição [na cirurgia] é crucial. Você precisa fazer o mesmo procedimento várias vezes e receber feedback. Para curar uma hérnia, um procedimento relativamente simples e direto, são necessárias cerca de 250 operações até que tenhamos a sensação de que a curva de aprendizagem está se achatando e não vamos conseguir melhorar mais." Estava sentado com Farley atrás de um espelho falso, e observávamos alunos praticando inserções de cateteres em um manequim. Ele bebeu um gole de café e continuou. "Então, a coisa mais assustadora para nós em cirurgia e educação é que, em cinco anos de treinamento, o aluno não vai alcançar as 250 operações. Isso significa que terei que enviar profissionais para Palo Alto, Tacoma e Mandato, e eles serão cirurgiões gerais e terão feito 80, ou 50 ou 20 operações."

Assustador, certo? Mas espere só um segundo. Vai piorar.

"No meu mundo, faço muita cirurgia endócrina", disse o Dr. Farley. "A cirurgia adrenal é realmente um tipo complexo, desafiador e perigoso. Um residente comum nos Estados Unidos raramente realiza uma em cinco anos. Na Mayo Clinic, faz quatro. 'Uau, corra para a Mayo Clinic, é o programa número 1 do país!' Mas fizemos quatro. Então, quando alguém pergunta a um cirurgião

'Ei, você já fez isso antes?' — 'Ah, já, já fiz.' Quatro, e você é um especialista? Isso é difícil."

Com esses desafios a pergunta é: Será que a tecnologia é capaz de acelerar o aprendizado? Os módulos on-line e o uso de cadáveres, simuladores e manequins é capaz de ajudar a compensar a falta de repetição?

"Realmente espero que sim", disse o Dr. Farley. "Porque enquanto estou sentado aqui de frente para você, não quero que não seja — isso não é utopia. Dez anos atrás, quase como hoje, o horário de trabalho foi aprovado em todo o país. Esses tais residentes não podem trabalhar mais de 80 horas por semana e devem ter um dia de folga por semana. O que são leis boas e razoáveis", o Dr. Farley disse, "melhor para a família, melhor para a privação do sono, melhor para a educação. Mas isso diminuiu o número de repetições e criou uma década de pessoas que não tiveram o mesmo treinamento pelo qual eu tive o luxo de passar. Esse é o verdadeiro problema".

Esse não é só um problema da Mayo Clinic: esse é um problema para todo mundo na área de saúde. O sistema está crescendo, os procedimentos estão mais complicados e as expectativas estão aumentando. As aulas, os módulos on-line, as simulações e as listas de verificação, deixar tudo certo antes de cortar pessoas que estão vivas e respirando, sim, essas coisas ajudam. Mas elas ainda fazem Farley dizer, "fico nervoso porque as pessoas que vão sair daqui não são tão boas quanto as pessoas que tiveram de passar pela sessão de tortura durante 100 horas, privaram-se do sono e esse tipo de coisa".

Posteriormente neste capítulo, apresentarei um novo tipo de médico, aquele que talvez seja a resposta ao desafio de manter-se atualizado. Explorarei também como a Mayo Clinic adaptou seus programas de treinamento e aprendizagem para enfrentar esses novos desafios. Mas, antes, vamos analisar como podemos acelerar nosso aprendizado, tanto de forma individual como organizacional, para se adaptar melhor ao ritmo rápido do ambiente atual.

ALONGUE SUA NEUROPLASTICIDADE

Se você conversar sobre como se tornar mais inteligente com os neurocientistas, com certeza seguirá esta linha de discussão: tomografias do cérebro, ressonância magnética, geração de massa cinzenta e branca, neurogênese e neuroplasticidade, e coisas do tipo. Por exemplo, pesquisas mostraram que apresentamos uma *neuroplasticidade* pronunciada — a capacidade de mudar a estrutura cognitiva — e *neurogênese* — a capacidade de gerar novos neurônios — durante toda nossa vida adulta. Os dois tipos de modificação neural ocorrem durante o aprendizado de uma nova habilidade, seja fazendo malabarismo, jogando golfe ou tocando banjo.[4]

O exercício também melhora a cognição. Faça isso ao ar livre, em um local que os cientistas chamam de "ambiente enriquecido" — digamos como andar de bicicleta em uma estrada sinuosa — e terá benefícios adicionais em relação a quando você se exercita em um ambiente estéril, fechado, como uma academia. Inclua um aspecto social ao seu exercício e turbinará seu remapeamento cortical e geração neural. Como você pode ver, aquelas caminhadas durante a hora do almoço ou passeios de bicicleta com os colegas de trabalho podem gerar muito mais benefícios do que apenas queimar algumas calorias — podem realmente torná-lo mais inteligente.[5]

Quase não há dúvida de que esses fatos são importantes para sua saúde neural. Mas será que eles têm muita coisa a ver com os negócios?

Ao discutir essa ideia sobre inteligência com líderes empresariais e outros companheiros que já chegaram ao auge da carreira escolhida, a discussão tende a seguir um caminho completamente diferente. Os líderes empresariais não estão preocupados em aprender a fazer malabarismos ou pegar um caminho mais complicado durante a próxima caminhada no Central Park. Para eles, tornar-se mais inteligente não é isso — para eles é uma questão de esforço. Uma questão de trabalho. É uma questão de cultivar comportamentos específicos, incluindo a disposição de procurar mentores, enxergar os erros e falhas como oportunidades de aprendizado e abraçar ideias fora de seu próprio campo.

APRENDA COM OS MELHORES

Tara VanDerveer começou sua carreira como treinadora na Universidade de Idaho em 1978. Enquanto esteve lá, até 1980, Don Monson era o técnico principal dos homens. Monson finalmente foi escolhido como o técnico do ano, o National Coach, em 1982. Sua grande habilidade era pegar um grupo de atletas pouco talentosos e mal recrutados, e fazê-los jogar em equipe. Sob o comando de Monson, os jogadores de Idaho normalmente superavam as expectativas. Como treinadora do time de basquete feminino em Idaho, VanDerveer continuou seu hábito de observar os treinos da equipe masculina e tomar notas, notas e mais notas.

Após dois anos em Idaho, VanDerveer tornou-se a treinadora principal da equipe feminina de basquete da Ohio State University. Estar entre as Big Ten — com equipes como Michigan, Michigan State, Wisconsin, Indiana e Illinois — era uma benção. Todos os grandes técnicos, tanto do masculino quanto do feminino, vinham a Columbus, a casa da Ohio State, para treinar e jogar. "Eu ficava e observava o treino dos adversários", VanDerveer disse. "Tinha a oportunidade de ver alguns dos melhores técnicos do país trabalhando e treinando suas equipes." Ao mesmo tempo, VanDerveer também teve aulas sobre treinamento com Fred Taylor, técnico da equipe masculina da Ohio State que, como se constatou, fora o antigo treinador de Bob Knight na Ohio State.

Em 1985, VanDerveer foi para a área da Baía de São Francisco para tornar-se a técnica principal da equipe feminina de basquete de Stanford. Ao mesmo tempo, Pete Newell, ex-treinador de basquete da Universidade da Califórnia em Berkeley, realizava o respeitado acampamento para os "grandões" — os atletas que jogavam na posição de pivô. Newell vencera o campeonato da NCAA em 1959 e era visto por seus pares como uma das grandes mentes do basquete.

"Bem, eu estava sempre por perto", VanDerveer me disse. "Eu estava lá e Pete me disse, 'Vou comprar comida chinesa. Quer ir comigo?' Eu disse, 'Claro.' E então tive a oportunidade de conhecê-lo." Eles passaram horas e horas trabalhando e conversando, com VanDerveer mais uma vez anotando tudo. Depois de vários almoços, ela tinha um arquivo cheio de anotações que havia feito de Pete Newell.

A questão já ficou bem clara agora: VanDerveer encontrou pessoas com as quais podia aprender onde quer que fosse. Em *Shooting from the Outside*, VanDerveer escreveu: "Nunca pensei que seria treinadora, mas ao escutar as mesmas coisas do técnico Knight, e ao observar, observar e observar, meu cérebro estabeleceu padrões de como o jogo deveria ser jogado."

Isso nos faz lembrar a regra das 10 mil horas, que se tornou popular com Malcolm Gladwell no seu best-seller, *Fora de série — Outliers* (Rio de Janeiro: Ed. Sextante, 2008). É a ideia de que ganhar conhecimento especializado, e o sucesso resultante é uma questão de praticar — e praticar ainda mais. Gladwell sugeriu que as 10 mil horas eram um ponto de partida interessante. Contou a história dos Beatles que tocaram dezenas de milhares de horas em casas noturnas sombrias de Hamburgo durante o início dos anos de 1960, aprimorando sua arte do rock-and-roll. E de Bill Gates, ainda no ensino médio, que passou noites e noites no centro de computação da University de Washington. Gladwell tornou popular a ideia das 10 mil horas, mas esta foi originalmente concebida por Anders Ericsson, professor da Florida State University. De acordo com Ericsson, a grandeza exige tempo e esforço. Muito tempo. E muito esforço.

Bem, o mesmo ocorre com a inteligência.

Mas com a inteligência, a história vai muito além das 10 mil horas de prática — estamos falando de horas de observação, escuta e aprendizagem. Trata-se de absorver os anos de experiência dos demais e levar essa orientação a sério. Em *Fora de Série — Outliers*, Malcolm Gladwell escreveu que "ninguém — nem as estrelas do rock, nem os atletas profissionais, nem os bilionários da indústria de software — consegue isso sozinho".

Parece tão fácil — aprender com as outras grandes mentes, com os Bob Knights e Pete Newells da vida, em nossas próprias profissões ou setores —, mas poucos conseguem isso! Pouquíssimos de nós aproveitam o tempo para buscar pessoas que possam nos mostrar um atalho para um maior conhecimento e habilidade. Parece tão óbvio, e a pergunta que cada um deveria fazer a si mesmo é, "por que não fazemos a mesma coisa?". Porque leva tempo. É necessário persistência. É necessário ser humilde e reconhecer que não sabe. É necessário sair de sua tímida concha e se expor, colocando-se na linha de frente e estar aberto à rejeição. É preciso fazer tudo isso. Acredite em mim; sei disso. No entanto, as pessoas são surpreendentemente generosas com o seu tempo. Querem ajudar, querem agir como mentoras, mesmo que não queiram ser chamadas como tal. Querem fazer a diferença espalhando o conhecimento e compartilhando o conhecimento especializado que desenvolveram ao longo das dez mil horas.

Minha teoria pessoal sobre por que é assim? Todos nós desejamos a eternidade e passar nosso conhecimento adiante — nosso DNA empírico, se você preferir — é uma forma de alcançá-la.

A história de VanDerveer faz eco a algo que me contou Fred Smith, fundador, CEO e presidente do Conselho da FedEx. Na metade de nossa entrevista na sala de reuniões de Smith em seu escritório em Memphis, observei que ele sempre citava livros de história sobre o Império Romano, a fundação e a constituição dos Estados Unidos. "Você é um CEO que lê muito", disse eu. A resposta de Smith me deixou atônito: "Meu pai morreu quando eu tinha quatro anos. Precisava de novos mentores. Encontrei-os nos livros."

Se você não se lembrar de mais nada neste livro, lembre-se disto: a maioria das pessoas bem-sucedidas gosta que perguntemos como elas alcançaram o sucesso. Então pergunte.

APRENDA RÁPIDO COM SEUS ERROS

David Chang é o *chef* e dono do Momofuku, um império gastronômico em ascensão, que inclui 11 restaurantes localizados em Nova York, Toronto e Sydney, na Austrália. A marca Momofuku também abrange uma presença crescente na mídia com uma revista trimestral chamada *Lucky Peach*, um best-seller de culinária de mesmo nome, e um seriado na televisão chamado *The Mind of a Chef*. Vamos falar de setores complicados — restaurantes e mídia! Eles provavelmente têm duas das maiores taxas de fracassos de todos os negócios nos Estados Unidos.

Chang vê o sucesso como uma série de erros ou, como ele mesmo diz, "você tem de se queimar". Ele me contou que no mundo da gastronomia não existe esta coisa de gênio ou prodígio porque cozinhar exige um conjunto completamente novo de habilidades com as quais as pessoas não nascem. "Quer dizer", explicou, "alguém pode ter mais predisposição para se tornar um cozinheiro melhor, mas ser um grande *chef* é um processo para aqueles que aprendem mais rápido com os erros. Trata-se de cometer erros, documentá-los, alimentar-se deles". Ele definiu isso como os princípios japoneses do *Kaizen* (a prática de melhoria contínua) e do *Hansei* (o reconhecimento de nossos próprios erros). "A cultura ocidental parece ser mais alérgica a documentar os erros", disse. "Exceto na comunidade científica."

Chang me confessou seus próprios pontos fracos. Com uma quantidade tão grande de pessoas habilidosas e criativas tentando aprender e crescer na família Momofuku, Chang sentiu a necessidade de ser muito mais paciente. Isso não foi fácil. Um exemplo recente: um de seus cozinheiros incluiu um novo prato no cardápio. Chang não detestou o prato, mas também não adorou. No passado, explicou o *chef*, "eu provavelmente teria respondido 'que *diabos* está acontecendo com você? Esta é a coisa mais *estúpida* que já vi. É asquerosa. É horrível. Mas que droga! Por que cargas d'água você incluiu isso no cardápio?

Você está desperdiçando meu tempo, desperdiçando o tempo de todos os outros e, francamente, isso é vergonhoso'".

Então Chang continuou, "eu provavelmente teria dito algo assim, mas de uma forma muito pior". Ok, vou acreditar no que ele disse.

Mas em vez de *perder a cabeça* com o cozinheiro como Bob Knight faria, Chang decidiu manter o prato no cardápio. E adivinhem o que aconteceu? O cozinheiro falou com ele alguns dias depois e lhe disse, "pensei no prato e vou tirá-lo do cardápio. Talvez não o coloque de volta, mas, para mim, foi muito importante servir esse prato porque me lembrou da cultura em que cresci". Em vez de forçar a barra, Chang conseguiu criar uma situação na qual o resultado foi muito mais orgânico e saudável. E isso é uma maneira mais instrutiva de aprendizagem. "Preciso deixar as pessoas errarem para que possam fazer melhor no futuro", concluiu.

Esse é um grande exemplo de uma situação específica na qual a tolerância aos erros pode levar diretamente a uma oportunidade de aprendizado mais eficaz. Entretanto, como incorporamos essas filosofias do *Kaizen* e *Hansei* em uma organização? Como medi-las, codificar a prática ou incorporá-las em nosso DNA cultural? Margit Wennmachers, sócia da Andreessen Horowitz, uma empresa de capital de risco no Vale do Silício, mostrou uma excelente abordagem.

Antes de trabalhar na Andreessen Horowitz, Wennmachers fundou uma empresa de relações públicas chamada The OutCast Agency. Mesmo com a saída de Wennmachers, a OutCast ainda existe e está indo muito bem, o que demonstra claramente sua capacidade de criar uma cultura forte. Durante seu mandato como CEO, um dos principais valores da OutCast era a busca pela excelência. *O bom é uma commodity*, disse ela. Então como alcançamos o excelente?

"A forma como você alcança a excelência em uma empresa de prestação de serviços", Wennmachers me contou, "é garantindo que as pessoas sintam que podem correr riscos". Para incentivar esse comportamento de correr riscos, Wennmachers estabeleceu uma reunião semanal para falar sobre os momentos de excelência. Nada muito revolucionário, certo?

Mas, espere, ela também viu o outro lado da moeda. Então, se você cometesse um erro realmente estúpido na OutCast, se você realmente *enlouquecesse*, como diriam o técnico Knight e o *chef* Chang, seria altamente incentivado a compartilhar o ocorrido com os colegas. Conforme Wennmachers explicou, "a excelência assume riscos. E você não estará correndo riscos suficientes se não estiver aprendendo algo com os erros — isso seria basicamente um fracasso. Para que assumam riscos no trabalho, as pessoas precisam de um ambiente que aceite os erros". Wennmachers sabe que falar de erros em um grupo acaba mais rápido com o incômodo do constrangimento e, como consequência, propicia uma aprendizagem mais rápida.

Em geral, ninguém quer reconhecer que errou e ninguém quer fazer feio diante de seus pares. Todos nós queremos proteger nossa imagem e autoestima. Isso é normal. Vemos o fracasso como algo inaceitável e o evitamos de todas as formas. É difícil falar sobre o fracasso e muitas organizações punem as pessoas pelos erros sem extrair as lições valiosas que um erro proporciona.

Mas para aumentar a inteligência, tanto como indivíduo quanto em uma organização, precisamos reconhecer nossos erros mais crassos. Por mais absurdo que possa parecer, quanto mais errarmos, mais rápido chegaremos ao aprimoramento e à inovação. A IDEO, renomada empresa de design, tem um ditado: "O fracasso normalmente leva a um sucesso mais rápido."[6]

Os erros e os fracassos que eles causam são oportunidades reais de aprendizado, do tipo que torna você mais inteligente, bem como um pouco mais corajoso. Logicamente, o segredo tanto para as pessoas como para as organizações é descobrir como aceitar os erros, em vez de ignorá-los ou escondê-los. Às vezes, isso significa ir além da nossa zona de conforto. Significa pensar de forma diferente ou nadar contra a corrente. E isso leva à próxima prática para se tornar mais inteligente — pensar lateralmente.

Mas, antes, deixe eu me divertir um pouco enquanto me desvio rapidamente do assunto para ilustrar o mundo e os campos de batalha do futebol americano.

COMO UM GRANDE TÉCNICO TEM A MELHOR IDEIA

A história de Bill Walsh, Joe Montana, e da poderosa equipe do San Francisco 49ers nos anos 1980 é bem conhecida. O que não se sabe muito bem é como Walsh criou o West Coast Offense (Ataque da Costa Leste), uma inovação que revolucionou o futebol americano. Eu sei que a história de como Walsh implementou pela primeira vez o West Coast Offense com os Cincinnati Bengals no final dos anos de 1960 já foi contada. Mas estou falando sobre a verdadeira origem do ataque — a faísca que levou a essa nova visão radical do gerenciamento de campo.

Para revelar as origens de uma das inovações mais extraordinárias no mundo do esporte, preciso saltar uma década até o início dos anos 1990 e o despontar da Internet. Iniciei na Forbes em 1992, contratado para começar uma revista futurista quinzenal chamada *Forbes ASAP*. Queria ter alguém na revista que superasse os padrões de perspicácia: alguém que soubesse como processar as informações enquanto estivesse enrascado com o que Carl Von Clausewitz, analista militar prussiano, chamava de "nevoeiro da guerra", uma expressão usada para descrever situações confusas que frequentemente aconteciam no campo de batalha.

Quais eram os setores que já operavam nesse tipo de nevoeiros da guerra?

Senti então, e ainda sinto, que os esportes profissionais, especialmente o futebol americano, estão entre esses setores. E quem melhor para contribuir com uma coluna sobre inovação, pensei eu, do que o homem que todos chamam de "O Gênio", o técnico Bill Walsh. Em dez temporadas que incluíram três conquistas do Super Bowl, Walsh levou a equipe dos 49ers da ruína à glória. Fez isso com um sistema que utilizava direções precisas de passes e lançamentos rápidos para destruir a zona de defesa e os esquemas de ataques repentinos criados para confundir e atrapalhar os *quarterbacks*. E ele fez isso com um *quarterback* que poucos acreditavam que poderia sobreviver, muito menos dominar, a NFL.

Joe Montana, o primeiro mais votado para o Hall of Famers, foi o quarto *quarterback* escolhido no recrutamento de universitários de 1979. Muitos especialistas achavam que Montana não tinha os atributos físicos — braços que arremessem como um foguete, pés rápidos e um corpo forte — considerados essenciais para o sucesso na NFL. Em vez disso, ele era alto e magro, com o centro de gravidade nas alturas. E apesar de Montana ser um recordista em Notre Dame, a maioria dos informantes não apostava em suas chances de jogar em uma NFL mais rápida e com muito corpo a corpo. Entretanto, juntos, Walsh e Montana ajudaram a definir a década do esporte.

Em uma de nossas primeiras entrevistas, surgiu a curiosidade de saber por que Walsh escolheu Joe Montana. O que ele viu que todos os outros técnicos e olheiros não conseguiram ver? Isso gerou uma conversa sobre como ele desenvolveu o West Coast Offense.

De acordo com Walsh, a invenção surgiu enquanto ele assistia da arquibancada a um jogo de basquete do ensino médio. Era 1967, e Walsh era o técnico principal de uma equipe nova e semiprofissional chamada San Jose Apaches. Enquanto assistia ao jogo do ensino médio das arquibancadas, Walsh percebeu que uma das equipes estava colocando pressão em toda a quadra, apertando e prendendo a outra equipe à medida que o adversário tentava cobrar o arremesso lateral.

Contudo, de alguma forma, a equipe pressionada ainda era capaz de colocar a bola em jogo de forma consistente e movimentar-se pela quadra. Walsh ficou encantado com o fato de que, mesmo em menor número (com cinco jogadores de defesa contra quatro jogadores de ataque) e sendo pressionados, os atacantes ainda conseguiam superar essa pressão em mais de 90% das vezes.

Como será que conseguiam fazer isso?

De repente, a ficha caiu. Eles conseguiam por causa dos passes curtos, das interceptações, dos *pick-and-rolls* (bloqueios na bola) — jogadas básicas do basquete que evoluíram com o esporte em resposta aos sistemas defensivos criados para atrapalhar e confundir os atacantes. Essas jogadas do basquete se transformaram nas inclinações curtas (*short slants*), nos padrões de cruzamentos e nas jogadas de passes curtos (*screen passes*), que acabaram por definir o West Coast Offense.

Walsh enxergou a resposta comum a toda aquela pressão em quadra como algo que ele poderia aplicar no futebol americano. Portanto, o que ele estava buscando não era o *quarterback* padrão da NFL. O que ele buscava para o futebol era o equivalente ao jogador que colocava a bola em jogo para superar a pressão no jogo de basquete. Um jogador com uma grande visão periférica. Um jogador capaz de seguir as pessoas em movimento, ler os padrões de desenvolvimento e passar a bola para um daqueles quatro jogadores que eram encobertos pelos cinco jogadores da defesa. Um jogador que, apesar de uma estrutura frágil e um braço mediano, fosse capaz de ler essa cobertura, fazer uma progressão, analisar suas opções e então arremessar a bola para o homem livre atrás da *end zone*.

Foi isso o que Bill Walsh percebeu enquanto observava o jogo de basquete do ensino médio em 1967. Essa foi a origem do West Coast Offense, conforme ele me explicou. E foi dessa forma que ele orquestrou uma das maiores histórias de sucesso no mundo do esporte.

PENSAR LATERALMENTE

A história de como Bill Walsh revolucionou a NFL ao observar um jogo de basquete do ensino médio é uma metáfora poderosa para o conceito de pensamento lateral. Ao pegar emprestado o conceito de contorno exterior, buscando novas ideias e oportunidades fora de seu próprio espaço, Walsh conseguiu reinventar um setor multibilionário. A ideia de ser capaz de usar o pensamento lateral para acelerar a inovação caracteriza, de forma adequada, o que significa ser inteligente no ambiente empresarial de hoje.

O pensamento lateral é o que parece ser — mais ou menos. É a capacidade de imaginar como uma boa ideia para determinada função também pode ser uma boa ideia para uma função diferente. O termo "pensamento lateral" foi criado em 1967 por Edward de Bono, médico, escritor e consultor. No modelo de Bono, o pensamento lateral é um processo usado para reestruturar os antigos padrões de pensamento e incitar a criatividade. Não há necessidade de se envolver muito no verdadeiro processo conforme definido por de Bono; basta aproveitar seu principal insight: o hábito de adaptar grandes ideias de outras áreas. Não importa qual a área em que você atua, sempre há ideias inovadoras que você pega como exemplo da arte, esportes e outros ramos de atividade e empresas.

O *chef* David Chang do Momofuku exemplifica essa habilidade. Ele tem uma capacidade incrível de enxergar características de outras culturas, tirar algo de experiências diferentes e transformar isso em produtos em cada um de seus restaurantes. Ao conversar com Chang — americano de origem coreana, nascido e criado na Virgínia — fica claro que ele teve um grande despertar no Japão. Enquanto trabalhava nos bares que servem *noodles* nas ruas de Tóquio, Chang teve o estalo de que "todos podiam saborear uma comida boa".

"Em relação ao mundo gastronômico, o Japão é verdadeiramente um lugar único, com restaurantes que beiram 1.100 anos de existência. Não temos nada igual a isso por aqui. Nos Estados Unidos, a cultura da alimentação é tão jovem e pouco sofisticada que eu preciso olhar para outro lugar para entender até onde a cultura da alimentação pode ir. Por exemplo, na verdade, acho que o mundo da moda é o maior paralelo podemos fazer com o mundo da comida, e fiz o máximo possível para compreender o que acontece no universo *fashion*", revelou-me o *chef*.

Moda? Ele disse moda?

Ele prosseguiu: "Confesso que é estranho o quanto esses dois mundos são parecidos. E a moda pode estar 20 ou 30 anos à frente do mundo da alimentação." Para Chang, essa percepção o mantém *pari passu* com o que há de mais moderno em termos de alimentação e anos à frente de pessoas menos perspicazes no mundo gastronômico.

Algo parecido também ocorreu com Tara VanDerveer. Seu pensamento fora do comum e o que ela aprendeu às margens das quadras deram-lhe uma vantagem real num mundo de competição acirrada como o da NCAA. "Muito tempo atrás, meu pai me ensinou que, no esporte, as ideias não são patenteadas. Você pode 'roubá-las'. Então, eu sou uma ladra excelente. Saio por aí e observo os treinos de futebol. Observo treinos de polo aquático. Pego as ideias, converso com os técnicos, tento aprender a fazer meu trabalho melhor. É uma questão de conversar com outras pessoas sobre o que funciona para elas e colocar tudo isso junto no contexto do que eu faço."

Depois que VanDerveer chegou a Stanford, em 1985, uma das primeiras pessoas que ela observou foi Brooks Johnson, um técnico de atletismo da universidade. Durante toda a sua carreira, Johnson fez muito sucesso. Recordista mundial na arrancada de 60 jardas em 1960, ele foi o técnico olímpico em 1984. Johnson fez VanDerveer colocar a equipe de basquete de volta às pistas, para que pudessem trabalhar a velocidade dos pés e o salto vertical fazendo coisas como levantar os dedos do pé, dar botes, corridas curtas e treinar descalço na grama. E Johnson obteve bons resultados. "Tivemos jovens que melhoraram o salto vertical em cerca de 20 cm em três meses", VanDerveer disse. "Para mim, isso foi incrível." Em resumo: busque mentores, veja seus erros como oportunidades de aprendizado e procure grandes ideias em outras áreas para que você possa adaptá-las. Todas essas etapas o ajudarão a aprender mais e inovar mais rápido. Agora, que tal aquele novo tipo de médico que mencionei anteriormente neste capítulo?

DR. WATSON, SUPONHO

Durante muito tempo, acreditou-se que apenas os seres humanos e algumas espécies mais avançadas, como os macacos e os mamíferos marinhos, tinham inteligência. Mas com o desenvolvimento exponencial dos computadores, robôs, software e inteligência artificial (IA), atualmente, o que consideramos como inteligência também pode ser incorporado nas máquinas. Isso significa que, das duas uma: ou nossa corrida contra as máquinas tornou-se muito mais difícil e mais aquecida, ou agora nossas máquinas são capazes de compensar as fraquezas e fragilidades do ser humano, principalmente tapando os buracos da cognição humana.

Qual delas será a certa?

Para começar, devemos refletir um instante sobre os desafios da Mayo Clinic, conforme definiram os médicos Doug Wood e David Farley: muita coisa para ler e aprender, e pouquíssimas horas de treinamento prático. De várias formas, o sistema de saúde está caminhando muito rápido e tornando-se grande demais, dificultando o aprendizado até mesmo para as pessoas mais brilhantes.

Veja o último supercomputador da IBM, o Watson. Se você for fã do programa de televisão "Jeopardy", por certo se lembrará da vitória do Watson sobre Ken Jennings e Brad Rutter. Qual foi a margem de amplitude da vitória? A palavra *surra* vem à cabeça. Mas não é nenhuma vergonha perder para o Watson. A primeira, e menos poderosa, encarnação do Watson foi o Deep Blue, o supercomputador que derrotou Gary Kasparov, considerado por muitos o maior jogador de xadrez de todos os tempos, em uma partida com seis rodadas. Isso abriu os olhos das pessoas para o poder crescente da IA. Mas agora o Watson alcançou patamares ainda mais altos, tomando decisões que são literalmente de vida ou morte.

Como parte de minha pesquisa para este livro, participei de uma palestra de Chris Wicher na Singularity University, o cientista de computação da IBM responsável pelo projeto do Watson. Metade cientista louco e metade professor favorito de ciências, Wicher explicou que o primeiro grande uso comercial do Watson será na área de saúde.

Para começar sua carreira em medicina, o Watson está trabalhando atualmente com oncologistas, os médicos que diagnosticam e tratam do câncer, no Memorial Sloan-Kettering Cancer Center. Localizado em Nova York, o Sloan-Kettering é líder no tratamento de câncer e, portanto, seus médicos normalmente lidam com os mais complexos casos de oncologia no mundo. Por isso a IBM escolheu o Sloan-Kettering para treinar e testar o Watson. Muito parecido ao que acontece na Mayo Clinic, os médicos e enfermeiros do Sloan-Kettering são pessoas brilhantes e apaixonadas. Segundo Wicher, que não é nenhum preguiçoso, intelectualmente falando, "é humilhante estar entre todos os oncologistas do Memorial Sloan-Kettering".

Mas como você pode imaginar, não existe nenhuma receita, nenhuma resposta simples a esses casos extremamente complexos. Na verdade, é quase impossível para um ser humano absorver toda a informação sobre o câncer, passar por todas as alterações possíveis e entender toda a literatura disponível.

É aí que o Watson entra em cena. Basicamente, as equipes da IBM e do Sloan-Kettering mandaram o Watson para a faculdade de Medicina. O supercomputador ingeriu livros de literatura médica, periódicos de medicina, artigos médicos importantes e os resultados de todos os estudos clínicos de destaque já realizados. E isso para cada tipo específico de câncer. Agora, o Watson não pega um artigo às cegas, ele analisa a validade das informações. De forma impressionante, o Watson analisa indícios diferentes, estudos clínicos distintos e diversos artigos, e os classifica em diferentes níveis de qualidade.

Na verdade, foram os oncologistas do Sloan-Kettering que determinaram a "carga do curso" do Watson. A ideia era ver o que esses oncologistas, se tivessem tempo e poder cerebral ilimitados, gostariam de ler, estudar e absorver para serem os melhores em suas áreas. Eles proporcionaram isso ao Watson, que engoliu milhões e milhões de documentos relacionados com todos os tipos de câncer.

Além disso, o Watson absorve todo o prontuário de cada paciente, o que inclui as anotações dos médicos e enfermeiros; resultados de vários exames, inclusive de sangue, e relatórios com o resumo de inúmeras tomografias computadorizadas.

Será que dá para começar a sentir o poder do Watson?

O Watson agora já foi à faculdade de Medicina e conhece todos os fatos disponíveis de cada caso. E, claro, um dos grandes benefícios do Watson é a capacidade de armazenar big data e passar de um conjunto de dados a outro, cada qual contendo informações aparentemente discrepantes, e perceber as correlações difíceis (praticamente impossíveis) de observar. Você insere os sintomas de alguém, junto com o histórico e o genoma, e o Watson é capaz de ver como tudo se alinha em comparação a todas as pesquisas e ensaios sobre câncer no mundo.

Isso é grandioso.

Normalmente, um oncologista que trata determinado paciente e segue um protocolo estabelecido consegue reduzir as opções de tratamento para cerca de 25, todos com eficácia teoricamente igual para o paciente. Mas como escolher o melhor entre os 25?

É aí que o Watson se destaca. Ele reduz o número de opções de tratamentos ideais para poucas alternativas que serão mais eficazes para o paciente.

E quando falamos de coisas como qualidade de vida, efeitos colaterais debilitantes, e até mesmo morte, isso é um avanço incrível — é algo que ajuda as pessoas sentenciadas à morte a ter uma vida melhor e mais longa. Essa iteração do Watson não substituirá os médicos, mas é uma ajuda formidável.

Então, o que vem a seguir? Quando conversamos com especialistas em IA como Chris Wicher e o pessoal da Singularity, fica muito claro que o próximo grande avanço, o verdadeiro poder no futuro, virá quando tivermos redes de sistemas cognitivos como o Watson. Elas serão heterogêneas, com cada máquina focada em uma disciplina diferente. Pense em uma ampla rede de sistemas cognitivos capazes de interagirem, consultarem uns aos outros, e trocarem gigantescos volumes de informações em questão de segundos. Faça todas as piadas que quiser sobre a Skynet — a rede de IA de ficção da série de filmes *O exterminador do futuro* — mas esse é um poder incrível; poder que mudará o mundo ao nosso redor. Especialmente em setores com um histórico de movimentação lenta como a área de saúde.

SERÁ QUE A MAYO CONSEGUE APRENDER RÁPIDO O SUFICIENTE PARA EVITAR SUA DISRUPÇÃO?

Existe uma grande possibilidade de que a medicina como a conhecemos esteja a ponto de acabar, e não só por causa do Watson da IBM. Muitas outras tecnologias de ponta e novos modelos de prestação de assistência médica estão ganhando impulso. Consideremos que, em 2012, a Qualcomm, fabricante de chips para smartphones, patrocinou o X-Prize, um campeonato com um prêmio de $10 milhões para ver qual inventor conseguia transformar um smartphone comum em algo bem próximo ao tricorder da série de ficção *Jornada nas Estrelas* — um dispositivo manual que diagnostica doenças e lesões. E a ficção está rapidamente tornando-se uma realidade: você já pode comprar um aplicativo móvel e pads direcionais para o polegar, instalá-los em seu iPhone e fazer um eletrocardiograma (ECG). Vivek Wadhwa, da Singularity, que teve um infarto aos 40 anos, registra seu ECG no iPhone diariamente.

Outro tipo de disrupção é sugerido pelos hospitais de especialidades como os Centros de Câncer dos Estados Unidos, que parecem uma cópia dos grandes varejistas acabando com as lojas de departamentos. Dessa vez, a velha loja de departamentos é um hospital geral. Ainda vão ocorrer mais disrupções, ocasionadas por farmácias como a Walgreens, que fornecem serviços de saúde "de conveniência", adequados para doenças comuns como resfriados, gripes, infecções de ouvido e males do gênero.

Em *The Innovator's Prescription*, os autores Clayton Christensen, Jerome Grossman e Jason Hwang percebem que a grande disrupção poderia ser os grandes empregadores fora do setor de saúde. Enfrentando custos insustentáveis na área de saúde, os grandes empregadores logo tomarão as rédeas e começarão a fundar suas próprias clínicas.

Então a pergunta para a Mayo Clinic é: Será que sua excelência em *soft edge* (atributos sociais), principalmente em inteligência, é capaz de ajudá-la a se adaptar ao que será a mãe de todas as ondas de disrupção que estão a ponto de estourar no setor de saúde?

"Pensamos que tecnologias como o Watson são de grande valor", disse o Dr. Doug Wood, cardiologista chefe do Centro de Inovação da Mayo Clinic. "Na verdade, ter algo como o Watson seria de grande ajuda para sintetizar tanto conhecimento." Portanto, a Mayo Clinic não está fugindo da nova tecnologia e da promessa de disrupção que ela faz. Como todas as grandes organizações, a Mayo Clinic está correndo em direção a ela, pensando ativamente em formas de adaptar-se às futuras mudanças.

"Basicamente, sabemos que temos de recriar a Mayo Clinic", explicou o Dr. Wood. "Achamos que uma parte importante disso é estar lá, disponível para os pacientes quando necessário." De acordo com o Dr. Wood, isso não significa estar lá das 8 às 17 horas, de segunda-feira a sexta-feira, ou quando um cliente — observe como o Dr. Wood usa a palavra *cliente*, e não *paciente* — precisa de um leito no hospital. Em vez disso, é estar lá toda vez que o cliente precisar tomar uma decisão importante em relação à sua saúde. Preciso realmente ver o médico ou posso lidar com a situação sozinho? O Dr. Wood coloca isso da seguinte forma: "O que a Mayo pode oferecer para ajudar todo mundo a se sentir tranquilo com sua decisão? Os clientes devem se sentir tranquilos, e não assustados e amedrontados. Nosso trabalho é fazer isso de uma forma que seja simples, fácil e importante para as pessoas, e que nos torne realmente um parceiro confiável na saúde."

Como parte dessa reinvenção da Mayo Clinic e de seus serviços, Wood aprendeu que as pessoas somente precisam de um médico cerca de 20% das vezes. "Grande parte das outras coisas poderia ser feita por enfermeiros, nutricionistas, fisioterapeutas ou farmacêuticos", revelou o Dr. Wood. "E de 12% a 15% das pessoas não precisam estar em um ambiente clínico, de forma alguma. Em vez disso, poderíamos oferecer o serviço necessário por computador, talvez por telefone, em um supermercado, talvez no trabalho ou na escola."

Quando as pessoas na Mayo estudaram essa questão, perceberam que seriam mais eficazes e eficientes se trabalhassem em equipes pequenas e de alto desempenho. Se isso é uma surpresa para você, então espere até ler o Capítulo 5. Como o Dr. Wood explicou, "o que aconteceria se acabássemos com o modelo tradicional de um médico e um enfermeiro? E disséssemos, está bem, vamos pegar um médico, um enfermeiro e duas ou três pessoas que não tenham uma formação tão específica e vamos trazer outros especialistas somente quando for necessário. Chamaremos isso de uma equipe otimizada de cuidados".

Adivinhe só? Pesquisas e questionários de acompanhamento revelaram um nível mais alto de satisfação entre os pacientes (oops, clientes) *e* prestadores de serviço. Como bônus, os profissionais da Mayo Clinic também notaram que, com as equipes otimizadas, conseguiam oferecer cuidados ao triplo do número de pacientes. Isso mesmo — não se trata de um aumento de 5% ou 10%, mas três vezes maior. A Mayo está multiplicando seus médicos por três e, ao mesmo tempo, melhorando a saúde com bastante eficácia.

Mais conveniência e mais eficiência: até aqui tudo bem. Mas a nova visão da Mayo sobre si mesma vai mais além — alcançar um território surpreendente, porém familiar.

"Estamos tentando tornar a Mayo Clinic um local acolhedor", disse o Dr. Mark Warner, decano executivo para educação da Mayo. "E isso não é algo que acontece de forma automática. O Ritz-Carlton e a Disney provavelmente fazem isso como ninguém mais." Então, para oferecer o mesmo serviço de alto nível, a Mayo Clinic criou programas com o Ritz-Carlton e a Disney para treinar os funcionários da Mayo, ensinando-os a se tornar o mais hospitaleiros e acolhedores possível. "Pode ser uma coisa simples", o Dr. Warner explicou, "por exemplo, você tem permissão para estender a mão e cumprimentar alguém ou não? Em algumas culturas você pode fazer isso, em outras não. É ofensivo para algumas pessoas se você estender a mão".

Para que serve isso? Na Mayo Clinic, a aprendizagem acelerada vai além da ciência, medicina e licenciamento: inclui também a cultura. "Isso é algo que fazemos em educação que vai além do que você normalmente pensa como educação", destacou o Dr. Warner. A empatia é parte da oferta do pacote completo de excelência. Você a vê e a sente toda vez que entra na Mayo Clinic, seja em Rochester ou em qualquer uma de suas filiais. Ao entrar em uma dessas instalações, você não sente a ansiedade que sentiria se estivesse entrando em um hospital comum. Pelo contrário, você sente confiança, convicção e tranquilidade.

Podemos aprender muito sobre como a Mayo Clinic marcou sua inteligência para se preparar para as futuras ondas de disrupção na área de saúde. Isso inclui o foco na criação de mais confiança, uma vantagem explorada no Capítulo 3. Inclui também mudança em direção às equipes pequenas, de alto desempenho, conforme descrito no Capítulo 5. Mas a verdadeira vantagem da inteligência vem com o foco da Mayo na hospitalidade e prestação de serviços — uma jogada clara para oferecer uma experiência integrada e completa (algo que será discutido de forma mais detalhada no Capítulo 6).

Ao dar esse passo em direção à criação de uma experiência mais completa, o pessoal inteligente da Mayo abrangeu duas das mais importantes técnicas neste capítulo. Encontraram seus mentores ao buscarem duas das melhores empresas — o Ritz-Carlton e a Disney — na arena da hospitalidade. Aprenderam também a pensar lateralmente, adaptando as técnicas dos setores de hotelaria e parques de diversão, duas áreas que claramente evitam a sensação fria e assustadora da maioria dos ambientes de saúde. Por causa desses esforços intencionais, não há nenhum motivo para que a Mayo não possa continuar sendo a força da excelência na área de saúde.

Acredito que as empresas excelentes no *soft edge* estão mais bem preparadas para se adaptar ao tipo de disrupção que ameaça a área de saúde. A superação nos pilares do *soft edge* — confiança, inteligência, equipes, gostos e história — tende a atrair clientes fiéis e funcionários comprometidos. Essa é uma razão pela qual insisto em um investimento consistente em todas as vantagens que definem o *soft edge*, mesmo que o retorno sobre o investimento não seja tão claro e imediato como é em outros negócios focados no *hard edge* (atributos técnicos).

COMO ALCANÇAR A VANTAGEM COMPETITIVA

- Inteligência — conforme definida pelos acadêmicos como o g e medida através de testes de QI — importa menos nos negócios do que você pode imaginar.

- A inteligência nos negócios é mais uma questão de tenacidade e determinação do que de QI. A determinação gera a resposta adaptativa, que acelera o aprendizado.
- Os líderes inteligentes pensam lateralmente. Adoram aprender com os pensadores inovadores de setores diferentes.
- Empresas inteligentes criam alianças com outras empresas inteligentes e são famosas pela organização resultante.
- Empresas inteligentes não fogem dos desafios. Preferem seguir um pouco assustadas — mas não apavoradas a ponto de ficarem paralisadas.
- Empresas inteligentes incentivam as pessoas a falar sobre seus erros e o que aprenderam ao longo do caminho.
- Organizações inteligentes abraçam a tecnologia transformadora, mesmo que isso lhes custe algo no curto prazo.

5

Equipes

Coisas formidáveis acontecem em equipes enxutas e diversificadas

Em 1989, Jim Barksdale estava com medo. Para você entender por que isso é importante, antes deixe-me apresentá-lo a Barksdale. Vamos então entrar em nossa máquina do tempo e saltar para o dia 9 de agosto de 1995.

Naquele dia, uma jovem empresa chamada Netscape abria seu capital. Esta foi a primeira grande oferta pública inicial da Internet e os investidores estavam ávidos. As ações foram oferecidas a $28, mas a demanda foi tão grande que esse valor triplicou quase imediatamente, atingindo a cifra de $74,75. O preço da ação da Netscape foi fechado a $58,25 no final daquele dia. Os investidores adoravam a história da Netscape. Seu cofundador – Marc Andreessen, um rapaz com bochechas vermelhas, recém-formado pelo Supercomputer Center da Universidade de Wisconsin – tinha apenas 24 anos. O outro cofundador, Jim Clark, era um homem de meia-idade que tinha entrado na área anos antes na Silicon Graphics. Nem Andreessen nem Clark poderiam gerir a Netscape de forma confiável. Andreessen era jovem e nunca ocupara a posição de CEO. Clark era um gênio, mas uma pessoa bastante instável. Diante disso, as atribuições de

CEO da Netscape caíram nas mãos de uma pessoa de fora, Jim Barksdale, que havia sido CEO da McCaw Cellular.

Barksdale, um sulista, era visto como um homem misterioso no Vale do Silício. Mas a América industrial certamente o conhecia. Nascido e criado no Mississippi, frequentou uma universidade estadual em Oxford e foi eleito presidente da classe sênior. Em 1979, Barksdale foi nomeado CIO (Chief Information Officer) da FedEx e, em 1983, tornou-se o COO (Chief Operating Officer) da empresa. É justo descrever Barksdale como um profissional dotado dupla fluência. Ele é alguém que se mostrou capaz de gerir uma grande operação industrial como a FedEx e, ao mesmo tempo, acompanhar os rumos da tecnologia.

Agora que você já sabe quem é Barksdale, vamos dar outro salto em nossa máquina do tempo, desta vez até 1989, quando Barksdale ainda era COO da FedEx. Nessa época, ele enfrentava um problema de tecnologia na organização e acabou por resolvê-lo trabalhando com um novo e, digamos, incomum membro da equipe.

Em 1989, Barksdale percebeu que as rápidas mudanças na tecnologia poderiam deixar sua empregadora, a FedEx, em posição difícil. Ao longo da década de 1980, Barksdale investiu pesadamente em mainframes IBM para administrar a FedEx. "Éramos um grande estabelecimento movido a mainframe", revelou-me. "Na verdade, em meados da década de 1980 tínhamos o maior banco de dados de imagens IMS do mundo e o utilizávamos para controlar todos os numerosos pacotes que transportávamos."

Contudo, em 1989, o velho mundo do computador começava a desmoronar. A vanguarda foi rapidamente avançando para uma nova geração de computadores em rede. Se não fizesse a transição direito, a FedEx teria muito a perder. Na verdade, a FedEx tinha mais a perder do que os seus concorrentes porque fizera investimentos pesados em uma arquitetura baseada em mainframe. A FedEx poderia ficar atolada em tecnologia antiga, lenta e acabar tornando-se uma corporação não competitiva se não agisse logo. O que fazer, então?

Barksdale chamou Phil Greer, integrante do Conselho da FedEx capitalista de risco de Nova York, para trocar ideias e Greer lhe apresentou uma sugestão. Anos antes, a empresa de Greer, a Weiss, Peck & Greer, investira em uma empresa do Vale do Silício chamada Bridge Communications, fundada pelo casal Bill Carrico e Judy Estrin. Carrico era o chefe de vendas e Estrin, a tecnóloga. Enquanto cursava o mestrado na Universidade de Stanford, Estrin havia trabalhado em estreita colaboração com Vint Cerf, o inventor da linguagem de protocolos de Internet (TCP/IP). Como Estrin passou com louvor nesse tremendo teste de credibilidade, Greer resolveu investir na empresa do casal. Em meados dos anos 1980, Greer pediu que Barksdale participasse do Conselho da Bridge. Ambos ficaram extremamente impressionados com Judy Estrin. "Nós a adorávamos", disse Barksdale.

E foi assim que Barksdale e Greer decidiram procurar Fred Smith, fundador da FedEx, e apresentar-lhe a ideia maluca de trabalhar com Judy Estrin. *Tudo bem, Fred* – você pode imaginar Barksdale e Greer conversando com o alto executivo –, *sei o que você está pensando. Ela tem apenas 36 anos. Ela nunca foi CEO. Nunca atuou no conselho de uma grande empresa.* Estrin foi convocada para a sede da FedEx em Memphis, onde Smith a elogiou como uma jovem "incrivelmente brilhante". "Achamos que juntar TI e auditoria em um único grupo [como comitês do conselho] foi um erro, pois indicava que a empresa não via a tecnologia como uma questão estratégica", explicou ele. Smith imediatamente entendeu que Judy Estrin era a pessoa perfeita para dirigir o Comitê de Supervisão e Tecnologia da Informação da FedEx.

Estrin atuou no Conselho da FedEx de 1989 a 2010. Em um e-mail, ela descreveu como foi ser convidada a assumir essa posição em 1989: "Lembro-me que fui almoçar com Jim Barksdale. Ele me disse que havia indicado meu nome a Fred e perguntou se eu poderia analisar o convite para fazer parte do conselho da empresa. O primeiro passo seria ir até Memphis para conversar com o pessoal da FedEx. Fiquei surpresa e honrada. Eu sabia como eram os conselhos de empresas pequenas, mas nunca tinha trabalhado para uma grande corporação e, certamente, não tinha experiência alguma em cargos de direção."

Perguntei a Estrin como foi sua primeira reunião no conselho em Memphis.

"Lembro-me de ter me sentido bastante deslocada – a única mulher, bem mais jovem que qualquer outra pessoa na sala, a única vinda da Costa Oeste, uma das poucas tecnólogas da empresa. Mas como eu conhecia Phil Greer e Jim Barksdale, a coisa toda ficou um pouco mais fácil. Também me senti um pouco intimidada por Fred – embora ele tenha sido muito acolhedor. Ele era, e é, uma pessoa muito inteligente e que exerce forte liderança. Antes de entrar na FedEx eu não conhecia muitas pessoas no mundo dos negócios como ele."

Vinte e um anos depois, em 2010, sua intensa agenda de viagens fez Estrin se afastar do Conselho da FedEx. Hoje ela faz parte do Conselho da Walt Disney

Company. (Ela é a pessoa que em 2001 cunhou o termo *cloud computing* — computação na nuvem.) Quando o assunto for como formar e gerenciar equipes para o sucesso duradouro, um bom ponto de partida pode ser esta pergunta: quem são as Judy Estrins de sua empresa?

AS EQUIPES SÃO UMA IDEIA ANTIGA, O TRABALHO EM EQUIPE É UM CONCEITO NOVO

Nós, seres humanos, somos sociais por natureza. Se você fizer um retrospecto na nossa história, verá que sempre colaboramos uns com os outros – famílias, tribos ou equipes – para sobreviver. Afinal, você não podia matar um mamute de dez toneladas sozinho, certo?

Você pode se surpreender ao saber que a nossa natureza social, e nossa resultante inclinação para trabalhar em conjunto, deve-se principalmente à evolução cognitiva. Basicamente, estamos programados para viver, trabalhar e nos superarmos, trabalhando em equipes. Estudos de percepção e ação em situações sociais mostram que o cérebro humano é dotado da capacidade de reconhecer situações que exigem um esforço de equipe. Quando estamos em grupo, nós realmente percebemos o trabalho de uma forma diferente do que se estivéssemos sozinhos. Este tipo de reconhecimento desencadeia habilidades cognitivas específicas, coordenadas e em sintonia, ou seja, como Natalie Sebanz, professora da Universidade de Rutgers, e seus colegas colocaram, "ele cria uma causa comum".[1] Através dessas adaptações, o neocórtex – a camada mais exterior e desenvolvida do cérebro – evoluiu como o "cérebro social", que incentiva o ser humano a beneficiar-se do trabalho em equipe.[2]

Os construtores das pirâmides egípcias entendiam o que eram equipes. Todos os líderes militares da História também. É surpreendente observar o quão recente é a ideia de que as equipes podem ser mais do que a soma de suas partes – muito mais, na verdade. Os leitores com uma memória pródiga, ou curiosidade suficiente para ler a literatura da administração ao longo de várias décadas, saberão que termos como "equipes" e "trabalho em equipe" só começaram a entrar no vernáculo organizacional nos anos 1970. Estranhamente tarde, você não acha? Por que estes termos só começaram a aparecer na década de 1970 é uma incógnita. Talvez a economia turbulenta ou a disrupção da coesão social – condições que existem hoje – tenha levado pesquisadores e teóricos da administração a analisar mais profundamente por que algumas equipes fracassam e outras vicejam.

Hoje, há uma impressionante quantidade de pesquisas feitas com o objetivo de compreender o desempenho das equipes eficazes. Psicólogos militares, sociais, cognitivos e organizacionais têm estudado as equipes com afinco nas últimas décadas.[3] Graças ao trabalho de cientistas comportamentais como Chris Argyris, Amy Edmondson, Deborah Ancona e Eduardo Salas, podemos ver o que essas equipes fazem, como trabalham e como aprimorar o que elas fazem.[4]

Obviamente, há equipes de todas as formas e tamanhos. A configuração exata de qualquer grupo geralmente é determinada pela tarefa desempenhada. Equipes de produção e execução podem envolver milhares de pessoas, como na construção de uma plataforma de petróleo no mar, por exemplo, ao passo que apenas duas pessoas são suficientes para escrever a melodia e a letra de uma canção. Algumas equipes trabalham juntas há anos, criando fortes laços de familiaridade e confiança. Outras – como as que trabalham em hospitais, restaurantes ou lojas de varejo – podem precisar de mudanças para cada paciente, frequentador ou cliente. Assim, há times para quase todos os fins e ocasiões, juntamente com orientações e teorias sobre a melhor maneira de formar e gerenciar cada tipo de equipe.

Mas, neste capítulo, meu foco está em equipes pequenas, de 8, 10 ou 12 pessoas. Pense em equipes de liderança, de produto, de pesquisa ou de projeto. Na minha experiência, esses tipos de equipes são os mais comuns – e os mais eficazes. Para mostrar como isso funciona, deixe-me voltar para a FedEx, uma gigante global incrivelmente complexa, que depende de pequenas equipes para manter seu foco.

O IMENSO PODER DA REGRA DAS DUAS PIZZAS

O grande baile perto do delta do Mississippi começa todas as noites às 23 horas. O brilho das luzes pode ser visto na casa do cantor de rockabilly Jerry Lee Lewis, em Nesbit, Mississippi, a mais de 9 km ao sul. No entanto, não estamos em uma estalagem e as bebidas disponíveis não são cerveja e uísque, mas sim café e Red Bull. Estamos no Aeroporto Internacional de Memphis.

Aqui, todas as noites do ano, a maior empresa de transporte aéreo de carga do mundo torna-se a maior operação industrial da atualidade. Em uma noite típica, das 23 às 4 horas, o FedEx Express World Hub processa 1,5 milhão de pacotes. Durante esta janela de cinco horas, cerca de 150 jatos chegam de lugares distantes, como Hong Kong. Os aviões não geram receita parados em solo. Eles são descarregados, recarregados, reabastecidos e colocados de volta ao ar dentro de 30 minutos.

A exceção ocorre durante a temporada de Natal, quando a empresa entra no período de pico de trabalho. Em dezembro de 2013, a FedEx movimentou mais de 22 milhões de pacotes em todo o planeta no seu dia de maior movimento. Isso é quase o dobro do pico de 11,5 milhões de embalagens enviadas, registrado em 2007.

O manuseio de volumes gigantescos de carga na temporada de festas exige foco e trabalho em equipe. Por exemplo, durante o dia mais movimentado de 2013 no FedEx Express World Hub em Memphis, o processamento de pacotes saltou de uma média de 1,5 milhão para cerca de 3 milhões em um período de 24 horas. O polo de Memphis funciona praticamente 24 horas por dia, com apenas uma pequena pausa para executar verificações de manutenção nos equipamentos. Cada pacote tem seu código de barras digitalizado assim que sai do avião e separado em uma esteira rolante – há mais de 7 km de esteiras rolantes na central de Memphis – de onde é encaminhado e embarcado em outro jato. "Se existissem as 'Sete Maravilhas do Mundo Industrial'", escreveu Jeffrey Rayport da *Technology Review* do MIT, "o FedEx Express Mundo Hub facilmente estaria entre elas, bem ao lado dos centros de produção da Toyota, dos centros de dados do Google e do Controle de Missão da NASA".[5]

A central ocupa mais de 364 hectares – maior que o Central Park em Nova York – no lado norte e leste do Aeroporto Internacional de Memphis. Em comparação, o terminal comercial no lado sudoeste do aeroporto é minúsculo. A central de Memphis emprega 11 mil pessoas e tem seu próprio corpo de bombeiros.

O mais surpreendente é que os 11 mil funcionários da central de Memphis representam uma pequena fração do total da força de trabalho global da FedEx, composta por 300 mil pessoas. A FedEx opera mais de 630 jatos e turboélices em todo o mundo e 45 mil caminhões na divisão FedEx Ground. A logística necessária para manter esta empresa com receitas de quase $50 bilhões operando e crescendo é de uma escala jamais vista na história da humanidade fora da guerra. A única rival em pé de igualdade com a FedEx é a UPS, que opera uma área central semelhante, chamada Worldport, em Louisville, Kentucky.

A história do FedEx Express World Hub é bastante conhecida. O que não se sabe muito bem sobre a FedEx é como a empresa funciona. Como eu queria entender isso em primeira mão, resolvi visitar o próprio Fred Smith.

Smith explicou a dinâmica e o dilema da FedEx: "Em uma grande organização como a FedEx, temos maior poder de negociação. Podemos comprar papel mais barato. Podemos comprar combustível mais barato para os aviões. Nossa capacidade de produção pode superar a da concorrência. Somos maiores, mais rápidos, e assim por diante. Temos escala. Mas agora vem o desafio. Com escala vem um risco enorme – a perda de foco."

Aos 69 anos, o fundador, CEO e presidente da FedEx Corporation vestia uma camisa branca e gravata – todos os funcionários executivos em Memphis vestem-se formalmente – mas não usava um paletó. Afinal, era agosto em Memphis. Estávamos sentados na sala de conferência pessoal de Smith. O ex-fuzileiro naval e veterano do Vietnã, que fundou a Federal Express em 1971, falou usando a linguagem direta de um piloto de caça.

A coisa mais surpreendente sobre o meu encontro com Smith foi o local. Eu esperava que a sede global da FedEx Corporation ficasse no aeroporto, dentro ou perto do World Hub. Meu outro palpite teria sido no centro de Memphis, perto do FedExForum, sede do Memphis Grizzlies, um time de basquete profissional. Mas nosso encontro aconteceu em outro lugar. Estávamos em um edifício marrom de quatro andares na South Shady Grove Road num sossegado bairro de Memphis. Esta localização tranquila funciona muito bem para Smith. É o símbolo perfeito de como ele equilibra a escala global da FedEx com um intenso foco baseado em pequenas equipes. Para explicar seu foco em equipes pequenas, Smith entregou-me o manual operacional da FedEx encadernado em espiral e desenhou em um quadro branco.

No topo, ele colocou a holding, chamada FedEx Corporation, da qual Smith é o CEO e presidente do Conselho, com onze subordinados diretos, começando com os CEOs das quatro principais empresas operacionais da FedEx:

- A FedEx Express, o serviço de carga aérea da corporação, com receitas de $27,2 bilhões em 2013.
- A FedEx Ground, o serviço de transporte terrestre para pacotes pequenos, com receitas de $10,6 bilhões em 2013.

- A FedEx Freight, o serviço de transporte rodoviário de longa distância para pacotes grandes, com receitas de $5,4 bilhões em 2013.
- A FedEx Services, que inclui a FedEx Office, as lojas adquiridas da Kinkos em 2004, com receitas de $1,6 bilhão em 2013.

Os outros subordinados de Smith incluem o consultor jurídico geral, o Chief Financial Officer, o Chief Information Officer e os diretores de vendas, marketing, operações e recursos humanos. Esses sete subordinados devem garantir que as empresas operacionais da FedEx, nas palavras de Smith, "trabalhem de forma independente, compitam em conjunto e sejam administradas de forma colaborativa". A ideia é apresentar uma única face da FedEx para clientes e acionistas.

Em seus esforços para manter-se ágeis e inovadoras, mais e mais empresas descobrem que grupos de 8 a 12 pessoas, como a equipe de liderança central de Smith, funcionam melhor, pois esse é o tamanho natural de equipes de alto desempenho. Jeff Bezos, fundador e CEO da Amazon, chama essa estratégia de "regra das duas pizzas", especificando que uma equipe de desenvolvimento deve ser pequena o suficiente para que duas pizzas possam alimentá-las. Bezos não inventou o termo; parece que ele apareceu pela primeira vez no Palo Alto Research Center (PARC) da Xerox na década de 1970. Lembre-se de que, nos anos 1970, a Xerox PARC inventou três pilares fundamentais da computação moderna: a interface gráfica do usuário, linguagens para impressoras e rede de área local. Isso, por si só, já seria um bom motivo para prestar atenção à regra das duas pizzas.

A razão aparente mais citada para o uso da regra das duas pizzas é que ela mantém equipes ágeis e rápidas. Isso é verdade. Mas há uma razão mais profunda que explica por que ela funciona. Quando as equipes são formadas por doze pessoas ou menos, há uma probabilidade maior de que cada integrante se preocupe com os demais.

Nesses grupos menores, as pessoas são muito mais propensas a compartilhar informações e a oferecer ajuda aos colegas. Se a missão for importante o suficiente, elas chegam até mesmo a se sacrificar. Não é nenhuma surpresa que a unidade básica das Forças Especiais do Exército dos Estados Unidos seja o Destacamento Operacional Alpha, um grupo de doze pessoas. Os soldados são capazes de saltar sobre uma granada para proteger os companheiros de equipe. O princípio também funciona nos negócios. Em uma equipe pequena, os profissionais de marketing podem ficar acordados a noite toda para aprimorar a apresentação de outro integrante da equipe. Os engenheiros colocam as mãos na massa para garantir que o produto esteja perfeito no lançamento. Essa proximidade tende a desmoronar quando as equipes crescem. Em um grupo com uma centena de pessoas, você pode até se preocupar com os colegas da equipe, mas essa não será a sua prioridade. Em uma equipe com mais integrantes ainda, a unidade torna-se um desafio assustador.

Portanto, a questão chave sempre deve ser: "quantos membros da equipe serão necessários para realizar uma tarefa?" Para resumir o conselho que ouvi em muitas das minhas entrevistas: procure chegar ao menor número de pessoas que você acha que serão necessárias e subtraia um. A filosofia do "menos um", que ouvi pela primeira vez de Tom Peters, um guru da administração, força os demais integrantes a serem criativos. Esse é o seu ponto de partida. Uma equipe enxuta e faminta, com menos de uma dúzia de pessoas, se você conseguir reduzi-la a esse número. Você sempre poderá acrescentar profissionais posteriormente.

COMO SER ENXUTO E RÁPIDO: SAP

Não faz muito tempo que a SAP, gigante de software com sede na Alemanha, tinha a fama de desenvolver software à prova de falhas, mas que você teria de reestruturar toda a sua empresa para usá-lo. Talvez essa ideia tivesse algum fundamento, mas a SAP de hoje é uma empresa profundamente diferente daquela de cinco anos atrás. A mudança mais notável ocorreu no uso de equipes de desenvolvimento de produtos.

Da força de trabalho mundial de 65 mil pessoas da SAP, cerca de 20 mil são desenvolvedores de produtos, que projetam, desenvolvem, codificam e montam os pacotes de produtos e serviços de software empresarial, e estão espalhadas no mundo todo. Eles trabalham além das fronteiras, culturas e crenças. No entanto, para manter-se à frente da constante concorrência e inovações da atualidade, especialmente dos fornecedores de software como serviço (SaaS) com preços mais baixos, os líderes da SAP sabiam que precisavam cortar o tempo de desenvolvimento de produtos de 14,8 para cerca de 6 meses e que tinham de fazê-lo num prazo de três anos. Pense nisto: reduzir o tempo de desenvolvimento de produtos em quase 60% em uma empresa com um grande legado a proteger – 65 mil funcionários, 20 mil desenvolvedores, $16 bilhões em receitas e capitalização de mercado de $90 bilhões – não seria nada fácil.

"Quando pensei em onde a SAP precisava chegar", explicou-me Jim Snabe (então co-CEO da SAP) em 2013, "não olhei para os principais concorrentes com tamanho igual ou maior que o nosso. Em vez disso, observei as pequenas empresas no Vale do Silício. Visitamos várias delas, inclusive as empresas de software de jogos, onde vimos uma metodologia de desenvolvimento ágil, que consiste basicamente na criação de protótipos e na rápida integração com os clientes".

Snabe percebeu que o verdadeiro desafio, a disrupção letal, para a SAP viria de baixo e não de seus pares, como Oracle e IBM. Sendo assim, ele olhou para aquelas pequenas e ágeis empresas, e perguntou a si mesmo: "Como vamos alcançar a velocidade delas? Como vamos conseguir desenvolver produtos em seis meses?"

Snabe assumiu uma posição radical. Convocou sua equipe de administração e todos os chefes de desenvolvimento da SAP para uma iniciativa que ele batizou de "busca do líder". Nesse período, visitaram outras grandes empresas de diferentes setores a fim de obter novas ideias e inspiração. "Visitamos a Intel", disse Snabe. "Visitamos a Cisco. E também visitamos a Porsche." A visita à Porsche foi particularmente útil porque ela havia quadruplicado seu volume de produção e melhorado a lucratividade em 19%. Como? "Através da criação de miniequipes capacitadas para aprimorar constantemente a forma como a empresa trabalhava", explicou Snabe.

Posteriormente, a liderança SAP combinou estas duas metodologias:

Metodologia número 1: Observaram pequenas e ágeis startups de software – as verdadeiras "pedras no sapato" da SAP (e no de sua empresa também!) – como uma maneira de enxergar onde precisavam chegar.

Metodologia número 2: Observaram outras grandes empresas que tinham se transformado para ver como chegar lá.

"Voltamos, e eu disse, pois bem, vamos confiar no nosso pessoal", explicou Snabe. "Criamos uma estratégia que mudou radicalmente a nossa forma de inovar, tornando-a incrivelmente mais rápida. Toda essa mudança nos fez colocar de lado o nosso orgulho como gestores e darmos mais autonomia às pessoas. Tínhamos de confiar que elas encontrariam um caminho mais rápido e melhor por conta própria em comparação a quando a sede tentava ajudá-las."

Esta era a ideia central – pequenas equipes com autonomia para tomar suas próprias decisões.

"Não importa se o número exato é 8, 10 ou 12 pessoas", disse Snabe, "mas sim que seja um grupo de cerca de 10 pessoas com competência para tomar as decisões necessárias a fim de completar todo o ciclo de produção, incluindo a qualidade, a funcionalidade e o projeto arquitetônico do software. É essa a essência da equipe de 10. Desse modo, trabalhamos basicamente como um grupo de startups, mas seguimos um plano mestre".

Tal estratégia deu à SAP duas vantagens poderosas: a velocidade de um empreendedor multiplicada por sua enorme escala no mercado. "Eu sempre disse", observou Snabe, "que a inovação não está em transformar dinheiro em ideias. A inovação está em transformar ideias em dinheiro. Isso significa que é preciso mais do que apenas criar um produto. Você tem de colocá-lo no mercado em grande escala. A escala é importante para chegar a algo que seja uma verdadeira inovação. Do contrário, seu novo produto será apenas uma invenção".

O resultado: a SAP reduziu o tempo de desenvolvimento de produtos de 14,8 para 7,8 meses. "Em três anos, conseguimos cortar nosso ciclo quase pela metade", disse Snabe. "E a qualidade do software melhorou significativamente. Agora a meta da SAP é fazer o tempo de desenvolvimento não passar de seis meses."

A transformação da SAP foi extraordinária. Em muitos aspectos, a empresa passou por uma mudança fundamental no modelo corporativo. Pare um pouco e reflita sobre algumas frases de Snabe: "mudamos radicalmente nossa forma de inovar", "muito, muito mais rápida", "confiar nas pessoas" e "deixar as pessoas mais soltas".

A história de transformação da SAP destaca apenas algumas das práticas e benefícios mais importantes associados às equipes pequenas e de alto desempenho.

SE COMPARTILHAR É BOM, POR QUE É TÃO DIFÍCIL?

Em tese, as equipes podem administrar o estresse de forma mais eficaz, ser mais flexíveis, tomar decisões mais inteligentes e ser mais produtivas em relação às pessoas que trabalham individualmente. Diante desses fatores, podemos dizer, quase indubitavelmente, que nunca houve tantas empresas e setores da economia *tentando* implementar sistemas de alto desempenho baseados em equipe como hoje.

Você observou a palavra-chave dessa frase? *Tentando*. Estamos tentando. E tentando. Contudo, continuamos falhando muitas vezes. Vivek Wadhwa, ex-empresário de software e atualmente associado à Singularity University no Vale do Silício, teve uma participação interessante nos desafios com a formação e administração de equipes excepcionais. Visitei Wadhwa no campus da Singularity, perto do Centro de Pesquisa Ames da NASA no Vale do Silício, onde ele me contou que grande parte do problema é decorrente da educação tradicional. "Em nossos tempos de estudo, fomos ensinados a ser indivíduos", explicou. "Sentávamos em fileiras e o professor ficava na frente, transmitindo-nos o conhecimento. Fazíamos as anotações em nossos cadernos. Íamos para casa, estudávamos por conta própria, usando nossos próprios livros didáticos. Voltávamos para a sala de aula e fazíamos as provas. Se compartilhássemos o conhecimento uns com os outros, diriam que estávamos colando."

Entretanto, compartilhar é a essência do excelente trabalho em equipe. As equipes de sucesso devem passar por um processo de divisão de conhecimentos, opiniões e insights. E isso não deve ser um evento isolado, mas um hábito. Para que as equipes superem seus rivais – afinal, não é esse o objetivo de todas as equipes? – pessoas com diferentes pontos de vista e perspectivas divergentes devem ser valorizadas. Mas, como muitas coisas na vida, isso é muito mais fácil de falar do que de fazer.

O que nos leva a um assunto sobre o qual a maioria tem dificuldade de falar – diversidade. De fato, a diversidade tem uma carga política tão forte que é quase perigoso falar sobre este assunto.

A DIVERSIDADE NÃO FUNCIONARÁ SE FOR RASA E LEGALISTA

É claro que a força de trabalho, tanto nos Estados Unidos quanto em outros países, está cada vez mais diversificada[6] e isso é muito bom. Mudanças demográficas e avanços nos direitos civis conquistados por mulheres e minorias criaram organizações muito mais diversificadas ou *heterogêneas*, como diriam os pesquisadores, do que no passado.[7]

Acredito que isso tem ajudado a desenvolver uma forte convicção entre os pesquisadores e a população geral de que a diversidade das equipes leva diretamente ao aumento do conhecimento cooperativo e do compartilhamento de informações e, portanto, a uma criatividade maior. E que, por definição, isso equivale a maior desempenho das equipes. Mas... — você sabia que tinha de haver um "mas", certo?

Mas uma análise das pesquisas revela efeitos consistentes e positivos da diversidade racial e sexual no desempenho das equipes. De fato, um premiado relatório técnico de Thomas Kochan, professor da Sloan School of Business MIT, concluiu que o argumento financeiro para a diversidade continua difícil de sustentar. Com base em um esforço de pesquisa de cinco anos, Kochan e sua equipe afirmaram categoricamente o seguinte: "Descobrimos que a diversidade racial e sexual não tem o efeito positivo no desempenho desejado por aqueles com uma visão mais otimista do papel que a diversidade pode desempenhar nas organizações."[8]

Espere um segundo. Diferentes perspectivas, mais competências e mais conhecimento: qual poderia ser o problema com todas essas qualidades?

Bem, muitos estudos descobriram que a diversidade pode ter efeitos negativos na comunicação da equipe. E, por extensão, isso pode resultar em uma redução no desempenho e no grau de satisfação do grupo.[9] Ou seja, os diferentes comportamentos, atitudes, valores e perspectivas dos diversificados integrantes embutem uma tarefa que pode afetar negativamente o compartilhamento dentro da equipe. Como resultado, a desarmonia pode surgir rapidamente. Então, liderar ou trabalhar com uma equipe diversificada pode ser difícil, pois requer a habilidade de liberar o potencial e tirar o máximo proveito das qualidades individuais.

Que fique claro que não estou argumentando contra a diversidade. Sei que as barreiras continuam existindo e vão bem, obrigado. O Twitter abriu seu capital em 2013 com um conselho de administração composto apenas por homens brancos. O mais triste é que o Twitter é visto como uma evoluída empresa da Califórnia. Então, peço que você entenda que concordo plenamente com as iniciativas de diversidade que reduzam a discriminação e aumentam o acesso às oportunidades. Iniciativas desse tipo são tanto uma obrigação moral como uma parte crucial para o sucesso em um mercado cada dia mais competitivo.

Mas eu também aprecio os esforços para compreender a forma como o aumento da diversidade das equipes influencia o desempenho do trabalho. Se não entendermos bem as implicações de se cruzar fronteiras culturais, ocupacionais e de gerações, como poderemos cultivar o conhecimento e a experiência de cada pessoa?

Não poderemos – simples assim.

Na verdade, aumentar a diversidade das equipes sem um forte entendimento de *como* atenuar essas diferenças é contraproducente.

O outro lado do argumento, é claro, é que a diversidade cria valor e melhora os resultados das equipes, mesmo criando desafios para os seus integrantes e líderes. Como a diversidade inclui relações entre pessoas com informações e experiências diferentes, as equipes diversificadas têm uma capacidade maior de resolver problemas de criatividade. Esse tipo de equipe tem ampla gama de conhecimentos e habilidades e produz soluções de alta qualidade com maior rapidez. Esses são os benefícios tangíveis – identificados e explorados em detalhes em muitos dos excelentes artigos científicos e livros sobre desempenho e liderança de equipes.[10]

Então, qual é o melhor caminho a seguir?

O melhor mesmo é parar de pensar na diversidade apenas em termos de categorias como sexo e raça. Esse tipo de diversidade é importante por questões sociais, mas não é suficiente para um melhor desempenho. Em minha análise das equipes e de sua dinâmica, descobri que a designação mais ampla e inclusiva da *diversidade cognitiva* – que inclui idade e experiência ao lado de raça e sexo – é um conceito mais poderoso, porém insuficientemente relatado na literatura existente. Não é minha intenção definir e examinar cada faceta da diversidade cognitiva, mas apenas dar uma visão geral do conceito.

POR QUE A DIVERSIDADE COGNITIVA FUNCIONA?

Na sua forma mais básica, a diversidade cognitiva se relaciona com as diferentes formas de pensamento produtivo e relacional. Ou seja, refere-se à forma como geramos ideias e resolvemos problemas. Isso significa que a diversidade cognitiva inclui diferenças de processo mental, percepção e julgamento. Seguimos nossa intuição ou mergulhamos nos números? Somos analíticos e lógicos, ou criativos, flexíveis e intuitivos? Somos organizados e detalhistas, ou compreensivos e expressivos? O mais provável é que cada um seja uma combinação maravilhosamente exclusiva dessas características (sim, um engenheiro pode ser compreensivo e um artista pode ser lógico).

Em essência, todas essas características cognitivas definem quem somos e o que aprendemos. E isso significa que elas abrangem uma vasta gama de variáveis - diferenças entre gerações, educação, habilidades, elementos sociais e culturais, incluindo, é claro, raça e sexo.

No contexto de uma equipe de 8 a 12 pessoas, para tirar o melhor proveito da força dessas diferenças cognitivas é necessário combinar pessoas com diferentes formas de pensar, sentir e ver. Tony Fadell, fundador e CEO da Nest Labs, venceu seus desafios de gestão em uma das empresas mais argumentativas e bem-sucedidas da história – a Apple durante o reinado de Steve Jobs, de 1997 a 2011. Fadell é considerado o pai do primeiro produto da Apple fora da linha de computadores, o iPod. Nessa função, ele trabalhou ao lado de Jobs e viu como o lendário líder disparava argumentos criativos e brutalmente honestos para encontrar o ponto ideal entre a intuição humana e a lógica da máquina.

Visitei Fadell na sede da Nest Labs em Palo Alto para conversarmos sobre a diversidade cognitiva nas equipes. A Nest produz um termostato "inteligente" que assimila as opções do usuário até conseguir gerenciar o aquecimento e a refrigeração de uma casa por conta própria.

"Nas reuniões de equipe", disse Fadell, "temos o pessoal de experiência do usuário, diretores, gerentes de produtos e os profissionais que trabalham com algoritmos e análise de algoritmos". Quando precisa tomar decisões difíceis na Nest, Fadell reúne esse diversificado grupo na mesma sala. Há mulheres e homens. Os tons de pele variam de claro a escuro. Mas a questão não é a diversidade racial ou sexual. Fadell gosta mesmo é de misturar as funções mais díspares em uma sala repleta de diversidade cognitiva. Por quê? "Se eu deixar a solução apenas com o pessoal dos algoritmos, eles vão escrever códigos sem considerar outros fatores como design, marketing ou experiência do usuário. Cada cliente da Nest tem diferentes níveis de conforto e há muitos tipos diferentes de residências, com necessidades muito distintas em termos de aquecimento e refrigeração."

Através da combinação de variados pontos de vista nas reuniões da Nest, Fadell certifica-se de que os algoritmos de seus termostatos não serão escritos exclusivamente para satisfazer os desenvolvedores de códigos da Nest. Em vez disso, serão escritos para proporcionar uma experiência satisfatória para uma grande variedade de clientes.

Então, por que a diversidade cognitiva? Fácil. Porque seus clientes são cognitivamente diversificados.

Minhas conversas com Fadell e outros líderes destacam uma técnica eficaz para melhorar o desempenho das equipes: é de vital importância reunir pessoas analíticas e intuitivas em todas as questões importantes. Você precisa da complementaridade entre o pessoal de design e a equipe de execução, entre o pessoal criativo e o povo disciplinado, entre os funcionários que trabalham o dia inteiro com cálculos e os representantes de vendas.

Antes de avançar, porém, quero corrigir um possível equívoco. Seria muito fácil ler o exemplo anterior e acreditar que a diversidade cognitiva equivale a diferentes habilidades e estilos intelectuais. Embora realmente desempenhem um papel importante na diversidade cognitiva, esses aspectos não são os únicos fatores determinantes. Como afirmei no início desta seção, a diversidade cognitiva representa um espectro muito mais amplo, que inclui idade e conhecimento, raça e sexo, experiência e educação. Não se trata apenas de juntar sonhadores com realizadores ou o pessoal dos números com os sujeitos criativos: é necessário também colocar os jovens com os veteranos e estes com os mais velhos. É fundamental reunir pessoas com diferentes formações, provenientes de locais distintos.

Agora posso voltar para a história de abertura, que ilustra como a diversidade ajudou a FedEx com um desafio específico. Como você deve se lembrar, um membro do Conselho da FedEx, Phil Greer, e o COO da empresa, Jim Barksdale, tinham muito medo de que a FedEx não conseguisse fazer a grande transição de mainframes para computadores em rede. Se a FedEx fracassasse nessa transição, perderia as vantagens em termos de informações e custos de que desfrutava em seu negócio principal de entregas aéreas.

Greer, Barksdale e Smith foram inteligentes o bastante para ver que a FedEx precisava de uma nova perspectiva bem embasada. Mas onde a FedEx encontraria essa perspectiva? Por que não no Vale do Silício, onde jovens empresas estavam conduzindo uma revolução na computação em rede? Mas quem, exatamente, no Vale do Silício? Uma pessoa genial, técnica, criativa e empreendedora, como Judy Estrin? Aos 36 anos, ela era madura o suficiente para ter sido endurecida pela vida, mas ainda jovem demais para o conselho de uma grande empresa. Nenhuma experiência no conselho de uma corporação? Bem, isso é bom. Ela vai falar o que pensa. Ah, é uma mulher. Melhor ainda.

Ao misturar diferentes perspectivas, estilos de pensamento e níveis de experiência, você pode criar o tipo de diversidade necessária para impulsionar o desempenho e a inovação. Isto é o que a FedEx fez com Judy Estrin. Este é o caminho correto, mas não é um caminho fácil, pois cria um problema muito real e desafiador – o conflito.

BUSQUE PERSPECTIVAS DIFERENTES, VALORES ESSENCIAIS COMUNS

Para uma equipe ser bem-sucedida, não basta dizer: "Vamos nos unir, quebrar a cabeça e tudo vai dar certo no fim."

Não importa o tamanho do espírito de equipe criado na superfície, preferências conflitantes limitam a colaboração e podem até mesmo impedir o sucesso.

O que fazer, então? Minha recomendação é evitar generalizar as preferências de determinado grupo com identidade social, pois nem todos os seus integrantes terão preferências idênticas. E nem todos os estereótipos a respeito desse tipo de grupo são verdadeiros.

Pense no seguinte, o senso comum diz que as pessoas mais velhas, os *baby boomers* como eu, por exemplo, não gostam de mudanças em suas rotinas – tanto no trabalho como em casa –, enquanto os jovens aceitam as mudanças com mais facilidade. Estudos têm mostrado que, na verdade, a resistência às mudanças tem pouco a ver com a idade. Em vez disso, tem mais a ver com o quanto um trabalhador tem a ganhar ou perder como resultado da mudança.[11] Isso é apenas um exemplo de muitos casos em que as crenças comuns sobre grupos específicos não se aplicam.

Portanto, em vez de tentar classificar cada grupo de identidade social em uma equipe, analise além das diferenças para descobrir o que eles têm em comum. Independentemente de quaisquer diferenças sociais, culturais, de geração ou formação, todos os funcionários querem uma chance de ser respeitados, desafiados e continuar a crescer. Todos nós precisamos de líderes confiáveis: pessoas que nos incentivam e nos ouvem. Todos nós queremos saber mais e receber treinamento que nos ajude a fazer um trabalho melhor e a alcançar o próximo patamar em nossa organização. Todas as pessoas que entrevistei para este livro realmente acreditam nisso. Todas consideram as realidades que vão além da identidade social – que todos queremos crescer, aprender mais e nos aprimorar sempre – como um princípio básico de suas empresas e a verdadeira excelência do *soft edge* (atributos sociais).

Portanto, tome o cuidado de enfatizar as semelhanças, e não as diferenças, entre os integrantes da equipe. Alguns especialistas chamam isso de "fazer a ponte" (*bridging*). A maioria dos pesquisadores chama de "identidade superior". Meu palpite é que o restante da população chamaria isso de "denominador comum".

Isso posto, a formação de equipes excelentes não consiste apenas em encontrar um denominador comum, embora ele possa ajudar a criar unidade e confiança, e estimular a colaboração. Ninguém duvida disso. Mas o denominador comum também pode ser uma armadilha, capaz de reduzir a disposição de discutir diferentes perspectivas e de aumentar nossa tendência a nos concentrarmos em informações que mantemos em comum. É algo que pode nos limitar, levando-nos a rejeitar boas ideias só porque advêm de outras fontes, como aconteceu com as empresas de automóveis americanos nos anos 1970 e com a IBM no início da década de 1990. Na época, a IBM estava tão ilhada que tinha até uma frase sarcástica para ideias de fora: "não inventado aqui" (not invented here). Não caia na risada por causa da loucura da IBM porque isso poderia acontecer com você. A atração pelo isolamento existe em todas as empresas. É sempre mais fácil e mais seguro discutir crenças e informações comuns a todos do que trocar ideias que poderiam ser consideradas controversas ou contrárias.

E isso nos leva novamente à importância da diversidade cognitiva e às lições que Tony Fadell aprendeu na Apple. Esta é uma delas: às vezes, é melhor discutir. Sim, haverá tensão. Sim, pode haver confusão e é muito provável que haja mal-entendidos. Sim, pode até parecer perda de tempo. Contudo, às vezes, tudo o que você precisa fazer é reunir as pessoas, estimulá-las a falar e convencê-las a enfrentar seus desentendimentos. Às vezes, é necessário incentivar essas conversas difíceis. No final das contas, as diferentes opiniões e interesses aguçarão a empresa e resultarão em melhores produtos e serviços.

Então, onde estávamos mesmo? A diversidade é uma ferramenta valiosa. Confere. A diversidade cognitiva é o melhor tipo de diversidade. Confere. Mas ela cria o potencial para conflitos. Entendido, mas e agora? Reprima o conflito e você dará início ao isolamento. Isso é um mau negócio. Deixe o conflito seguir seu curso e correrá o risco de sua organização se tornar tão confusa que não conseguirá realizar mais nada. Isso também é um mau negócio.

Então, busque a diversidade que cria o bom conflito – sobre produtos e processos, e não sobre personalidades. Mas como você vai encontrar a combinação certa e recrutar os melhores integrantes individuais na hora de formar sua equipe?

TRÊS ELEMENTOS ESSENCIAIS: QUÍMICA, PAIXÃO E DETERMINAÇÃO

Encontrar a química certa para a equipe é essencial para o alto desempenho. Mas como isso não é novidade, vamos para a parte mais difícil. Como saber se alguém será um bom membro para a equipe? Que tipo de triagem você pode usar? No mundo corporativo, não temos visto muitos avanços significativos desde o advento do teste de classificação tipológica de Myers-Briggs – desenvolvido em meados do século passado!

Claro que existem testes cognitivos ou de estilos de pensamento mais recentes, como o Herrmann Brain Dominance Instrument (modelo de preferências cerebrais), a teoria de adaptação-inovação de Kirton e o teste dos cinco fatores de personalidade (Big Five), mas a eficácia de cada um deles é discutível. A explosão do big data e das ferramentas analíticas ainda não produziu insights suficientes sobre como formar e gerenciar equipes de alto desempenho.

O Exército dos Estados Unidos, por sua vez, usa treinamento e testes para descobrir rapidamente como uma pessoa se encaixaria na instituição. Vale lembrar que os militares, especialmente as Forças Especiais, costumam valorizar bastante a "linhagem". Você estudou em alguma das três academias militares? Você se classificou no quartil superior? Você tem QI alto, obteve altas pontuações nas provas e excelentes notas nas diferentes disciplinas?

Mas os militares descobriram que esses tipos de padrões não se correlacionam necessariamente com o forte desempenho no fogo cruzado e isso levou à criação de exercícios de treinamento que imitam as condições extremas de uma sala de operação. Por exemplo, Bill Owens – almirante aposentado da Marinha e ex-vice-presidente do Joint Chiefs – disse-me que uma das últimas coisas que eles fazem no treinamento do SEAL Team 6 da Marinha é voar sobre um corpo d'água, a cerca de 30 mil pés de altitude, e fazer os candidatos jogarem seus botes infláveis porta afora. Em seguida, eles saltam do avião, puxam o paraquedas e, na água escura, montam todas as peças que necessitam para chegar em terra e cumprir a missão. Pode parecer radical, mas é exatamente esse o tipo de situação que eles enfrentarão em combate.

Contudo, no mundo corporativo, não podemos pedir que os futuros funcionários saltem de um avião, certo? Bem, talvez algumas pessoas até possam, mas a maioria ainda precisa recorrer a outras técnicas, o que coloca uma enorme pressão sobre os líderes para se superar ao recrutar e escolher os integrantes da equipe. Em minhas entrevistas e conversas, descobri algumas coisas que você deve procurar em um integrante para a sua equipe.

Eric Edgecumbe, COO da Specialized Bicycles, líder global em componentes e bicicletas high-end (sofisticadas), procura compromisso e vivência em esportes de equipe. "É esse tipo de compromisso altruísta com as metas da equipe que eu procuro. Ao entrevistar candidatos, eu sempre pergunto: 'Você praticou algum esporte em equipe na escola ou na faculdade? Diga-me o que você gostou quando fazia parte de uma equipe e o que não lhe agradou nesse período.'"

Mike Sinyard, fundador da Specialized, acredita que você tem de amar apaixonadamente o seu produto. Sendo assim, você não pode trabalhar na Specialized, a menos que adore bicicletas. Ponto. Isso é justo? Por que não? É uma empresa de bicicletas! Você *deve* amar bicicletas, se quiser trabalhar lá. E não tente fingir. Os funcionários da Specialized me disseram que Sinyard fica de olho para ver quem participa das pedaladas em grupo na hora do almoço. Você não precisa ser um ótimo ciclista, mas tem de *amar* bicicletas. E isso não é apenas força de expressão: ele absolutamente acredita nisso.

"Se há amor, então haverá paixão", como diria Tony Fadell, da Nest Labs.

O próprio Fadell questiona as pessoas quanto às suas paixões: "Uma das perguntas que faço quando as pessoas chegam é 'quando você descobriu sua paixão pelo que você faz todos os dias?'. Para mim, a maioria de minhas melhores contratações percebeu isso quando estava na primeira, segunda, terceira ou quarta série. São pessoas que têm alguma história incrível sobre como descobriram o que gostam de fazer e continuam aprendendo até hoje."

Ao formar equipes, o ideal é contar com pessoas que sejam apaixonadas pelo que fazem. São elas que vão trabalhar todas as horas extras necessárias para concluir um projeto, que pensarão sobre o problema ou produto nos fins de semana, no chuveiro, onde quer que estejam. Toda grande invenção, cada avanço significativo na história da humanidade começaram com uma boa dose de paixão – paixão pela mudança, por tornar o mundo um lugar melhor. Paixão por contribuir ou descobrir algo novo. Pode até ser uma paixão revolucionária para enterrar de vez um setor ultrapassado e deficiente.

Qual é a sua paixão?
Como você descobriu sua paixão?
Quando descobriu sua paixão?

Essas são as perguntas que você precisa fazer às pessoas que pretende reunir em uma equipe de alto desempenho. Com uma equipe cheia de paixão, você poderá fazer quase qualquer coisa. Sem paixão, é provável que seu time não passe de rebanho de autômatos que não vê a hora de encerrar o expediente.

Contudo, não se realizam grandes coisas apenas com paixão. Quando se trata de escolher os integrantes da equipe, muitos dos líderes com quem falei citaram uma antiga característica – determinação. Determinação é a capacidade de superar a adversidade. Robert Egger, projetista-chefe da Specialized Bicycles, disse: "Quero um garoto que passou por algumas dificuldades. Não quero o garoto que diz: 'bem, meus pais me mandaram para o internato e depois fui para Stanford onde eu li sobre sua empresa.'" Da mesma forma, Jennifer Brase, da Northwestern Mutual, revelou-me o seguinte: "As pessoas que se saem bem na Northwestern tiveram de superar algo extremamente difícil. Às vezes penso com meus botões, 'uau, não tenho certeza de que conseguiria superar isso.'"

Pessoas com espírito de equipe, paixão, determinação: esses são os atributos de grandes membros da equipe. Muitas vezes, na hora de montar uma equipe, paixão e determinação contam mais do que um QI extraordinário ou notas impressionantes. Se você mantiver esses fatores em mente, terá as pessoas certas no lugar certo. Mas como você leva esse seleto grupo para um nível mais alto de desempenho?

CULTIVE OS DONS DAS ALTAS EXPECTATIVAS

Uma característica comum que encontrei entre todas estas organizações de sucesso duradouro é uma cultura exigente. Esse tipo de cultura é construído com base em uma expectativa clara de alto desempenho e de crescimento e aperfeiçoamento constantes. No entanto, essa expectativa também é baseada em otimismo com relação à capacidade humana. *Sim, vamos exigir bastante de você porque realmente acreditamos que você pode ser melhor e alcançar coisas maiores.* Todd Schoon, vice-presidente executivo da Northwestern Mutual e gerente da força de representantes em campo da empresa, chama isso de "o dom das altas expectativas".

O *chef* e *restaurateur* David Chang, fundador do aclamado grupo de restaurantes Momofuku, disse-se a mesma coisa de uma maneira um pouco diferente: "Não queremos ouvir onde estamos acertando porque não estamos fazendo mais do que a nossa *obrigação*. Devemos ser excelentes. Como líder, você pode ser grato, mas nunca deixe os critérios para classificar alguém como bom ficarem baixos demais."

Esse tipo de expectativa elevada serve para inúmeras finalidades. Elas são um ponto de referência para dar significado a comportamentos e ações. Motivam os integrantes da equipe, pois exigem mais esforço e trazem um retorno muito maior do que objetivos vagos ou facilmente atingíveis. A Oracle, gigante do setor de software, tem uma cultura empresarial notoriamente rigorosa e exigente. Larry Ellison, cofundador e CEO da Oracle, tem satisfação em defendê-la. "As pessoas não se esgotam por causa do trabalho duro", disse-me certa vez. "Elas se cansam do trabalho inútil." Um líder de equipe com grandes expectativas enaltece seus subordinados. E quando esses alcançam tais expectativas, a sensação de sucesso não só se torna o padrão, como começa a crescer e se multiplicar, dando início a um ciclo virtuoso. Essa "atitude de vencedor", difícil de definir, começa a tomar forma. Ao criar grandes expectativas e desenvolver uma cultura na qual, como explica Mike Sinyard, fundador da Specialized Bicycles, "o bom não é bom o suficiente", você institui um impedimento natural contra a inércia que condena tantas empresas e carreiras à mediocridade.

Uma parte importante na criação dessa atmosfera de realização é ter uma atitude diretiva: exigir. Deixe que os integrantes da equipe saibam quais são as suas expectativas. Não "dê moleza". Não tenha uma postura fraca, além de passivo-agressiva, com relação a isso. Não tenha medo de conduzir as pessoas, persuadi-las e impulsioná-las para encontrar o último 1% de desempenho da equipe.

Mas faça tudo isso com amor.

Tony Fadell me lembrou que o verdadeiro caráter *soft edge* na elevação do desempenho da equipe é a capacidade de conduzir e, ao mesmo tempo, tranquilizar seus integrantes. "Eu já disse isso antes", comentou Fadell. "Eu disse: 'se você não ficar um pouco assustado ou um pouco preocupado, não estará tirando o melhor do seu grupo.'"

Como um líder mantém esse equilíbrio vital? Fadell continuou: "O líder precisa de alguém de fora para ajudá-lo a equilibrar essa preocupação e tranquilizá-lo. Alguém que lhe diga: 'Olha, está tudo bem.' Você realmente está exigindo o máximo e precisa agir assim. Você precisa de alguém que lhe diga: 'Isto vai ficar muito bom.'" O próprio Fadell procura os conselhos de Bill Campbell, membro do Conselho da Apple e da Intuit, e consultor da Nest. No Vale do Silício, Campbell muitas vezes é citado como "o treinador". De fato, Campbell foi treinador da equipe de futebol na Universidade de Columbia.

Exija muito. Pressione. Combata a complacência. Mas não se esqueça de incluir uma dose de amor e confiança para obter o equilíbrio certo. Uma equipe que vive amedrontada não produzirá os melhores resultados. O ideal é ter uma equipe um pouco assustada – ousada o bastante para dar o máximo, mas sobressaltada apenas o suficiente para manter-se alerta. Encontre um coach como Bill Campbell para ajudar a manter esse equilíbrio.

Não subestime o poder da restauração da confiança, que se baseia na crença genuína de que coisas boas – seja um novo cliente, um produto inovador ou um vencer uma concorrência – virão como resultado do trabalho árduo e de seguir um sistema. Esse tipo de otimismo no mundo real é mais do que a simples esperança: é a capacidade de encarar sua missão como uma oportunidade. É transmitir aos seus funcionários que se mantiverem uma postura positiva, porém alerta e com uma pitada de paranoia – apenas uma pitada! – eles terão uma chance de alcançar algo maior e melhor.

Tara VanDerveer, treinadora-chefe da equipe de basquete feminino de Stanford, resumiu perfeitamente: "Para vencer, acredito fortemente que você precisa ter expectativas muito elevadas em relação ao comportamento e ao desempenho das pessoas, mas também deve ser verdadeiramente otimista e positivo."

E agora chegamos a um assunto que derruba muitos gestores: a necessidade de controlar.

CRIE ESPAÇO PARA A AUTONOMIA PESSOAL (COM LIMITES)

Os integrantes da equipe são importantes e, por definição, vão querer ter algum controle sobre seu próprio ambiente. Os gestores da velha escola lutam contra isso. No entanto, de acordo com um estudo de 2008 realizado pela Universidade de Harvard, há uma correlação direta entre os funcionários que têm a capacidade de tomar decisões por conta própria e o valor de sua produção criativa.[12] Então, tome nota: um trabalhador que tiver de executar todos os detalhes segundo o que você determinou perderá a iniciativa em pouco tempo.

Você se lembra da história da SAP que vimos anteriormente, com "várias startups" seguindo "um plano mestre"? Veja o que as pessoas podem realizar quando têm a oportunidade de tomar decisões por conta própria. Veja como indivíduos e equipes conseguem inovar de maneira muito mais rápida quando trabalham livres de burocracia. Mas tenha em mente que essas "equipes de dez" com grande autonomia precisam prestar contas a cada duas a quatro semanas para mostrar o progresso. Tiveram apoio. Tiveram de trabalhar dentro de um sistema. Portanto, precisam prestar contas. E esse é o segredo das equipes inovadoras: a capacidade de ter autonomia, ter liberdade, mas dentro de um forte e bem definido sistema de apoio e com responsabilidades claras.

Voltando à minha reunião com Fred Smith da FedEx, em Memphis: "É assim que trabalhamos", disse ele, apontando para o livreto mais fino encadernado em espiral, o manual operacional da FedEx. "Estas são as regras", disse Smith. "E elas devem ser seguidas."

"Isso não combina muito com autonomia", argumentei.

Mas Smith me corrigiu: "Se o manual de operações não disser especificamente aos CEOs o modo como eles devem trabalhar, então tudo será delegado a eles e às suas equipes operacionais." Smith compara o seu manual operacional com a Constituição dos Estados Unidos. Algumas regras do manual da FedEx são claras. Por exemplo: "Todas as sextas-feiras antes das 8h30 min (fuso horário da central), o presidente/CEO de cada unidade de negócios deve entregar um resumo dos principais avanços da semana... ao CEO corporativo da FedEx." Ou seja, para Smith.

Se eu trabalhasse na FedEx, não gostaria de contestar um ex-fuzileiro naval como Smith sobre isso. Não, senhor!

Mas outras regras FedEx deixam mais espaço para interpretação. Vejamos o que o manual diz sobre reuniões de negócios, por exemplo: "Todas as reuniões de negócios serão agendadas criteriosamente para fazer uso eficiente do tempo dos participantes e devem ser conduzidas com pautas e declarações de propósito bem definidas. Quando apropriado, um resumo com as conclusões e atribuições de follow-up deve ser fornecido aos participantes e demais interessados o mais breve possível. Quando possível, os participantes devem responder um questionário para avaliar a eficácia da reunião."

Deu para ver a diferença? O primeiro exemplo inclui palavras como "entregará". Não questione Smith a respeito disso. No segundo exemplo, existem qualificadores como "quando adequado" e "quando possível". Aqui, Smith está dizendo para não sacrificar a produtividade em favor da burocracia.

É assim que Smith da FedEx equilibra uma organização firme com autonomia empreendedora em suas quatro empresas. Embora a autonomia seja positiva, como a FedEx impede que qualquer um de seus quatro CEOs ou os seus funcionários sejam desonestos e prejudiquem o que Smith chama de "a marca do *Purple Promise*" (programa da FedEx para que cada experiência com o cliente seja excepcional)?

Smith aponta novamente para uma encadernação, desta vez a mais espessa, que contém 158 páginas e recebe o título de *The Global Manager's Guide* (*O guia do gestor global*, em tradução livre). Esse manual fala sobre ética de liderança e padrões de desempenho, em capítulos intitulados como Filosofia corporativa, Missão e estratégia corporativa, Mecânica da filosofia de pessoal e Como ser um líder na FedEx. As orientações não são nada mais, nada menos, do que preceitos baseados em bom-senso e decência comum.

Mas quantas empresas tomam o cuidado de codificar tudo isso como a FedEx?

São poucas. Esse sistema realmente vai além de dizer às pessoas o que elas não podem fazer. Na verdade, é uma questão de deixar claro quais são as regras e os limites desde o início, estabelecendo uma atmosfera de transparência de imediato.

Esse tipo de prestação de contas ajuda a articular as expectativas de que os membros da equipe sigam padrões elevados e procurem atingir metas desafiadoras. Quando os líderes das equipes são bastante claros na definição dos limites, as pessoas realmente se sentem mais livres para expressar ideias ou cometer erros do que quando os limites são vagos. Conclusão: sempre estabeleça e esclareça os limites desde o início da criação de uma equipe.

Até agora, este capítulo sobre equipes tem sido quase todo voltado aos aspectos humanos, com foco em questões como liderança, conflitos, expectativas e prestação de contas. Tenho de admitir que os aspectos humanos da formação de equipes são todos da série "falar é fácil". Esse tem sido um dos grandes obstáculos ao bom trabalho em equipe: muitos dos conceitos parecem óbvios e simples, mas são muito difíceis de implementar de forma consistente. Entretanto, todos nós podemos aprender estudando os grandes líderes e modelos de sucesso como os apresentados nestas páginas. Portanto, minha esperança principal é que você assimile as lições que apresento aqui, incluindo as seguintes:

- Abrace o poder das pequenas equipes.
- Promova a diversidade de estilos de pensamento, raça, sexo, idade e experiência.
- Identifique o espírito de equipe, a paixão e a determinação ao escolher os integrantes da equipe.
- Seja explícito ao comunicar suas elevadas expectativas, mas abrande-as com um sincero senso de otimismo e até mesmo amor.
- Dê a autonomia necessária para que seus funcionários sejam criativos e inovadores, mas estabeleça limites claros.

Todas essas dicas são claras e básicas o suficiente para fornecer uma poderosa estrutura conceitual para a formação e gestão de equipes pequenas e de alto desempenho que garantam a melhoria e aumentem a inovação. Agora, vamos mudar um pouco de assunto e dar uma olhada em como a tecnologia e o big data contribuem para o desenvolvimento de equipes maiores e melhores.

COMO USAR O *CROWDSOURCING* PARA AMPLIAR SUA EQUIPE

Nas seções anteriores, mantive o foco em equipes de 8 a 12 pessoas. Em minhas conversas com organizações formidáveis e líderes excepcionais, descobri que esses são o tamanho e a configuração que parecem mais propícios à coesão e ao desempenho das equipes. Contudo, para entender o alcance real da tecnologia e compreender como o constante crescimento das redes digitais e das coletas de dados está mudando nossa percepção do trabalho em equipe, você precisa enxergar além da ideia das equipes estáticas e cuidadosamente formadas e analisar um novo tipo de grupo que está se formando além dos limites estáveis.

No início do capítulo, apresentei Vivek Wadhwa da Singularity University. Como associado de instituições como Singularity, Stanford e Duke, ele está desenvolvendo um ótimo trabalho com equipes e respectivas estruturas. Um projeto com a Stanford, em particular, envolve a questão da discriminação contra as mulheres. A pesquisa de Wadhwa mostrou que a melhor maneira de resolver o problema da discriminação é envolver as vítimas na solução. Ou seja, a saída consiste, basicamente, em levar as pessoas a se ajudarem. A questão é como inspirar e motivar as mulheres a se ajudarem mutuamente para superar a discriminação? A resposta de Wadhwa foi criar um livro que incluísse a voz de centenas de mulheres de todo o mundo.

Ao embarcar no projeto, Wadhwa percebeu que uma habilidade crítica seria a gestão de equipes e do trabalho em conjunto. E ele não estava lidando com uma equipe que se encaixava na "regra das duas pizzas", com 8 ou 10 pessoas: estava lidando com um grupo de cerca de 500 pessoas. Para administrar o trabalho em equipe nessa escala, Wadhwa usou as mídias sociais, um dos maiores canais de big data e relacionamento digital da atualidade. Mais especificamente, ele usou uma campanha de *crowdsourcing* (modelo de criação e/ou produção que conta com mão de obra e conhecimento coletivos) e *crowdfunding* (financiamento coletivo) para reunir as centenas de histórias e ideias necessárias para compor o livro como um todo. Não só essas quinhentas mulheres forneceram histórias, responderam perguntas e trocaram ideias, como também se tornaram embaixadoras e agentes de vendas do livro resultante de todo esse trabalho.

Na visão de Wadhwa, essas novas equipes não são apenas virtuais – são enormes. "Meu papel como gestor", disse ele, "tem sido o de facilitar e compreender como as pessoas trabalham e pensam, esculpir o trabalho em segmentos significativos, bem como inspirar e motivar as pessoas a fazer a sua parte".

Os grandes líderes de equipes sempre souberam como tirar o melhor proveito das novas tecnologias. Mas como líder de equipes nesta escala, seu valor vai além da compreensão de novas ferramentas, como as mídias sociais e o *crowdsourcing*. Você também deve proporcionar às pessoas novas ideias e motivação. Segundo Wadhwa, seu trabalho era "lançar a ideia e dizer: 'prestem atenção, usem a multidão (*crowd*) e o conhecimento inexplorado desse povo'".

A abordagem de *crowdsourcing* que Wadhwa usou para escrever um livro provavelmente não significa obter um excelente relatório investigativo "pronto para usar", mas é uma abordagem interessante para equipes flexíveis de criação em massa. Ela também pode ser uma parte importante do nosso futuro. Podemos até não gostar dela. Podemos ficar até incomodados porque, como líderes e membros de equipes, essa abordagem exigirá novas habilidades e uma mentalidade diferente. Mas, no final das contas, não considerar o futuro das equipes e do trabalho em conjunto apenas deixará os líderes e suas organizações em desvantagem.

Com isso em mente, será que a ciência e a tecnologia também podem nos ajudar a formar equipes mais eficazes? Vale a pena dar uma olhada.

SOCIOMETRIA: A CIÊNCIA EXATA (*HARD*) DO TRABALHO EM EQUIPE

O que leva uma equipe ao sucesso? Essa é uma pergunta difícil. Todos nós já nos enfrentamos e sentimos essa questão na pele. Mas sem dados significativos, não há como entender a dinâmica que move as equipes bem-sucedidas. Tudo o que realmente temos é uma noção não científica dos comportamentos – boa liderança, compromisso comum, senso de confiança, paixão e determinação – que definem as equipes formidáveis.

Isso pode mudar. Através das novas tecnologias de coleta de dados e analytics (análises avançadas), o *big data* oferece insights promissores sobre os padrões sociais que definem o trabalho em equipe eficaz. Antes invisíveis, os dados recém-revelados podem desvendar modelos valiosos de como milhares de pessoas trabalham e se comunicam em seus próprios departamentos e equipes.

Alex Pentland, professor do Human Dynamics Laboratory do MIT (Massachusetts Institute of Techology), é o inventor dos crachás eletrônicos para coleta de dados que registram um novo tipo de estatística humana, chamados "sociômetros". O invento "mede" como as pessoas interagem, incluindo fatores como tom de voz, comportamento gestual e até mesmo níveis de empatia.

Com a ajuda de um grupo de alunos, Pentland tem equipado funcionários de bancos, universidades, call centers e outras instituições com esses crachás repletos de sensores. Conforme essas pessoas interagem com os outros, os sensores medem o tempo e a energia empreendidos. Como explica Pentland, os crachás também medem o "comportamento de sinalização inconsciente face a face", que indica, por exemplo, se as pessoas são ouvintes interessados ou seguidores entusiasmados. O professor alega que, muitas vezes, esses sinais inconscientes são tão importantes na comunicação quanto as próprias palavras e a lógica por trás delas.[13]

Os estudos baseados nesses dispositivos eletrônicos permitiram à equipe de Pentland no MIT identificar os padrões de comunicação que contribuem para o sucesso do trabalho em equipe. "Captamos como as pessoas se comunicam em tempo real", explicou Pentland. "E não só podemos determinar as características que compõem as equipes formidáveis, como também conseguimos descrever essas características matematicamente."[14]

Acontece que as equipes produtivas têm certas "assinaturas de dados" tão consistentes que permitem a Pentland prever o sucesso de uma equipe apenas analisando os dados, sem a necessidade de encontrar seus integrantes pessoalmente. Agora estamos entrando no território do *Moneyball*!

Os dados revelam outros fatos interessantes também. Por exemplo, o talento individual contribui muito menos para o sucesso da equipe do que você poderia esperar. Isso significa que a melhor maneira de formar um grande time talvez não seja selecionar as pessoas por seus talentos e realizações, mas, em vez disso, descobrir como elas se comunicam. "O material sociométrico nos mostra os fatos como realmente são, independentemente da desordem sociológica e cultural", disse Pentland. "E alguns fatos são surpreendentes, como a constatação de que a fofoca melhora a produtividade."[15] Fofocar por dinheiro – quem diria?

Como resultado dessas experiências, a equipe do MIT identificou um grupo de sinais sociais que prevê os resultados das campanhas de vendas, o sucesso das negociações e até mesmo a formação de confiança – a base de todas as cinco vantagens do *soft edge* e o tema de um dos capítulos anteriores. Esses sinais incluem por quanto tempo uma pessoa fala, o quanto uma pessoa dirige a conversa e o impacto do espelhamento, que ocorre quando um participante inconscientemente imita as expressões e gestos de outra pessoa durante uma interação.

Esse canal de comunicação adicional atua em paralelo com a comunicação verbal e é surpreendentemente poderoso. Por exemplo, se um membro de uma equipe está feliz e animado, os outros tendem a se tornar mais positivos – um efeito chamado de "contágio do humor". Isso ajuda a diminuir a sensação de risco dentro dos grupos.[16]

Muitas vezes, o processo decisório da equipe não requer nem mesmo comunicação verbal. Em certo sentido, todo mundo avalia cada ação sugerida e sinaliza um nível de interesse, por exemplo, meneando rapidamente a cabeça. Então, enquanto chegam à decisão final, os participantes somam os vários gestos para escolher a opção com a sinalização mais positiva.

Além disso, as negociações que envolvem uma boa dose de espelhamento tendem a ser mais bem-sucedidas, independentemente de qual parte começa a copiar os gestos da outra. A troca de acenos regulares ou assentimentos rápidos, como "certo" ou "isso mesmo", podem ajudar a gerar empatia entre a pessoa que fala e o ouvinte. Segundo Pentland, é provável que cada um desses sinais tenha origem na evolução do sistema nervoso humano.

Da mesma forma como é capaz de quantificar a dinâmica das equipes, a sociometria também pode avaliar indivíduos em relação a um ideal. Em quase todos os tipos de equipes, Pentland e seus colegas descobriram a "assinatura de dados" do que eles consideram como o integrante ideal. Essas pessoas circulam ativamente, envolvendo os outros em conversas rápidas e de alto nível de energia. Conversam com funcionários em todo lugar e se envolvem ativamente com os clientes, procurando ideias com pessoas de fora da equipe. Esses integrantes ideais não são necessariamente extrovertidos – felizmente para muitos de nós – embora geralmente sintam-se à vontade ao falar com os outros.

Considerando esses resultados, Pentland prevê um momento em que os crachás e as análises sociométricas poderão dar aos líderes e gestores formas mais confiáveis para montar as melhores equipes possíveis. Ao analisar os dados, eles poderão escolher pessoas que se complementem, bem como evitar conflitos desnecessários com base no estilo de comunicação. Além disso, se a sociometria for implantada em todo um departamento ou organização, os líderes poderão efetivamente criar um painel digital que controla o fluxo de ideias e a eficácia da comunicação entre os funcionários. As pessoas estão falando o suficiente? As pessoas certas estão conseguindo se conectar? A organização está conseguindo colher o conhecimento interno de modo eficaz? Com essas informações, os líderes podem fazer os ajustes que ajudam a moldar e otimizar o comportamento da comunicação.

Da mesma forma, para as pessoas que desejam melhorar suas habilidades de comunicação, os programas computadorizados em breve conseguirão analisar o tom, o comportamento do ouvinte e outros aspectos de uma conversa, e informar aos participantes se eles tendem a interromper os outros ou se parecem desatentos quando os colegas falam.

Ainda estamos em uma fase exploratória quanto ao papel do analytics na formação das equipes. Mas se o Professor Pentland estiver no caminho certo, existirá a possibilidade de que os dados e as ferramentas digitais fechem a lacuna entre os Fred Smiths, Tony Fadells e Tara VanDerveers do mundo corporativo – gênios intuitivos na formação de equipes – e o resto dos mortais. Essa é uma grande esperança. A concorrência intensa e as crescentes inovações revolucionárias estão dando origem a uma necessidade maior de colaboração e comunicação. Ou seja, os melhores líderes e gestores devem ter a capacidade de motivar as pessoas a trabalhar mais, pensar de modo mais inteligente e alcançar metas cada vez mais ambiciosas. Embora tradicionalmente menosprezada como uma "habilidade social" (*soft*), a passos largos, essa capacidade está se tornando uma das habilidades mais importantes nos negócios.

ALCANÇANDO A LIDERANÇA

- As equipes existem há muito tempo, mas a ideia do trabalho em equipe nos negócios é surpreendentemente recente.
- Mesmo em grandes empresas, as equipes tendem a ter um melhor desempenho quando são mais enxutas — com 8 a 12 pessoas.
- Equipes pequenas conseguem ser mais ágeis. Diferentemente do que acontece nos grandes grupos, nas equipes menores, os integrantes são mais dispostos a sacrificar-se pelos colegas.
- As equipes fazem o seu melhor quando a diversidade cognitiva é incentivada – ou seja, a diversidade de estilos de pensamento, raça, sexo e idade.
- As equipes devem emprestar uma ideia praticada nos esportes e nas Forças Armadas dos Estados Unidos – usar testes extremos do mundo real para ver como os membros da equipe reagem sob pressão.
- Para ter uma formação mais eficaz, as equipes devem incluir pessoas que já superaram dificuldades na vida.
- Os líderes de equipes devem cultivar o dom das grandes expectativas. Não há elogio maior do que exigir um excelente desempenho de sua equipe.

6

Gosto
A beleza se transforma em prática, a magia se transforma em lucro

Cerca de 3.200 km a oeste da Universidade de Stanford, no espetacular campus da Califórnia do Norte que se estende por quase 73 hectares, encontram-se dois marcos geográficos cujos nomes lembram algo parecido com o inferno. Uma é a Falha de Santo André. Quando o grande terremoto chega e novamente arrasa a Baía de São Francisco, é praticamente certo que a mesma coisa acontecerá com a Baía de Santo André.

Outro lugar que causa preocupação é a tortuosa estrada que serpenteia por mais de 5 km e atinge uma altura de quase 4.000 m ao longo de uma floresta de Pau Brasil. É chamada de Old La Honda Road, muito conhecida pelos ciclistas locais que a chamam de OLH. Entre os ciclistas da Península de São Francisco, a OLH é a prova de fogo em termos de capacidade de se sair bem pedalando ao longo de uma íngreme colina (com uma inclinação média de 7,8%) e a capacidade de superar dores nas pernas e dificuldades de respirar. Não existe escapatória para o terrível teste da OLH. Se você estiver pedalando por esse lugar, subirá a OLH até certo ponto e a partir daí deverá controlar seu tempo. De acordo com um blogueiro local, "esta é a colina na qual todos descobrem qual é seu melhor tempo". Um clube local de ciclismo denominado Western Wheelers classifica seus grupos de ciclistas de A a E com base na velocidade com que o ciclista consegue subir a OLH.

Durante anos, o maior ciclista de todos os tempos foi o lendário Eric Heiden, o patinador mais veloz dos Jogos Olímpicos que conquistou cinco medalhas de ouro nas Olimpíadas de Inverno de 1980. Heiden colocou em ação suas famosas e herculeas coxas e venceu o Campeonato Profissional Norte-Americano de Ciclismo em 1985. Também competiu no Campeonato Francês de Ciclismo em 1986. Como muitos patinadores americanos, Heiden era aclamado no Wisconsin. Começou a cursar a Universidade de Wisconsin, em Madison, mas foi transferido para Stanford, e graduou-se em 1984. Interessou-se pelo ciclismo profissional durante alguns anos, mas retornou a Stanford para cursar a universidade de Medicina. Alugou uma casa na Old La Honda Road. Certa ocasião, correu a notícia de que Heiden havia subido a OLH em menos de 15 minutos, o equivalente a 4 minutos por milha (1,61 km), barreira que todos diziam impossível de ser superada, mas Heiden conseguiu a proeza.

Assim reza a lenda.

Contudo, desde 2009, o site social Strava, desenvolvido para praticantes de trilha, corredores e ciclistas, colocou um ponto final às conjecturas, rumores e lendas. Se você tiver um relógio, um cronômetro ou um smartphone com GPS, o Strava poderá mapear suas caminhadas, corridas e escaladas e registrar seus tempos ao longo de segmentos até o último segundo. Desde 2009, mais de 4 mil ciclistas já registraram mais de 24 mil corridas realizadas na OLH. O tempo recorde para subir a OLH de bicicleta é 14m42s, alcançado por um ciclista chamado Ryan Sherlock.

Meu melhor tempo é 25m18s.

Ou foi meu melhor tempo. Em julho de 2013, subi a OLH em 11m42s. Bati meu próprio recorde e o recorde de Sherlock por três minutos. Segundo o Strava, eu era o novo Rei da Montanha e estava perto de conquistar a coroa de ouro.

Até que ponto uma diferença de três minutos significa uma grande conquista em uma corrida de bicicletas como as que são disputadas na OLH? Pense no furor causado pelo lendário cavalo de corridas *Secretariat* que venceu a terceira prova da Tríplice Coroa no hipódromo de Belmont Stakes em 1971. Ou imagine ultrapassar o velocista Usain Bolt, o homem mais rápido do mundo, por 20 m em uma corrida de 100 m rasos.

Sinto muito, Sr. Sherlock.

Acontece que o título do primeiro livro de Lance Armstrong estava errado; para mim, o livro *era* sobre a bicicleta. Minha nova bicicleta, a Turbo, fabricada pela Specialized Bicycles, tinha me transformado de um ciclista de fim de semana em um Super-Homem. A Turbo é, na verdade, um desses produtos mágicos que faz você mostrar não só o que tem de melhor, mas o melhor de seu melhor — *você em sua melhor autorrealização*. Isso lhe confere poder; faz com que se sinta no controle. Que tipo de empresa é capaz de, sistematicamente, fornecer produtos ou serviços que o elevam às alturas e satisfazem suas mais altas aspirações? Você também consegue chegar ao ápice? Esses são os temas que serão abordados neste capítulo. Minha esperança é apreender, mesmo que indiretamente, como uma centelha de inovação pode transformar-se em algo físico: como uma inflexão sináptica se transforma em um objeto tangível que surpreende e provoca deleite.

Mas primeiro quero definir o que é gosto e responder por que alguns produtos e serviços — usando a expressão tão apropriada utilizada por meu amigo Guy Kawasaki — nos encantam.

O QUE SIGNIFICA GOSTO E POR QUE ELE É TÃO VALIOSO?

Inicialmente o foco deste capítulo eram as teorias e os princípios de concepção de produtos excelentes. E fazendo uma reflexão sobre isso, nas últimas décadas, o design vem se tornando cada vez mais um valioso ativo competitivo em quase todos os setores que envolvem nossa vida. Essa ênfase ao design vem impulsionando teorias como *design thinking** no consciente coletivo, e tem ajudado a lançar empresas como a IDEO — já retratadas em livros, em estudos de casos da Harvard Business School e até mesmo no programa "60 Minutes" da CBS News — que permanecem na mente do público.

Sem dúvida, essa atenção ao design estimulou o crescimento do mercado em muitas áreas, tornando produtos novos mais desejáveis aos olhos do consumidor. E não apenas "embrulhando" uma ideia em uma embalagem bonita, mas

---

* *Nota da Tradutora*: Design thinking é uma abordagem centrada no aspecto humano destinada a resolver problemas e ajudar pessoas e organizações a serem mais inovadoras e criativas.

infundindo aos objetos significado e emoção, algo vital para o êxito comercial no concorrido mercado dos dias atuais. Conforme escreveu Daniel Pink em seu best-seller de 2006 *A Whole New Mind*, "a abundância satisfez e até mesmo excede as necessidades materiais de milhões, maximizando o significado da beleza e da emoção, e acelerando a busca das pessoas pelo significado das coisas".

Designers como Tom Kelley e Mario Bellini e escritores como Donald Norman, Bruce Nussbaum e Virginia Postrel colocaram a importância do design, da estética e do glamour na vanguarda. Ao debaterem ideias como a linguagem dos objetos, cognição criativa e design total de produtos eles tornaram nosso mundo mais inteligível e mais habitável. Isso é algo que não se pode contestar.

Entretanto, por si só, o termo *design* não parecia englobar todos os aspectos da razão pela qual alguns produtos funcionam e outros, não: porque algumas criações permanecem, enquanto outras desaparecem.

Hoje isso é particularmente verdadeiro. Com tantas teorias sobre competição e definições da palavra *design*, o termo em si parece restritivo demais, mecânico demais e desprovido de emoção. No caso do design, muitas vezes parece que o foco incide mais pesadamente na criatividade e não o suficiente no discernimento. O design se transformou em um processo, um grupo de etapas codificadas por uns poucos experts, mas o gosto é muito mais que isso. É uma sensibilidade universal que apela para o nosso eu mais profundo.

Minha opinião: talvez tenhamos nos apaixonado pelo processo e nos esquecido da sensibilidade.

Então, o que é exatamente o gosto? É claro que ele inclui a estética, mas vai além disso. É dar brilho às pessoas. É prazer e admiração. Eram as palavras que Steve Jobs usava para explicar o que estava certo com a Apple e errado com os outros. Algo saboroso pode ser novo, até mesmo fundamental, mas de certa forma continua a ser profundamente familiar. Provocando fascínio e desejo, o verdadeiro gosto desperta os pontos de contato emocionais de um produto.

Muitas vezes, a ligação emocional que sentimos em relação a um produto é o primeiro aspecto que nos atrai. Repetidas vezes vemos produtos que fazem sucesso, mas que não necessariamente foram os primeiros a conquistar o mercado, mas foram os primeiros a apelar para nosso lado emocional — a garrafa da Coca-Cola, o filme *Guerra nas Estrelas*, o Walkman da Sony. Lembro-me como se fosse ontem de certa ocasião, em 1970, quando entrei em uma loja de artigos esportivos e vi uma caixa de sapatos azul com três listas brancas em diagonal contendo um par de tênis Adidas para corridas. Para mim, aquela caixa azul, vinda da Alemanha Ocidental, era mágica. Segurar aquela caixa em uma loja montada em um porão numa cidade de Dakota do Norte era como se sentir convidado a ingressar na irmandade internacional de atletas de corrida. O grande velocista Bob Hayes e o corredor de milha Jim Ryun haviam segurado nas mãos uma caixa azul igual àquela!

Portanto, o gosto vai além da função e da forma, e se transforma em significado. Mas é preciso cuidado; você não pode negligenciar a função e a forma e ir direto para o significado. A estrada em direção ao gosto é longa.

OS TRÊS GRANDES ASPECTOS: FUNÇÃO, FORMA, SIGNIFICADO

Ao longo das duas últimas décadas, analisar quando e como os consumidores eram afetados por coisas como a estética ou o design do produto tornou-se uma das principais áreas de pesquisa. Naquela época, os pesquisadores da área alegavam, de forma convincente, que produtos que deixavam os consumidores entusiasmados faziam mais sucesso que os que não provocavam esse tipo de sensação.[1] Além do especialista em design Bruce Nussbaum, ninguém tem alardeado tanto que o "design superior de um produto" é uma vantagem sustentável para empresas que operam em ambientes competitivos.

Mas o que significa "um produto com um design superior"? Essa pergunta não é fácil de responder. Contudo, a maioria das pesquisas tem apontado três elementos críticos que afetam nossa opinião sobre um produto: função, forma e significado.

Função

Uma ratoeira que tenha uma aparência melhor ainda precisa capturar o rato com eficácia, certo? Quando produtos novos erram o alvo, muitas vezes é porque o fabricante se preocupa mais com o design do que com o produto em si. Isso é particularmente verdadeiro quando se trata de um produto que seja uma cópia fiel do artigo de um concorrente. Experimente um par de óculos de sol baratos cujo design é falsificado e veja por si mesmo. Ou, melhor ainda, não veja, pois esses óculos falsificados poderão até mesmo prejudicar sua visão.

Privilegiar a forma em detrimento da função também pode prejudicar linhas de produtos bem-sucedidas quando os gestores perdem o foco, quase sempre cegos ou intimidados pelas demandas do *hard edge* (atributos técnicos) relativas ao desempenho financeiro. Na década de 1970, as montadoras americanas caíram nessa armadilha. As melhores empresas desenvolvedoras de software tendem a aumentar o número de versões, lançando da versão nº 2 até a nº 8, que incluem recursos desnecessários. Uma série de televisão que faz sucesso por muito tempo pode degringolar quando a "inteligência" substitui a história, tendência popularmente conhecida como "indicação de que a série está com os dias contados".

Coloco a função em primeiro lugar por uma razão. É a pedra angular de qualquer produto ou serviço bem-sucedido. Inúmeros estudos corroboram esse argumento, incluindo uma pesquisa minha já concluída, segundo a qual a maioria dos consumidores sente que precisa satisfazer suas necessidades funcionais antes de tentar satisfazer suas necessidades prazerosas.[2]

Mas sejamos realistas. Não adquirimos produtos apenas por razões utilitárias. Pelo menos não mais. As revistas gostam de publicar fotos dos mais glamourosos artigos, carros, roupas e hotéis por uma razão: eles vendem. Portanto, por si só, a funcionalidade não é suficiente para que haja uma diferenciação bem-sucedida no mercado atual. Pelo contrário, quando o limiar que diz respeito aos atributos funcionais é alcançado, conferimos um peso maior ao aspecto *hedônico* do produto — descolado, interessante, divertido e prazeroso — características que dizem respeito à forma e à estética. Esse fenômeno é denominado "princípio da dominância hedônica".[3]

Forma

Desde o lançamento do livro de George Santayana *The Sense of Beauty*, em 1896, pesquisadores e teóricos argumentam que a beleza é uma propriedade inerente aos objetos e que certas proporções, formas e cores são universalmente atraentes. De forma semelhante, sabemos que a estética deriva das características sensoriais de um produto; quesitos como aparência, sonoridade, toque, cheiro e sensação.

Ao mesmo tempo, sabemos que fatores socioculturais, bem como características individuais como idade, sexo e personalidade também influenciam a percepção da estética de um produto.[4] A bebida dietética original da Coca chamava-se Tab e vinha em uma lata cor-de-rosa e branco. Embora os rapazes também gostem de perder alguns quilinhos, não queriam ser vistos com uma lata cor-de-rosa nas mãos. Por esse motivo, os homens despejavam a bebida em copos. Assim, em 1982, a Coca começou a dar ênfase a seu novo refrigerante, a Coca Diet, que era vendida em uma garrafa unissex. Mas a empresa não parou por aí. Em 2005, lançou a Coca Zero, que vinha em uma agressiva lata preta e vermelha, basicamente para homens. A Coca fez uma pequena trapaça usando um adoçante artificial para que as pessoas pensassem que a Coca Zero era baseada em uma fórmula original. Contudo, na realidade, era apenas uma reembalagem da Coca Diet inicialmente batizada como Tab, só que, desta vez, direcionada a um mercado de jovens do sexo masculino. E a estratégia funcionou.

Tudo isso tem a finalidade de dizer que a verdadeira compreensão da beleza e da estética deve reconhecer a relação existente entre o produto e o indivíduo que apreende essas duas características.

Significado

O significado refere-se à importância e às associações que os clientes vivenciam em relação a um produto. Essa vivência é resultado da interação entre uma empresa — por meio de seu produto e das ações de marketing — e seus clientes, através de como eles interpretam o produto. Ou seja, o significado de um produto não é necessariamente universal. Pelo contrário, o significado baseia-se em uma ampla gama de influências e tendências externas que cada um de nós atribui ao produto. Para alguns, o Hummer é o melhor carro já inventado até hoje, e reflete a austeridade masculina. Consegue chegar a qualquer lugar e rebocar praticamente qualquer coisa. É *o carro* — e uso o termo de forma livre — que você gostaria de ter durante o apocalipse. Para outros, no entanto, é um desperdício, uma irresponsabilidade e a pior forma de manifestação da insegurança masculina. Quer dizer, as piadas com o nome do veículo surgiam de modo espontâneo.*

Em outras palavras: um produto bem projetado e bem fabricado deve ter funcionalidade, aparência agradável e senso de significado. Mas isso é só o começo. Porém, começa a nos dizer por que o iPod acabou com o Zune. Ou por que uma faca de cozinha fabricada pela Global corta muito melhor que uma fabricada pela Miracle Blade. Ou por que me sinto e pedalo como o Super--Homem em minha bicicleta fabricada pela Specialized.

---

* *Nota da Tradutora*: A palavra *hummer* em inglês também pode ser uma gíria para sexo oral.

Ok, Ok, tenho que confessar: ainda não terminei minha história sobre a Specialized.

No prazo de 24 horas meu novo recorde na OLH foi considerado suspeito pela comunidade Strava. Essa foi uma forma de dizer que algum integrante da comunidade Strava duvidava — ai meu Deus, por quê? — que um ciclista de fim de semana e editor de uma revista pudesse ultrapassar o recorde de Ryan Sherlock em três minutos.

E pediram que eu me explicasse.

A razão pela qual consegui superar o tempo de Ryan Sherlock (14m42s) por três minutos redondos e o lendário recorde de Eric Heiden (14m58s) por um tempo maior ainda é que eu estava trapaceando. Bem, não exatamente trapaceando, pois eu revelara claramente meu segredo no site Strava. Se é que até agora você não se tocou, minha nova bicicleta Turbo da Specialized é equipada com um motor.

Mas a Specialized Turbo é sutilmente diferente de qualquer outra bicicleta elétrica fabricada anteriormente. Muitas bicicletas elétricas são invenções horríveis, equipadas com uma grande bateria posicionada em algum lugar atrás do selim. Na China, as bicicletas elétricas vendidas a preços razoáveis usam até mesmo baterias de automóveis.

A Specialized Turbo usa uma tecnologia de baterias para smartphones ampliada para um cilindro de 18 polegadas (45,72 cm) que desliza, de modo quase imperceptível, para dentro do tubo inferior da bicicleta. Para você que não é fanático por bicicletas, é o tubo que começa na parte inferior do guidão e se inclina para trás em direção aos pedais. Mas além de uma bateria, você precisa de um motor, e o motor da Turbo fica posicionado no cubo da roda traseira da bicicleta. Assim como no caso da bateria, o motor foi discretamente integrado à forma da bicicleta por Ian Hamilton, designer da Specialized. Um ciclista típico que usa uma bicicleta normal olhará para o grosso cubo traseiro da Turbo e ficará imaginando: será que é um novo tipo de câmbio? Talvez freios a disco? Oh — é *um motor*?

O que acabei de descrever é o *hardware* (parte física) da Turbo que a distingue e que é muito elegante. Mas o software da bicicleta é realmente mágico. É excelente, e me convence de que sou o Super-Homem. Com certeza minhas próprias pernas, não o motor, é que são responsáveis por meus incríveis tempos na subida da OLH. Como a Specialized me induziu a pensar desse jeito? Por que essa bicicleta me faz sentir tão bem comigo mesmo? Para encontrar uma resposta, decidi visitar os designers da Turbo nos escritórios centrais da matriz em Morgan Hill, Califórnia.

Perguntei aos designers Amber Lucas e Ian Hamilton como eles tinham feito aquilo. Hamilton é o especialista em *hardware* que conferiu à Turbo sua arrojada aparência e perfeito equilíbrio do peso. Lucas é especialista em software. Pareceu admirado com minha pergunta, e então se inclinou e disse: "Todos nós somos ciclistas, e *sabemos* qual a sensação que uma bicicleta deve transmitir. *Sabemos* que tipo de som a bicicleta deve emitir. *Sabemos* que ela não deve produzir alguns ruídos eletrônicos. *Sabemos* que o ciclista não deve sentir que o motor liga e desliga."

Lucas inclinou-se mais ainda e acrescentou: "Pessoalmente, eu queria uma bicicleta que me permitisse vencer Tony Martin na subida de uma colina." Martin é um dos ciclistas que atingem os melhores tempos nos treinos.

A sutileza da magia da Turbo é que o indivíduo pedala com a rapidez de um ciclista participando do torneio na França, como Martin, ou até mais rápido quando sobe uma colina como a OLH, mas a contribuição do motor é tão silenciosa e ele reage tão suavemente à capacidade do ciclista de pedalar, que logo você se convence de que *é você*, e não a bicicleta, o autor de tais proezas. Em certo sentido, é você em seus sonhos concretizando suas mais altas aspirações, você no melhor dia de sua vida.

Mas como você extrai da tecnologia essa satisfação maslowiana? Lucas explicou: "Você não precisa pensar em acelerar ou em pressionar botões. Assim, colocamos o sensor de torque dentro do cubo traseiro de modo que ele leia o torque fora do cubo de rodas dentadas. O sensor sabe em que marcha você está. Quando você está em marcha lenta — o que significa um anel maior — o braço de torque se estende, fazendo você adquirir uma potência maior e o ajuda a acelerar nessa marcha. Então, quando você muda para um anel menor, o que significa uma marcha mais alta, recebe uma potência um pouco menor. Assim, trata-se da forma como seu pé — ou seja, *sua potência* — é transferida ao longo da corrente em direção ao cubo de rodas dentadas. O software da bicicleta consegue ler esses valores e, desse modo, proporcionar-lhe uma bela e suave aceleração."

"De quanto tempo você precisou para conseguir isso?", perguntei.

"Bem, o truque era ser capaz de criar um algoritmo de modo que você não fosse obrigado a dar uma volta completa no pedal antes que o motor entrasse em ação, ou que o ciclista sofresse atrasos que o fariam perder a cadência", explicou ele. "Portanto, o processo realmente se estendeu bastante. Essa foi a principal razão pela qual foram precisos vários anos para concluir o projeto da Turbo. Foi uma verdadeira luta. Ian continuava a efetuar grandes melhorias no *hardware* e eu tinha de executar constantes revisões do software para que tudo saísse a contento."

Em seguida perguntei: "Quando você soube que estava perto de acertar?"

Rindo, Lucas explicou: "Quando um de nossos funcionários, que não era um ciclista veloz, ganhou a corrida do grupo das sextas-feiras pedalando uma Turbo, mesmo calçando chinelos. Naquele dia havia muitos rostos corados."

É claro que a Specialized Bicycles não é a única empresa que cria produtos mágicos. A Disney se destaca nesse aspecto. A Virgin America transporta psicologicamente os passageiros para lugares diferentes, mais que a Delta ou a American Airlines. A maior bilheteria de todos os tempos, ou seja, uma receita de $2,8 bilhões, foi obtida com o filme *Avatar*. O mundo imaginário do planeta Pandora, aparentemente livre do pecado original e da tecnologia que destrói a alma, despertou um sentimento de nostalgia em muitos espectadores. Tanto assim que a CNN relatou um surto de *depressão pós-Avatar* logo depois do lançamento do filme: "O envolvente espetáculo *Avatar*, produzido por James Cameron, talvez seja real demais para alguns fãs que afirmam terem ficado deprimidos e com ideias suicidas após assistirem o filme, pois ansiavam por desfrutar da beleza do mundo imaginário de Pandora."[5]

Um mundo novo e melhor. Absolutamente sedutor. Nostálgico. Repleto de beleza.

Escolhi a Specialized como protagonista deste capítulo por uma simples razão: se é possível conferir magia e bom gosto a um produto tão comum como uma bicicleta, então talvez seja possível fazer o mesmo com qualquer produto ou serviço. Assim, como algumas empresas conseguem permear seus produtos e serviços de emoções tão poderosas quanto as que experimentei com a Turbo da Specialized?

Não existe uma resposta fácil para essa pergunta. Mas uma coisa é certa: os produtos avançados, de última geração, que definem novas tendências e proporcionam margens sustentáveis, não são meramente produtos. Como o design e suas respectivas teorias são cada vez mais difundidos, um produto cuja única característica é a beleza não será suficiente para criar uma vantagem sustentável. Pelo contrário, as novas tralhas "indispensáveis" e as máquinas superlegais serão cada vez mais complexas e representarão combinações bem integradas de produtos, serviços e informações.

INTEGRAÇÃO E INTELIGÊNCIA: A NEST LABS

Perguntei a Tony Fadell, da Nest, que trabalhou com Steve Jobs no lançamento do iPod, no início da década de 2000: O que você aprendeu com Jobs? Que lições você está aplicando na Nest para se destacar e cobrar preços mais altos?

Design, certo?

Fadell me corrigiu imediatamente. "O design é apenas uma das facetas. A coisa mais importante é a experiência como um todo, que se inicia com a antecipação do produto. Se você quiser dominar a experiência do cliente — e é isso o que queremos — terá que dominar a ansiedade a ela inerente. Você precisa que a embalagem na qual seu produto é distribuído seja exclusiva, precisa oferecer uma forma amigável para o cliente abrir o pacote. Enfim, tudo diz respeito à experiência como um todo." Fadell trabalhava na Apple na época do lançamento do iPod. Após o estrondoso sucesso, Fadell e a esposa, que também trabalhava na Apple, deixaram a empresa para dedicarem mais tempo aos filhos pequenos e terminarem a construção da casa dos seus sonhos. Quando chegou a hora de comprar os termostatos para a casa, Fadell ficou surpreso ao constatar que esses dispositivos tinham evoluído muito pouco. Baratos, feitos de plástico, feios — e não muito inteligentes —, controlavam metade da energia da casa. Isso foi o que levou Fadell a fundar a Nest, cujo primeiro produto foi um termostato.

Um termostato? Bem, se Fadell assim o decidira, por que não? Quanto mais pensava no assunto, mais Fadell se convencia de que poderia desenvolver produtos domésticos — começando por um humilde termostato — que despertassem o desejo e demandassem preços mais altos, exatamente como os produtos da Apple. Parte da fórmula era um design excelente. Entretanto, o mais importante era a integração à experiência do consumidor como um todo.

Por mais curioso que possa parecer, outro fator importante era fabricar coisas que não fizessem nenhum sentido, mas que fossem coerentes com o ponto de vista da empresa. "Às vezes você precisa fazer coisas que não parecem muito sensatas para proporcionar aquela experiência plena", comentou. "Nem sempre seu ponto de vista é racional. Se for, significa que você é excessivamente previsível. E se você for sistematicamente previsível, os concorrentes poderão cloná-lo."

Além disso, algumas coisas que a Nest tem feito de fato parecem irracionais e estranhas. Esses atos provavelmente provocariam sua demissão se você fosse um gerente de produtos da Philips Electronics ou da Johnson Controls.

Atitude estranha 1: projetar um termostato semelhante a um taco de hóquei, sem botões ou alavancas.

Atitude estranha 2: despachar o termostato em uma caixa de bambu para evocar sentimentos ecológicos.

Atitude estranha 3: colocar também na caixa de bambu uma chave de fenda e parafusos personalizados. A chave de fenda custa à Nest cerca de dez vezes mais do que comprar chaves de fenda padrão no atacado. Os números referentes aos parafusos são ainda piores: os parafusos personalizados custam à Nest cerca de cem vezes mais que a média dos parafusos comumente encontrados no mercado.

Que bela forma de enrascar sua empresa, Tony!

Conforme admitiu Fadell: "Qualquer escola de administração do mundo o reprovaria se você chegasse com um plano de negócios que dissesse: 'ah, pretendemos projetar e fabricar nossos próprios parafusos a um custo exponencialmente mais alto do que custariam se você os comprasse no mercado.'"

Mas esses não são simples parafusos. Como o próprio termostato, são parafusos melhores, parafusos épicos e, ouso dizer, parafusos com um significado mais profundo. Em termos funcionais, eles utilizam um padrão de rosca específico que permite que sejam usados praticamente em qualquer superfície — desde madeira, passando pelo gesso, até uma fina folha de metal. E a chave de fenda parece encaixar-se perfeitamente na mão. Traz o logotipo da Nest e é a "cara da empresa", do mesmo modo como tudo que é comercializado pela Apple é a "cara dessa gigante multinacional".

Esse conceito de criar e vender uma experiência plena é frontalmente contrário às ideias clássicas sobre negócios, como economia de escala, por exemplo. Conforme comentou Fadell, "existem milhões de parafusos à venda no mercado. Você não precisa fabricar parafusos, pois pode comprá-los por poucos centavos. Quando um dos membros do conselho criticou-me quanto a isso, eu disse, 'mas eles não seriam nossos'. Veja você, a Nest quer proporcionar uma experiência em que o consumidor sinta-se inteligente com seu termostato inteligente. Os parafusos personalizados são projetados para que qualquer pessoa possa usá-los em qualquer superfície". Você não precisa ser um carpinteiro. Isso faz o consumidor se sentir competente e no controle. Faz com que se sinta inteligente.

Você pode até rir da "enroscada" filosofia de Fadell, mas esse empreendedor quer alcançar algo grande, muito grande, partindo de sua ideia sobre inteligência.

O design inteligente de um produto e sua integração são, conforme classificou Bill Campbell, membro do Conselho da Apple e consultor da Nest Labs, "substitutos da inteligência". O consumidor gosta de se sentir inteligente. A inteligência é uma grande vantagem na economia da informação. Se seu produto parece inteligente, você está a caminho de um sucesso duradouro.

Em um mundo tão apressado, isso faz sentido. Ninguém tem tempo e energia para avaliar cada produto que adquire com base estritamente na relação custo-benefício. Em vez disso, tentamos encontrar substitutos, e o melhor de todos é a inteligência — a garantia de que existe uma profunda inteligência no produto ou serviço.

Naturalmente, a inteligência tem várias formas de se manifestar. Inteligente pode ser saudável, responsável, durável, ecologicamente correto, forte ou valioso.

Mas atingir esse nível de significado em termos de integração não é fácil. Sem dúvida é preciso entusiasmo. Mas é preciso também coragem. É preciso disposição, como no caso de Tony Fadell, de defender sua posição diante de pessoas que contam tostões e de acionistas de peso, como membros do Conselho ou investidores. Entretanto, por mais difícil que isso possa parecer, no longo prazo é mais difícil ainda manter o entusiasmo e a coragem. Essa é a razão pela qual os fundadores ou os líderes que são a favor da estética e que têm um firme ponto de vista deixam a empresa ou a certa altura se aposentam.

Se você analisar a diferença entre uma empresa comandada por um fundador e outra dirigida pelo conselho, "é o mesmo que comparar uma criança criada pela babá, o pai ou a mãe", conforme argumenta Fadell com tanta propriedade. "Quando você é um pai que está acompanhando o filho, pode praticar um esporte radical. Com certeza tomará cuidado, mas correrá riscos com seu filho porque quer que ele vivencie essa experiência. Quer se divertir junto com ele. Sabe o que pode e o que não pode ser feito. Mas no caso de uma babá, ela jamais acompanharia uma criança na prática de um esporte radical."

Assim, quando o fundador se vai, frequentemente as empresas perdem o apetite por riscos. Não machuque a "criança" — procure assegurar-se de que ela está a salvo e continua lucrativa. E isso significa não fazer as coisas estapafúrdias ou irracionais necessárias à criação de grandes produtos e experiências integradas. Esse é um ponto absolutamente válido.

Mas sabe de uma coisa? Às vezes até mesmo os pais podem perder o rumo.

COMO A SPECIALIZED PERDEU O GOSTO

Nenhuma empresa acompanhou a explosão da prática de *mountain bike* melhor que a Specialized. Com o tremendo sucesso de sua *Stumpjumper* em meados dos anos 1980, a Specialized se destacava e operava como uma verdadeira fabricante de bicicletas, não apenas como fornecedora de peças. Depois que Greg LeMond venceu o Tour de France em 1986, 1989 e 1990, o fundador da Specialized, Mike Sinyard, observou o aumento do uso da fibra de carbono para bicicletas de corrida. A Specialized fabricou uma bicicleta com fibra de carbono chamada *Epic Allez,* que era vendida por $2.995 (cerca de $6 mil hoje). Durante a explosão do ciclismo de estrada inspirado no campeonato de LeMond, a Epic Allez vendeu bem.[6]

Então Sinyard cometeu um erro que quase lhe custou a empresa. Prestou atenção aos dados — na verdade, deu atenção excessiva a eles. Desse modo ele, literalmente, deixou de prestar atenção a seu senso de *soft edge* (atributos sociais) e à sua apurada noção do mercado de bicicletas baseado na beleza e na qualidade — um gosto refinado pela salvação e o amor que transformam.

Opa! Nosso entusiasmo está indo longe demais! O que aconteceu com Sinyard foi o seguinte: ele quis atuar em um segmento mais barato do mercado. Começou a fabricar bicicletas para as massas e a distribuí-las através de pontos de venda, da mesma forma que faz a Costco.

Embora, sem dúvida, essa seja uma atitude honrada, no caso de Sinyard ela foi de encontro à sua própria verdade. Fabricar e vender bicicletas utilitárias, sem amor ou entusiasmo, sem design exclusivo ou bom gosto, não eram coisas que combinassem com a personalidade de Mike Sinyard. Uma família que estivesse querendo comprar uma bicicleta na Costco procurava o bom e velho valor utilitário, não por magia, não um talismã e, seguramente, não pretendiam encontrar com isso a salvação. Estavam querendo encontrar um meio para que seus filhos pudessem ir sozinhos ao treino de futebol. As margens mágicas de Sinyard evaporaram.

Mas era pior que apenas se conformar com margens baixas. Agora Sinyard se viu obrigado a arcar com um estoque encalhado em seu balanço patrimonial. Uma análise dos dados mostrou a Sinyard como ele poderia ampliar a Specialized e se tornar uma empresa multibilionária. Mas alguém se esqueceu de mencionar a parte do fluxo de caixa.

Entre 1999 e 2002, a Specialized, tendo comprometido seu bom gosto e operando com base em seus pontos negativos, não em seus pontos fortes, lutava com os custos do estoque, com a erosão da marca e com as confusões que envolviam as concessionárias. A empresa quase quebrou. Com a falência iminente, Sinyard e a Specialized finalmente despertaram de sua crise de identidade da meia-idade. Sinyard despediu seus consultores e delegou autoridade ao designer-chefe, Robert Egger.

Desse ponto em diante, a Specialized projetaria bicicletas tão boas que poderiam ajudar a salvar o mundo ou, no mínimo, a si própria.

COMO REIVINDICAR SEU TALISMÃ

Conforme provado pela Specialized, empresas maduras podem recuperar o bom gosto. A Disney é outro grande exemplo de uma empresa que perdeu o rumo, mas reencontrou sua magia. Nos últimos anos, o conglomerado de entretenimento foi revigorado, e hoje é líder no setor. No momento, a Disney está experimentando a mídia digital mais do que nunca. E está fazendo isso após defender publicamente a animação artesanal em detrimento da animação digital durante anos, mesmo diante de sucessos como *Toy Story e Shrek*.

É claro que a Disney é uma marca B2C (empresa-consumidor), mas esse tipo de renascimento é possível também para uma marca B2B (empresa-empresa). Consideremos a gigantesca empresa alemã SAP, discutida em profundidade no Capítulo 5. Muitas pessoas no Vale do Silício consideram a SAP a mais rígida empresa de software empresarial. No entanto, com o objetivo de revigorar sua linha de produtos, a SAP fez duas coisas realmente intrigantes.

Primeiro, adotou o *design thinking*, metodologia inovadora primeiramente adotada pela IDEO e atualmente defendida pela Stanford School of Design. É, essencialmente, uma forma interativa e criativa de compreender e solucionar problemas. Com a adoção desse conceito, agora a SAP tem condições de gerar uma solução excelente em três dimensões: viabilidade (deve fazer sentido sob o ponto de vista comercial), praticabilidade (deve ser tecnicamente possível) e, o mais importante, deve ser desejável (é preciso que as pessoas a *desejem*).

Para tornar seus produtos mais desejáveis — e esse é o segundo passo intrigante dado pela SAP — a empresa começou a mover o software empresarial na direção do consumidor e dos jogos eletrônicos. Nos velhos tempos, a SAP tentaria equiparar seus sistemas empresariais aos de alguma outra empresa. Contudo, hoje a SAP faz testes comparativos usando produtos de empresas como a Electronic Arts, popular fabricante de videogames. Veja você, um jogo que faz sucesso tende a gerar sinais de alegria em sete minutos. Se isso não acontecer, provavelmente o jogo será um fracasso. Esse tipo de reação visível cria o que é conhecido como "impulso emocional".

Como disse Jim Snabe, ex-co-CEO da SAP: "É por esse motivo que, quando se trata de software, precisamos repensar o que é desejável. É uma habilidade do *soft edge*, porém extremamente importante. Agora, se você quiser avaliar o lado *hard edge* da questão, os indicadores devem ser viabilidade e praticabilidade — dois atributos facilmente mensuráveis. Você pode criar um *business case* viável, bem como verificar a exequibilidade do ponto de vista técnico. No entanto, insisto em afirmar que se não for desejável, seu produto jamais será um sucesso."

Tendo isso em mente, Snabe perguntou aos engenheiros da SAP quanto tempo é preciso até que um contador financeiro possa expressar alegria visível ao usar o novo software da SAP. E ele confessou: "Para ser honesto, exatamente neste momento é pouco mais que sete minutos." Suponho que isso seja baseado na falsa premissa de que os contadores jamais exteriorizam sua alegria.

Piadas à parte, qualquer empresa pode redescobrir seu gosto. É só uma questão de vontade e de tempo. Normalmente, a maioria das empresas é fruto do entusiasmo de um ou mais fundadores. O que significa que a maioria das empresas começa com uma cultura orientada por gosto e pontos de vista, na qual as equipes trabalham unidas para criar produtos ou serviços inovadores. Portanto, o DNA cultural já existe e, mais cedo ou mais tarde, começará a se manifestar na forma de produtos. Às vezes, é preciso fazer uma análise profunda de seus conceitos. Às vezes, é preciso adquirir uma forma completamente nova de pensar para que ele aflore.

Mas ele está lá.

COMO DESVENDAR OS SEGREDOS DO GOSTO

Por que celebramos a criatividade? Vou compartilhar minha opinião, que tem um sentido religioso. Você acredita que os seres humanos sejam criados à semelhança de Deus? Eu acredito. Agora desdobre esse pensamento: ora, se as pessoas são criadas à imagem e semelhança de Deus, então a lógica nos diz que somos criados por Ele para que cresçamos e nos multipliquemos. Como criaturas divinas e inspiradas, crescer e multiplicar-se é praticamente nossa obrigação. Se isso é verdade — e acredito que seja —, então por que Deus nos negaria a capacidade de cumprirmos com nossa obrigação?

Ok, digamos que você rejeita minha convicção baseada em uma crença. Será que a evolução se encarrega de fazer a seleção em nome da criatividade? Essa é a pergunta. Os seres humanos, como vencedores da loteria evolutiva (pelo menos até agora), têm uma criatividade inata? Seria esse um mecanismo de sobrevivência? Ou será que alguns de nós (ai de nós!) evoluímos apenas para receber ordens e trabalhar como mouros?

Pretendo aceitar o argumento — neste capítulo e ao longo deste livro — de que todas as pessoas têm criatividade — seja ela latente ou patente — e muito mais do que pensamos. Para a maioria de nós, o problema é que não sabemos como *liberar* nossa criatividade. E embora não seja o único fator envolvido no gosto, conforme boa parte deste capítulo tenta sugerir, a criatividade não deixa de ser um bom começo. É o ponto de partida em direção ao cultivo de nosso próprio ponto de vista, conforme diz Fadell. A criatividade estimula a geração de abordagens ou ideias originais, o que, em essência, é a base da inovação, bem como de nossa humanidade.

E assim como a criatividade não é o universo exclusivo de artistas e designers, as pessoas que têm bom gosto e discriminação estética não foram criadas apenas por escolas de design. Em outras palavras, você não deve se preocupar: o gosto, a criatividade e a sensibilidade ao design são qualidades que podem ser aprendidas. Não é preciso que venham naturalmente. Se todas as pessoas compreendessem a mecânica da atração e da afeição, poderiam começar a criar um vocabulário dedicado à estética.

Você sabe que a tecnologia muda rapidamente, mas nem todas as pessoas estão cientes desse fato. Isso significa que certos princípios estéticos atravessam séculos e permanecem iguais: o ser humano desenvolveu preferências e antipatias viscerais bastante claras ao longo de milhões de anos de evolução neurológica. Agora vamos à análise de alguns desses princípios.

Geometria simples

Por centenas de anos, filósofos, matemáticos e artistas têm admirado as propriedades ímpares do "retângulo de ouro". Essa forma, considerada mágica, baseada na "proporção áurea" de 1,618, ou aproximadamente cinco por oito, é comum no formato de livros, em telas planas de televisão e em dispositivos eletrônicos portáteis. Também fornece a base para relações entre altura e largura tanto para fotos agraciadas com o Prêmio Pulitzer como para filmes campeões de bilheteria. E muitos grandes artistas — de Leonardo da Vinci a Mondrian e Salvador Dali — usaram-na como sua principal proporção geométrica em muitas de suas obras-primas. Por quê?

Em 2009, um professor da Duke University, Adrian Bejan, descobriu que a cognição e a visão humana se desenvolvem ao mesmo tempo, o que resulta na capacidade de escanear uma imagem mais rapidamente quando ela tem a forma do retângulo de ouro. Por exemplo, é o layout perfeito para um parágrafo de um texto, o mais propício à leitura, à interpretação e à retenção de informações. Quantos retângulos de ouro existem neste livro? Talvez não tantos quantos deveriam existir, mas provavelmente muito mais do que você teria imaginado. Por quê? Porque essa forma simples acelera nossa capacidade de absorver informações.[7]

Contudo, embora admiremos esses retângulos mágicos, na verdade não gostamos de seus cantos pontiagudos. Em seus estudos sobre neuroimagem publicados em 2006 e 2007, Moshe Bar e Maital Neta, da Harvard Medical School, constataram forte preferência por designs que têm formas arredondadas, não angulares. Isso é verdadeiro em relação ao produto em si, à sua embalagem e até mesmo em relação ao design do pacote propriamente dito. Essa preferência foi atribuída a uma resposta adaptativa ao medo a formas e contornos nítidos. Bar e Neta levantaram a hipótese de que esse medo estaria relacionado com a maior possibilidade de que objetos pontiagudos machuquem as pessoas.[8]

Esse não é um conceito novo. Muitos estudos — que remontam à década de 1920 — demonstram os efeitos negativos da angularidade e a associação entre o medo e formas angulares.[9]

O apelo exercido pelos cantos arredondados levou a Apple a patentear a ideia e a processar a Samsung por usá-los. Felizmente, um juiz descartou esse aspecto do processo movido pela Apple. De certa forma, a Apple precisaria ser dona do cérebro humano e das centenas de milhares de evoluções cerebrais para que pudesse patentear um retângulo de ouro com cantos arredondados.

Além do visual

O toque parece proporcionar uma ligação direta e mais íntima com o produto. Sentimo-nos mais confiantes em comprar algo que já tocamos do que algo que apenas vimos. Dessa forma, o toque talvez apele a necessidades mais básicas e talvez gere automaticamente um prazer ou um desprazer tanto no nível consciente como no subconsciente.[10]

Na verdade, para examinar realmente determinado produto, precisamos tocá-lo. Portanto, a percepção de atuar sobre um objeto — decidir quando, onde e como explorá-lo, não atuando como um mero agente passivo — pode fornecer uma importante dimensão para a experiência do prazer de criação daquele produto. Ao longo dos últimos anos, os pesquisadores vêm tentando determinar até que ponto o conteúdo tátil pode ser importante na avaliação de itens e produtos.

Pesquisadores da área de neurociências fizeram a distinção entre as contribuições de várias submodalidades independentes — ou elementos fundamentais — à percepção do toque, como pressão, temperatura, vibração, prazer e dor.[11] Isso significa que a sensação final proporcionada por um produto não é determinada pela soma de seus atributos sensoriais individuais. Na verdade, a experiência tátil representa a ativação sinergista de diferentes combinações de receptores, denominada "combinações de toques".[12] Vou dar um exemplo: foi demonstrado que aquilo que interpretamos como sensação de algo úmido não deriva de um único receptor que detecta a presença de umidade, mas da combinação de receptores que codificam temperatura e pressão. De modo semelhante, sensações como engordurado e esponjoso refletem uma combinação de toques. Portanto, quando dizemos que um produto parece áspero ou macio, ou até mesmo de qualidade inferior, na verdade estamos falando de combinações de toques bastante complicadas, que envolvem várias informações sensoriais.

Por falar em informações sensoriais, certa vez entrevistei Helmut Panke, ex-CEO da montadora alemã BMW, e perguntei-lhe o que distinguia a marca

BMW. Ele se recostou na cadeira, fechou os olhos e disse: "Quero ser capaz de colocar uma venda nos olhos de uma pessoa, fazê-la se sentar dentro de uma BMW, dar uma volta com ela no quarteirão e vê-la adivinhar, por meio de todos os seus *outros* sentidos, que está passeando em uma BMW."

Familiaridade gera... amor?

Não reinvente a roda, apenas procure aperfeiçoá-la. Palavras sábias, se é que isso existe. Esse é um dos mais usuais conselhos dados pelos especialistas em design, bem como um dos tópicos de marketing mais pesquisados. Mesmo quando um produto é novo ou original a ponto de se tornar revolucionário, as pessoas precisam fazer alguma associação. Precisam associá-lo a alguma coisa e compreendê-lo imediatamente. Em muitos casos, um produto bem-sucedido tem um design interativo que evoluiu de um ícone inovador que chegou antes ao mercado. Ou seja, se você mantiver um arquétipo elegante à medida que o produto evolui, conseguirá preservá-lo como ícone.

A Turbo da Specialized combina o estilo vintage de uma bicicleta para *mountain bike* — a mais vendida no mundo para a prática desse tipo de esporte, aquela que coloca a Specialized no mapa, a única bicicleta que consta do acervo do museu Smithsonian — com um leve toque do perigo que oferecem as motocicletas. O designer de hardware, Ian Hamilton, e seu chefe, Robert Egger, são italianos fãs de esportes de motovelocidade, além de ciclistas experientes. A Turbo é fabricada apenas em uma cor — o familiar vermelho cor de sangue. "O vermelho dos carros de corrida da Ferrari, para dizer a verdade", disse Egger.

E assim a coisa vai. O primeiro Macintosh da Apple foi projetado para lembrar vagamente um ser humano, com a testa alta de um suposto gênio. Incluía também uma alça em sua parte posterior, pois Steve Jobs queria que você tivesse condições de carregar seu amigo gênio para onde fosse. O bem-sucedido Tesla Model S disfarça a aparência nerd de um carro elétrico, e se parece com o Aston Martin, o superluxuoso carro esporte mais estreitamente associado a James Bond. A visão original de Walt Disney em relação à Disneylândia foi projetada para reproduzir os sentimentos que Walt tinha experimentado nos Alpes Suíços que, para ele, era o lugar mais repleto de magia da face da Terra. E Howard Schultz, da Starbucks, queria levar a experiência das cafeterias italianas para a América: a decoração, o barista, o cappuccino, a atmosfera como um todo, a ponto de nos confundir com as designações de tamanhos "grande", "venti" e "trenta". Compreensível? Não; romântico do ponto de vista linguístico, sim.

Por quê? Pesquisas sobre preferências estéticas mostram que objetos familiares — aqueles aos quais já estivemos expostos, sobre os quais já ouvimos falar ou que já vimos — têm nossa preferência em detrimento daqueles sobre os quais não temos a menor ideia. Isso é conhecido como "efeito da exposição".[13] Mesmo as conexões do cérebro se modificam, pois a exposição recorrente a um objeto resulta no desenvolvimento de regras ou algoritmos internalizados, muitas vezes sem que nos demos conta, que são relevantes na avaliação da beleza e daquilo que desejamos.[14] Em outras palavras, padrões, relações e designs que encontramos no passado desempenham um importante papel no estabelecimento de nossas preferências.

Provavelmente você já ouviu falar de Jony Ive, mas caso não o conheça, explico que ele lidera a equipe de design da Apple. Mas mesmo que você já esteja familiarizado com o trabalho dele, é provável que não saiba qual é sua principal inspiração: um designer chamado Dieter Rams, verdadeira lenda, que trabalhou para a Braun, empresa alemã de produtos de consumo durante as décadas de 1950 e 1960. Se você pesquisar no Google pela expressão "Rams Apple", encontrará muitos sites que comparam os produtos da Braun com os da Apple. Se puder, faça essa tentativa agora.

O que você acha? Sim, os produtos da Apple — particularmente o iPod e o iPhone — parecem cópias perfeitas dos produtos da Braun. Mas isso não significa que Jony Ive ou seu talento tenham menos valor. Ele criou produtos novos conferindo-lhes uma aparência familiar. E não é como se o logotipo dos Rams tivesse sido extraído de uma poção mística sobrenatural. Muitos dos designs de Ive foram inspirados no movimento pelo design iniciado pela Escola de Design Bauhaus em Weimar, Alemanha. Conforme explicou Ian Hamilton, designer da Specialized, "aquela escola de design e seu gênero minimalista representaram as raízes do modernismo. Portanto, como designer de produtos, Dieter Rams realmente abordou o design sob uma perspectiva modernista, tendo sofrido grande influência da Escola Bauhaus, e Jony Ive mantém viva essa filosofia".

Compreenda seus clientes, mas seja egoísta

Margit Wennmachers, sócia de uma empresa bem-sucedida de capital de risco, a Andreessen Horowitz, comentou: "Acho que gosto é uma questão de compreender realmente o cliente em um nível muito, muito fundamental." Isso é verdade.

Seja uma teoria como o *design thinking* ou o design centrado no ser humano, um dos mais importantes princípios é conhecer e compreender seus clientes. Do que eles gostam? O que eles querem? Do que precisam? Essas perguntas são, sem dúvida, importantes.

No entanto, Tony Fadell da Nest Labs entende a questão de forma um pouco diferente: "O que realmente importa é saber o que o cliente quer? Ou será que o fundamental é o que eu quero? Eu projeto a coisa toda e a executo exatamente do jeito que *eu* quero. E depois a entrego ao cliente." Ou seja, Fadell aborda a criação do produto sob a seguinte perspectiva: "Ei, quero esse produto e vou projetá-lo de acordo com o meu gosto, e espero que os outros também gostem dele." Essas são palavras dele, não minhas.

E se você analisar vários dos produtos que mencionei — do filme *Guerra nas Estrelas*, passando pelo iPod da Apple até os mais sofisticados automóveis esportivos —, aqueles que cultivam o bom gosto projetam seus produtos para si mesmos ou para um conjunto bastante reduzido de pessoas em quem confiam.

Robert Egger, o principal designer da Specialized, coloca a questão mais friamente: "Alguns produtos são baseados em nosso egoísmo. Às vezes projeto algumas coisas para mim mesmo, pois quero ter a bicicleta mais bela de todas. Quero ter a bicicleta mais veloz do mundo. Quero ter o capacete mais aerodinâmico de todos. Quero usar os calçados mais resistentes. Assim, muitos dos melhores produtos derivam de nosso egoísmo de querermos sempre o melhor."

Conheça sua marca e procure mantê-la coerente

Mike Sinyard conhece e adora bicicletas. Não fundou a Specialized para ganhar dinheiro, mas para disseminar a salvação. Ele realmente acredita que as bicicletas podem salvar o mundo. Portanto, Sinyard sabe uma ou duas coisas a respeito daquilo que impulsiona seu produto. "Vamos imaginar que um de nossos designers apresente um novo produto e eu diga: 'bem, por que isso deveria ser fabricado pela Specialized?'" E Robert Egger acrescentou: "Aplicamos esse teste mental. Remova o logotipo de nossas bicicletas ou produtos. Eles continuam a lembrar a Specialized? Em caso negativo, não cumprimos nossa função."

Veja você, o pessoal da Specialized projeta, executa a parte de engenharia e fabrica bicicletas de acordo com alguns pares de princípios: É funcional *e* inovador? É atemporal *e* instigante? Acrescenta valor *e* qualidade? Em outras palavras, daqui a 10 anos, quando o pessoal da Specialized olhar para as bicicletas que fabricou, continuará a sentir orgulho delas. Ser "descolado" é bom, porém não é suficiente. Será que a empresa continuará a existir? Será que é autêntica? Esses foram os princípios pelos quais o pessoal da Specialized lutou enquanto criava a bicicleta elétrica, a Turbo. Alguns designers perguntavam: "Será que as bicicletas elétricas fazem parte de nosso *métier*?" Mas alguém observou: "Bem, não vamos fabricá-la para o pedestre. Vamos transformá-la em uma motocicleta Ducati. Vamos fazer algo realmente estimulante. Vamos fazer com que ela tenha a cara da Specialized."

Sinyard, Egger e a liderança da Specialized perseguiram essa abordagem ao longo de todo o caminho, até mesmo no tocante ao esquema de cores. A Specialized sempre foi uma empresa voltada para as competições, portanto o vermelho é a cor que ela gostaria de ter. O vermelho é uma cor agressiva, que inflama as pessoas. Não é coincidência que o vermelho tenha uma longa história no mundo dos esportes motorizados, com os carros da Ferrari nas corridas de Fórmula 1 e com as motocicletas Ducati nos Grandes Prêmios de Motociclismo. Outros fabricantes de bicicletas tentaram adotar a cor vermelha. Contudo, como observou Egger: "Trabalhamos duro e nos mantivemos coerentes ano após ano, usando uma embalagem vermelha, fabricando bicicletas vermelhas, impondo nosso S vermelho, indiscutivelmente o melhor símbolo na indústria de bicicletas."

Talvez esse tipo de coerência seja fácil de manter e de aplicar se você fabricar um único tipo de produto ou trabalhar em um determinado nicho do mercado, concorda? Mas analise uma corporação gigantesca, que comercializa uma ampla gama de produtos, como a Virgin, um conglomerado multinacional constituído de mais de 400 empresas independentes. Embora opere com produtos e serviços extremamente variados — do setor bancário a linhas aéreas, videogames, cosméticos e telefones celulares —, tudo que Richard Branson comercializa carrega aquela aparência unificada. Todas as propriedades da Virgin exibem o mesmo tom de vermelho e em tudo encontramos o marcante logotipo da empresa, o "V" que lembra uma marca de verificação e habilmente indica o selo de aprovação de Branson. Você sabe que tudo que Branson faz carrega um sentimento de entusiasmo e prazer.

Diga não

Quando se trata de gastar dinheiro, todos têm inúmeras opções no mercado atual. Assim, conforme mencionado antes, um novo produto ou serviço precisa fazer você se sentir inteligente. O que, mais especificamente, significa que precisa ser intuitivo. Precisa ser simples. E quando digo simples, não quero dizer simplista. Pelo contrário, a nova máquina ou dispositivo precisam ser jeitosos e funcional.

Se exigir um manual, esquece. Hoje muitos jovens nem sequer sabem o que é um manual. Se você lhes der uma pasta repleta de instruções, é provável que a joguem no lixo. Se mesmo as duas páginas de instruções da IKEA (empresa escandinava que comercializa móveis de baixo custo) são uma carga muito pesada para a maioria das pessoas, que dirá um livro inteiro de instruções codificadas! Isso talvez seja uma questão cultural, originada, por um lado, pela abundância de escolhas e, por outro, pela expectativa de que produtos bem projetados, orientados pelo bom gosto, sejam sempre naturais e instintivos.

Isso significa que o hardware e o software, a comunicação, os serviços ao cliente, ou seja, que a experiência como um todo precisa fazer sentido e ser clara. Ao explicar o processo do design da Turbo da Specialized, Ian Hamilton disse: "Insisti muito no fato de que ela precisava ser auto-orientada, que o botão para acioná-la fosse facilmente reconhecível. E mesmo na interface do usuário de um display de LCD as opções são dispostas de forma vertical, com ícones facilmente identificáveis. Isso ajuda na obtenção de inúmeras informações em uma tela compacta, mas significa também que ninguém precisa orientar o usuário."

Simples, enxuto, claro — deveria ser fácil, certo? Mas não é. Na verdade, é o oposto. Eliminar itens supérfluos, limitar o número de botões e as características, não sobrecarregar o pacote são decisões difíceis. "Sempre digo que algumas das coisas mais simples são as mais difíceis de fazer", observou Egger. "Alguns dos projetos mais simples do mundo são, na verdade, os mais cansativos e de mais delicada execução." Isso reflete o que Amber Lucas disse a respeito dos algoritmos da Turbo da Specialized. Foi preciso um bom tempo para "acertar as coisas".

Um paradoxo — entre muitos — a respeito de Steve Jobs é que, embora fosse famoso por seu amor pela forma, ele se sentia tão atraído pela função que incansavelmente eliminava todas as funções que não fossem absolutamente necessárias até que chegasse à mais pura expressão de um produto. "Steve dizia não, muitas vezes mais que sim", revelou Tony Fadell.

Essa atitude viria a se refletir na própria empresa de Fadell, a Nest Labs, que, como muitas startups, fornece extenso suporte técnico e conta com uma ativa comunidade de clientes. Por meio desses dois pontos de contato, a Nest tem condições de obter insights, como as 10 questões principais para seus clientes. E, naturalmente, seu pessoal se dá ao trabalho de analisar essas questões uma a uma e de resolvê-las — ou dizer não. Por exemplo, alguns clientes achavam que a Nest deveria incorporar a seu termostato um barômetro e um relógio. Resposta da Nest: "Nosso produto é um termostato. Não pretendemos fazer isso."

É claro que isso depende do ponto de vista, é uma questão de gosto. Embora obtenha feedback indicando um conjunto de usuários que gostariam de ter essas funções adicionais, a Nest não vai incluí-las no carro-chefe da empresa. "Nosso termostato é muito simples de usar", disse Fadell. "Portanto, tivemos de dizer não a alguns clientes que desejavam características adicionais. Tivemos de ser muito claros: não gostaríamos de estragar uma experiência simples e elegante para o restante de nossos clientes."

Portanto, se você refletir sobre o assunto, nesse caso, dizer não é muito semelhante à maneira de agir da Apple. E contradiz frontalmente as tradicionais pesquisas de mercado, ou seja: satisfazer o cliente a todo custo. No entanto, como o mundo está indo na direção oposta, onde "menos é mais", muitas vezes, para chegar a esse menos, basta dizer não.

Embora uma compreensão profunda da criatividade e uma forte capacidade sensorial sejam importantes quando se trata de gosto, é também essencial compreender que o êxito duradouro do design tem um componente que envolve dados. Isso inclui analisar os dados a fim de aperfeiçoar as ideias, encontrar novos clientes e mostrar resultados comerciais palpáveis. É nesse ponto que aspectos do *soft edge*, como gosto, opiniões e pontos de vista, se cruzam com o *hard edge* que inclui dados e *analytics* (análises avançadas).

QUANDO O GOSTO SE ENCONTRA COM OS DADOS

Certo dia nublado, no final do mês de maio, a um quarteirão do prédio principal da Specialized, Mike Sinyard e eu observávamos, através de uma parede de vidro, uma experiência que estava sendo feita com uma bicicleta que tinha sido batizada como Shiv. Esse novo modelo, projetado para ser conduzido por grandes profissionais, custa $12 mil quando equipado com rodas e pneus aerodinâmicos. Fazendo jus a seu status real, a Shiv havia sido colocada em um pedestal branco, do outro lado da parede de vidro. Sinyard e um grupo de jovens vestindo camisetas pretas e calças jeans olhavam e apontavam para a Shiv. Na parede em frente à Shiv, 10 ventiladores enormes alinhavam-se em duas fileiras e estavam regulados para circular o ar até a velocidade de 97 km/h em incrementos de 1,61 km/h, enquanto a Shiv era virada para a esquerda ou para a direita, simulando um acantonamento com ventos cruzados. Sentados do outro lado do vidro, perto dos espectadores, de frente para três grandes monitores, dois técnicos em aerodinâmica da Specialized controlavam os ventiladores, a velocidade do vento e os ângulos.

Naturalmente, a finalidade do túnel de vento era medir o coeficiente de atrito da Shiv em uma corrida com velocidades e ventos simulados. Quanto menor o atrito, melhor, mas quando se trata de bicicletas para corridas profissionais — a exemplo do que acontece com aviões ou carros de Fórmula Um — é necessário fazer concessões. Em tese, o perfeito design aerodinâmico — aquele que gera um coeficiente de atrito mais baixo — talvez não proporcionasse a resistência torcional e a rigidez necessárias para transferir a potência dos pedais à velocidade. Sendo assim, qual seria o equilíbrio ideal de truques e inovações a serem acrescentados ao projeto de uma bicicleta que precisa cortar o ar, permanecer no solo, transferir a potência dos pedais para a velocidade rotacional das rodas, ser suficientemente leve para subir uma colina rapidamente, mas também robusta o bastante para suportar o peso de um ciclista que pesa 10 vezes mais que o próprio veículo?

O italiano Cino Cinelli — corredor, artesão e mentor de Sinyard — tinha condições apenas de fazer conjecturas a respeito dessas questões. Como ciclista profissional, Cinelli tinha insights notáveis, mas dispunha de poucos dados nos quais se basear. Assim, a intuição — a "extrema coragem" de designers que se transformaram em lenda, como Cinelli e Ernesto Colnago — ditava as regras.

Na década de 1990, dados do *hard edge* começaram a transformar o design das bicicletas e a estratégia das corridas por três motivos. Um dos fatores decisivos foi a espetacular vitória de um corredor que estava na rabeira, Greg LeMond, no Tour de France de 1989. LeMond usou as então revolucionárias "barras aerodinâmicas" para se colocar em uma posição aerodinâmica e vencer a última etapa contra-o--relógio da corrida. Ele derrotou um francês, Laurent Fignon, que considerava as barras aerodinâmicas americanas um acinte à tradição. O segundo fator decisivo foi o já acessível poder da computação para coletar e analisar dados. O terceiro, foi o dinheiro. Na década de 1990, os maiores ciclistas do mundo chegavam a ganhar milhões de dólares por ano. Isso significava que tinham todo tipo de incentivo para irem atrás de substâncias que maximizassem a performance, bem como das vantagens proporcionadas pelos dados.

Vamos a 2013, quando fazíamos parte de um grupo de espectadores que observava o túnel de vento arquitetado pela Specialized — uma dezena de ventiladores bem calibrados soprando ar em direção à bicicleta negra da Specialized, acomodada em um pedestal branco. A bicicleta propriamente dita era equipada com sensores. Perto de nós, do outro lado do vidro, havia uma bancada de computadores que registravam os coeficientes de atrito quando ocorriam pequenas alterações na velocidade e nos ângulos do vento que incidia sobre a bicicleta.

Era difícil imaginar uma bicicleta aerodinâmica mais perfeitamente otimizada para desafiar o vento do que a nova Shiv. Cada vantagem no tocante à geração de atrito era tão sutil quanto poderia ser em vista do conflito entre outros requisitos. Entre os requisitos incompatíveis estavam a força estrutural e a rigidez. O ciclista não teria benefício algum em "enganar" o vento, pois um quadro leve e flexível iria solapar a potência de suas pedaladas. Observe um poderoso corredor como o alemão Tony Martin pedalando uma bicicleta em câmara lenta e ficará surpreso ao ver como o quadro se flexiona como uma minhoca em resposta a suas enérgicas pedaladas. A flexibilidade é um fator negativo, a rigidez é um fator positivo, e a aerodinâmica que se vire com isso.

E há também o corredor. Em 2004, a equipe de Lance Armstrong despendeu $2 milhões tentando projetar uma bicicleta que pudesse "enganar" o vento e proporcionar a Armstrong uma vantagem. Nada foi negligenciado na busca de Armstrong pelo tempo perfeito nos treinos. Depois de certo tempo, o designer da bicicleta determinou, a título de teste, que Armstrong poderia reduzir o tempo se seus joelhos e pernas fossem o mais estreitos possível. Os dados sob esse aspecto eram irrefutáveis. A ideia era mover os pedais para que ficassem alguns milímetros mais próximos da engrenagem da roda dianteira, o que aproximaria as pernas e, consequentemente, os joelhos. Conforme indicavam os dados, se você fizesse isso, conseguiria diminuir a resistência do vento. No entanto, foi nesse ponto que Armstrong se complicou. Os joelhos e as pernas estreitas sabotaram suas forças. Armstrong desistiu, deu baixa ao investimento de $2 milhões e retomou seus treinos ciclísticos dos velhos tempos.[15]

Perguntei a um dos designers da Shiv, Mark Cote, que progresso havia sido alcançado desde 2004. Cote tem mestrado em Engenharia aerodinâmica pelo MIT e não é o único na Specialized com tal capacitação. Cote descreveu duas mudanças: uma foi o preço astronômico dos testes de túnel de vento que se igualam aos níveis da NASA. Em 2004, esses testes custavam $20 mil por hora e hoje estão disponíveis por 1/10 desse valor em lugares semelhantes à Specialized, graças a sensores, computadores e programas de software com preços mais acessíveis. A outra mudança ocorrida depois de 2004 foi o aumento do conhecimento sobre o corpo humano.

"É possível, com fisioterapia, treinamento de força, ioga e Pilates para alongamento do tipo dinâmico, colocar um corredor em uma posição mais aerodinâmica sem perda de sua potência", afirmou Cote. "Mas para cada corredor, a posição ideal será diferente. Dois corredores que meçam 1,83 m e pesem 72,5 kg podem diferir significativamente em aspectos como proporção entre o comprimento do torso e das pernas, largura do quadril, proporção entre as coxas e as canelas, tamanho dos pés, formato dos pés, e assim por diante. E esses são apenas os aspectos estruturais. Mesmo dois corredores com compleições idênticas podem mostrar diferenças significativas no tocante à força, flexibilidade e à capacidade de maximizar sua potência e flexibilidade."

Perguntei a Cote se seria possível encontrar uma combinação perfeita em um corredor que pedalasse de modo a gerar a máxima velocidade em uma determinada distância. "Essa é minha tarefa. Encontrar aquele enigmático ponto ideal entre a autenticidade dos dados e a autenticidade do homem." O designer da Specialized Robert Egger usou a mesma frase: "O ponto ideal entre a verdade dos dados e a verdade do homem."

COMO ENCONTRAR O PONTO IDEAL

Habilidades do *soft edge* como design e criatividade sempre foram consideradas território dos gênios intuitivos. Um delicado senso de gosto, a capacidade de inventar tanto um objeto como um propósito: esses são talentos com os quais poucas pessoas são agraciadas. A questão verdadeira para o restante de nós, pobres mortais, é a seguinte: Será que os dados terão condições de democratizar essa genialidade intuitiva?

Resposta meio desajeitada: mais ou menos. É sempre uma questão de equilíbrio — comparar algo que é belo com algo que funciona perfeitamente — e isso implica tomar determinadas decisões: Quando o gosto é uma decisão baseada em um ponto de vista? Quando é uma decisão baseada em dados? Qual é a tênue linha que separa os dois? E como encontrar aquele ponto ideal entre o que dizem os dados e o que seu íntimo lhe diz? Com a ajuda de algumas pessoas que têm as habilidades sensoriais necessárias para ouvir o que o mundo quer, além de contar com os bancos de dados necessários para uma criação duradoura, será possível desvendar alguns desses mistérios.

Sem dúvida, os dados são úteis para muitas coisas. Como a equipe de produtos da Specialized é fanática tanto pela inovação como pela função, os dados permitem que ela teste novos produtos extensivamente. Muitas vezes são realizadas entre 20 e 30 interações para testar a segurança de um capacete, a rigidez do quadro de uma bicicleta e do guidão, a fadiga humana ou a aerodinâmica. "Os dados orientam grande parte desses testes", confidenciou Mike Sinyard. "Eu diria que praticamente tudo passa por esses filtros de dados. São ferramentas excelentes. Na verdade, estremeço só em pensar se já teríamos fabricado alguma coisa só porque era legal, mas que não tinha uma funcionalidade comprovada."

Isso representou uma grande mudança. Antes, esse tipo de garantia baseava-se mais na intuição e na experiência. Os designers de produtos sentiam se a ideia iria funcionar ou não. Conforme comentou Robert Egger sobre esses dias antes do advento dos dados: "Você ficava um pouco nervoso quando colocava no mercado uma bicicleta, um capacete ou um calçado. E quando o produto funcionava, dizia: 'oba, acertamos na mosca', mas quando não funcionava, sua reação era: 'epa, foi um furo n'água, precisamos recomeçar.'" Mas hoje os testes orientados por dados confirmam coisas que no passado eram do domínio da intuição ou representavam um princípio empírico. Além disso, os dados proporcionam novos insights aos desenvolvedores de produtos. "Eles nos dizem coisas que não percebemos", acrescentou Egger. "E às vezes você achava que sabia uma coisa que, na verdade, ignorava."

Esse é um verdadeiro benefício — que afeta diretamente o resultado final — mas os dados não são resposta para tudo. Você ainda precisa compreender a perspectiva movida pelo gosto e baseada em opiniões. Qual é o ponto de vista? Para quem esse produto está sendo fabricado? Quais são os verdadeiros objetivos que você está tentando alcançar? Os dados não respondem a essas perguntas. E isso significa que é necessária uma grande dose de insights que ultrapassem os números e vão além dos bits e bites tão facilmente coletados com a tecnologia de hoje.

Nesse sentido, o gosto e o design continuam sendo habilidades que precisam ser aprendidas ao longo do tempo e influenciadas pela experiência. "Sem dúvida, existem dados que podem contribuir para a formação de uma opinião", sugere Tony Fadell, "mas no final das contas, quando você acaba de criar novos designs, sua mente continua focada no cliente".

Sim, os clientes. Não há dúvida de que eles representam uma parte significativa da equação. Mas você precisa ser cauteloso ao adotar uma abordagem centrada no cliente quando se trata de gosto e design. Conforme discutido antes, os clientes proporcionam uma abundância de informações úteis, mas não podem se encarregar da parte inventiva por você: não podem criar sua ideia ou definir seu ponto de vista. "Quando você procura por gosto, não poderá encontrá-lo organizando grupos de discussão", comentou Margit Wennmachers, sócia de uma empresa de capital de risco. "Participo de vários grupos de discussão e os clientes não têm condições de lhe dizer do que precisam, a menos que a coisa já exista."

Não se engane em relação ao que vou dizer: se você tem um produto bem definido e bem compreendido — como o Quicken, software para contabilidade pessoal da Intuit —, então dados e grupos de discussão talvez sejam úteis. Mas a dura realidade é que você não pode usar um grupo de discussão para descobrir seu produto. Será que esse tipo de grupo alguma vez já sugeriu algo parecido com o Pinterest? Provavelmente, não.

Portanto, você precisa ter um ponto de vista inabalável, uma opinião sólida e uma pitada de inspiração. Não há como contornar esse fato. Mesmo o singular Vivek Wadhwa, um verdadeiro evangelista da tecnologia, reconhece: "Não vejo a tecnologia sobrepujando o lado humano na concepção de novos produtos." Existe um volume grande demais de dados que não são informativos, um número grande demais de escolhas que não podem ser orientadas por dados. A capacidade humana de levar em consideração comportamentos, necessidades e preferências não pode ser reduzida a um simples algoritmo.

Em vez disso, você precisa fabricar e comercializar seu produto original. Só depois deve dar início à coleta de dados e ao processo de interação. Tomando emprestada uma ideia de Tony Fadell, da Nest Labs, é preciso fazer uma importante distinção: na concepção de um novo produto, mais de 90% são orientados por um ponto de vista ou pelo gosto e talvez entre 5% e 10% por dados. Em uma versão 2.0, cerca de 80% podem ser atribuídos a um ponto de vista e 20% a dados. Em uma versão 3.0 essa proporção é de 70:30. Em uma versão 4.0, 60:40. Assim, cada geração de seu produto avança devagar em direção a uma perspectiva orientada por dados — e, com certeza, cada produto caminha em um ritmo diferente.

O aspecto verdadeiramente importante desse processo é que os dados, em especial o big data, fornecem indicações antecipadas das formas não planejadas como os clientes, de fato, utilizam um produto. Na Nest Labs, os dados permitem que Tony Fadell e sua equipe saibam que as pessoas estão realmente utilizando seu termostato para aquecer, resfriar e controlar o ambiente de sua casa. O que significa um nível de conforto em um mundo real? As pessoas precisam corrigir o algoritmo? Assim como a Amazon ou o iTunes usam os dados sobre as aquisições feitas pelos clientes — do que você gosta, do que você não gosta, quais produtos novos são recomendados —, esse tipo de informação permite que a Nest personalize o termostato assim como o seu software e toda a experiência com o produto. Além disso, ajudam a Nest a entender como seus produtos ou serviços poderiam atingir uma faixa de clientes que não concordariam com o ponto de vista inicial.

Assim, à medida que um produto se desenvolve e cresce, você se depara com um conjunto de decisões orientadas por dados. Mas também se depara com um conjunto de decisões orientadas por opiniões. É onde os dois mundos se chocam. E, mesmo hoje, o resultado é dominado pela percepção e pela criatividade do homem. Precisa ser.

Hoje é tão fácil e barato coletar, classificar e analisar dados que é muito tentador deixar que isso se sobreponha à verdade humana. Nesse caso, todos nós podemos nos equiparar à equipe de $2 milhões de Lance Armstrong: projetaremos a máquina perfeita, mas esta não conseguirá cumprir seu objetivo principal — tornar o ciclista mais rápido. Por quê? Porque a máquina obrigou o homem a se adaptar aos dados. O ponto ideal do gosto foi perdido.

"Não existe um computador que possa fazer algo tão belo quanto aquilo que um escultor é capaz de fazer com as mãos", afirmou Robert Eggere. "Pelo menos não por enquanto. Com frequência usamos impressoras e programas 3D, mas sempre utilizamos também mão de obra humana. O setor automotivo faz a mesma coisa. Empreende muito trabalho digital, mas os melhores carros continuam sendo esculpidos à mão. Esses 5% finais são lapidados por uma pessoa com visão apurada."

COMO ALCANÇAR A VANTAGEM COMPETITIVA

- O gosto vai além do design. É uma sensibilidade que apela para a parte mais profunda de nosso ser.
- O gosto começa com os três grandes aspectos — função, forma e significado — e os integra harmoniosamente.
- O gosto é organizado e intencional. Os produtos orientados pelo gosto são naturais e instintivos.
- O gosto não precisa ser original. Muitas vezes ele se espelha em produtos e serviços do passado.
- O gosto sempre tem um toque de irracionalidade, um quê de um mundo irreal.
- O gosto não é resultado de uma genialidade acidental. Exige trabalho árduo, disciplina e paciência.
- O gosto indica a profunda inteligência de um produto ou serviço. A maioria dos clientes pagará mais para se sentir inteligente.

7

História
O poder das histórias — antigas e atuais

Em 12 de janeiro de 2010, um terremoto de 7 graus destruiu o país mais pobre do hemisfério ocidental, o Haiti. O número de vítimas foi tão grande que jamais pôde ser calculado com exatidão, mas cerca de 150 mil pessoas morreram. Outras 500 mil ficaram feridas, dezenas de milhares com sequelas para sempre. A precária infraestrutura de água, saneamento e sistema de saúde do Haiti ficou completamente destruída. Epidemias ameaçavam matar o país inteiro e espalharem-se para a ilha vizinha do Haiti, a República Dominicana.

O gastroenterologista do Alabama, Richard McGlaughlin, não aguentou mais. Vendo a devastação pela televisão, ouvindo os apelos de ajuda em sua igreja, McGlaughlin disse que sentiu uma incrível "necessidade de fazer algo. Dinheiro, orações e pensamentos positivos não teriam nenhum efeito". Então McGlaughlin decidiu arriscar-se e ajudar os haitianos que ele não conhecia. Pilotou seu monomotor de quatro lugares, um Cirrus SR22, desde Birmingham até Ft. Lauderdale, na Flórida, onde abasteceu o avião com suprimentos — antibióticos, soluções intravenosas, materiais para intubação e imobilização, muletas, agulhas, seringas, bisturis e aventais cirúrgicos dos hospitais locais — e levou tudo para o Saint Damiens Hospital em Porto Príncipe, no Haiti. Em suas viagens de ida e volta ao Haiti, McGlaughlin sentiu a necessidade de criar um laboratório gastrointestinal e doar mais parte de seu tempo. Assim, no fim de 2010, McGlaughlin estava se dedicando totalmente aos haitianos. Voava uma vez por mês em seu Cirrus dos Estados Unidos até o Haiti e passava uma semana na ilha a cada viagem.

McGlaughlin gostava de contar aos outros sobre os problemas urgentes no Haiti, e achava que a melhor maneira de fazer isso era levar as pessoas para que vissem tudo de perto. Em voos separados no Cirrus SR22, ele levou seus amigos, sua esposa e suas filhas. No dia 7 de janeiro de 2012, ele levou sua filha Elaine pela primeira vez.

O voo de Tamiami, na Flórida, para Porto Príncipe foi tranquilo durante a primeira hora. O Cirrus cruzava o oceano sem problemas, chegando a quase 320 km/h, a quase 3.000 m de altitude. Porém, após uma hora de voo, McGlaughlin percebeu que o medidor de pressão do óleo começou a ficar estranho. A agulha começou a cair lentamente do valor normal de 50psi para 40psi. Sempre muito cuidadoso, McGlaughlin não gostou nada disso. Entrou em contato com o controle de tráfego aéreo e solicitou permissão para fazer um desvio para a ilha de Andros, a maior das ilhas nas Bahamas. O Cirrus, com McGlaughlin e sua filha Elaine, ainda estava cerca de 72 km distante da costa.

Mas a pressão do óleo continuava caindo — 30psi, 20psi, 10psi, 0psi — e, então, McGlaughlin disse, "o motor parou, a hélice parou".

Por instinto, McGlaughlin olhou para uma misteriosa alavanca vermelha no teto do avião. O último recurso? Para poder tomar a melhor decisão, McGlaughlin colocou o Cirrus no melhor ângulo para um voo planado.

Mas ele e sua filha não conseguiriam chegar à ilha de Andros. Na melhor das hipóteses, planariam sobre o oceano até cerca de 3 km da costa.

O que acontece quando você está prestes a pousar no meio do oceano em um pequeno avião e com sua filha dentro?

"Sua garganta se fecha, sua voz fica mais forte, sua visão fica mais estreita e você percebe que não é muito competente", disse o Dr. McGlaughlin. Ele pensou em mergulhar no oceano, sendo a maneira mais segura pousar o avião de forma paralela às ondas. Mas, com o cérebro em pânico, ele se lembrou de um fato crucial: enquanto apenas 10% das tentativas de pouso na água resultam em morte imediata, outros 10% dos sobreviventes morrem por causa dos ferimentos. "Isso significa 80% de chances de dar tudo certo. Não é o suficiente." McGlaughlin também sabia que seu Cirrus, com um trem de aterrissagem fixo, apresentava um risco mais alto. "As rodas tocam a água e você provavelmente vai se sacolejar. É provável que o para-brisa quebre e então você estará embaixo da água com sua filha ao seu lado."

Então, rapidamente McGlaughlin desistiu da opção de pousar na água.

Em vez disso, alcançou e puxou a misteriosa alavanca vermelha com a mão direita no teto do Cirrus.

A alavanca vermelha ativou um pequeno rojão que estourou através do teto do avião. Depois do rojão, veio um enorme paraquedas. Não para o piloto e o passageiro, mas para o avião inteiro. O Cirrus e seus dois ocupantes flutuaram para baixo, descendo a aproximadamente 27 km/h, e caíram no mar. "Quando o avião toca na água, você a sente nas suas costas, no pescoço. Não é uma aterrissagem suave, mas estávamos vivos."

Ainda tremendo por causa da adrenalina e aliviados, o médico e sua filha soltaram os cintos de segurança. Abriram a porta, ficaram em pé sobre a asa, inflaram um bote de borracha que haviam trazido, e esperaram a guarda costeira resgatá-los.[1]

Essa é uma história incrível, mas se deve apenas em parte a uma empresa pioneira de aviões, a Cirrus Aircraft, e seu revolucionário paraquedas para a estrutura inteira. A coisa realmente incrível — que McGlaughlin tenha efetivamente puxado a alavanca vermelha — deve-se a outra razão.

McGlaughlin, na verdade, havia tomado a decisão de puxar o paraquedas muitos anos antes de ele realmente precisar fazer isso. O que o levou a puxar o paraquedas quando estava sobre a água e com uma falha no motor não foi nada do que a Cirrus havia dito em sua literatura de marketing ou no manual de operações. Não, o ímpeto de puxar veio da Cirrus Owners and Pilots Association (COPA) (Associação de Pilotos e Donos de Cirrus), o grupo mais obstinado, inteligente e barulhento em toda a aviação.

A ironia é que tanto o fabricante do avião, a Cirrus Aircraft, como o grupo de donos, o COPA, são organizações revolucionárias — e normalmente estão brigando entre si. Assim como os Estados Unidos e a China, essas duas organizações às vezes são amigas, às vezes inimigas. Uma vez o relacionamento azedou tanto que a Cirrus até tentou um programa secreto para acabar com a COPA.

Bem-vindos ao novo mundo do *branding* (consolidação de marca). O que determina uma marca não é mais apenas a história que a empresa quer contar — são as histórias que os clientes querem contar.

A HISTÓRIA É UMA NARRATIVA COM CONFLITO

História tem muitas definições: algumas extremamente técnicas, outras alucinantemente complexas e algumas até mesmo contraditórias. Mas, em seu sentido mais amplo, história é a narração, ou conto, de uma sequência de eventos. Esses fatos normalmente estão conectados ou têm uma ligação proposital. A história em si pode ser verdadeira ou fictícia.

De forma individual e coletiva, as histórias nos ajudam a entender nosso passado e o possível futuro. Em sua essência, a história expressa como e por que a vida muda. Portanto, a maioria das histórias segue um arco dramático que começa com uma vida equilibrada, seguida de um evento que afeta esse equilíbrio e cria um conflito, o qual é seguido de ações e decisões que visam restabelecer o equilíbrio, o que, por sua vez, resulta em uma nova condição de equilíbrio ou uma nova realidade. Consideremos os típicos filmes de faroeste: os vilões chegam à cidade montados a cavalo. O crime e o medo tomam conta, até que surge um herói para restabelecer a ordem.

Como as histórias são inerentemente centradas no ser humano, somos naturalmente atraídos por elas. Em um discurso no Centre for Contemporary Cultural Studies (Centro de Estudos Culturais Contemporâneos) na University of Birmingham, o influente filósofo e crítico Roland Barthes expressou a centralidade das histórias em toda a cultura: "Há inúmeras narrativas no mundo. A narrativa está presente em todas as épocas, em todos os lugares, em todas as sociedades; a história da narrativa começa com a história da humanidade; não existe, e nunca existiu, uma pessoa sem narrativas."[2]

Algumas das primeiras evidências da narração vêm das grutas de Lascaux no sul da França. Criadas entre 15.000 e 13.000 a.C., mais de duas mil figuras, principalmente de animais, foram pintadas por caçadores do Paleolítico Superior. Usando métodos de análise iconográfica, os antropólogos que analisaram essas pinturas acreditam que uma composição em especial parece ser nosso primeiro exemplo de um mito ilustrado. Como especialista em história, consultora executiva e autora de best-sellers, Nancy Duarte me disse que, "durante milhares de anos, a história foi usada para transmitir insights, transferir costumes, manter culturas inteiras unidas. E isso é a pré-alfabetização — milhares de anos de pessoas pré-alfabetizadas".

Para ficar claro, criar, contar e recontar histórias é uma atividade universal do ser humano. E mesmo nos dias de hoje, a antiga arte de contar histórias está longe de ter se perdido. Pare, olhe ao redor e você verá que as histórias saturam nossa vida. Na televisão, nos cinemas, on-line, no noticiário e até mesmo nos esportes. A Olimpíada trata tanto das histórias dos atletas quanto dos eventos esportivos. O mesmo vale para o Tour de France, a Copa do Mundo, os torneios Masters, o Kentucky Derby e qualquer outro grande evento esportivo no mundo.

Da mesma forma, na nossa vida pessoal, pensamos nas histórias, falamos de histórias, comunicamo-nos através de histórias e até sonhamos com histórias. Compartilhamos continuamente as histórias sobre o que aconteceu, por que aconteceu e o que poderá acontecer depois. Quando nos perguntam sobre nosso jantar da noite passada ou nossas últimas férias, não mostramos um gráfico de pizza ou um resumo analítico. Contamos uma história. E essas histórias estão repletas de personagens, várias tramas e muito drama.

Não importa o formato, um bom contador de histórias descreve um conflito, recorrendo ao personagem principal, também conhecido como protagonista ou herói, para tomar decisões, agir e finalmente descobrir a nova verdade. "Na narração de histórias, em especial, o que adoramos é ver alguém se transformar", disse Nancy Duarte. "A clássica estrutura da história em três partes é que existe essa pessoa simpática que encontra os obstáculos e surge transformada. Acho que a narração de histórias cria essa tensão e libera aquilo que é tão importante para criar a mudança."

O segredo é que as histórias confirmam quem somos, que nossa vida tem um significado. Somos forçados naturalmente a raciocinar a partir do caos e atribuir uma relação de causa e efeito a todos os eventos aleatórios que fazem parte de nossa vida. As histórias nos ajudam a fazer isso — elas moldam nosso mundo, apontando quem somos e como devemos nos comportar. Então, se quiser entender o que está acontecendo em uma organização, você precisa ouvir as histórias. Além disso, se quiser que as coisas sejam feitas em uma organização, você precisa saber como usar as histórias para motivar as pessoas.

A IMPORTÂNCIA DAS HISTÓRIAS NOS NEGÓCIOS

No mundo dos negócios, as histórias são usadas para lançar novas marcas e melhorar a imagem das marcas existentes. São usadas para treinar os novatos e revigorar os funcionários antigos. As histórias ajudam os CEOs a se posicionarem diante dos investidores e, ao mesmo tempo, a criar confiança e desencadear a paixão — dois requisitos do *soft edge* (atributos sociais) discutidos nos capítulos anteriores.

Na verdade, as histórias são tão funcionais e maleáveis, tão eficazes e ubíquas, que é quase impossível fazer uma lista com todos os seus usos e benefícios, mas tentarei a proeza de alguma forma. As histórias ajudam no recrutamento de funcionários, criação do moral, nas vendas e marketing, no desenvolvimento de investimentos externos e a mudar o apoio às iniciativas — *uma rápida respirada, e* — as histórias capturam e transmitem o conhecimento, impulsionam a inovação, criam uma comunidade, fortalecem a cultura organizacional e incentivam o crescimento individual.

"Em termos de história", Margit Wennmachers, *venture capitalist*, disse-me o seguinte: "Eu realmente acho que é algo fundamental que passa por *tudo* nos negócios." Essa é uma afirmação intensa, porém verdadeira.

Por que, na terra das planilhas e gráficos de pizza, as histórias são tão valiosas? Porque as histórias são a maneira como nos lembramos das coisas. Simples, não? Por outro lado, temos a tendência de esquecer listas e marcadores, planilhas e montes de dados. Mas as histórias causam um impacto não só por transferir grandes volumes de informação, mas também por sintetizar o entendimento. Elas nos permitem captar rapidamente ideias muito amplas. As histórias podem mudar a maneira como pensamos, agimos e sentimos — e fazem isso de uma forma não ameaçadora. O que, por conseguinte, significa que a narrativa tem um papel importante em nossos processos de raciocínio, assim como na nossa capacidade de convencer os outros. Na verdade, fazer os funcionários sorrirem ou darem risada com uma história é uma maneira muito mais eficaz de ensinar-lhes algo do que citar uma longa lista com vários itens.

Alguns executivos não acreditam nas histórias porque temem o exagero e a manipulação. Nancy Duarte disse que ela normalmente vê o conceito errado de que "a empresa não é um lugar para histórias, que as histórias não são verdadeiras ou factuais e que, portanto, diminuímos seu valor ou as ignoramos completamente".

Contudo, os líderes, em especial, podem usar a força de uma boa história para influenciar e motivar suas equipes a alçar novos voos. No Capítulo 3, contei como o líder da seguradora Northwestern Mutual convida seus 10 mil representantes financeiros para uma reunião anual no BMO Harris Bradley Center em Milwaukee — o maior anfiteatro da cidade. Durante dois dias, são contadas e compartilhadas histórias dos representantes da Northwestern Mutual sobre superar desafios ou esforçar-se ao máximo para atender os segurados. A liderança na Northwestern Mutual sabe que as histórias podem inspirar qualquer coisa, da compreensão até a ação. As histórias podem criar lendas sobre as quais se estabelecerá toda uma cultura no ambiente de trabalho, e elas têm o poder de derrubar as barreiras ou transformar uma situação ruim em algo bom.

Como você pode perceber, a forma mais poderosa de persuadir os outros, acabar com a resistência, é ligando uma ideia a uma emoção. E a melhor maneira de fazer isso é com uma boa história. Se você conseguir incentivar a imaginação através de uma boa história, levará as pessoas a deixarem de lado o pensamento analítico.

Agora, essa é uma lição muito importante sobre a força de uma história. Quando lemos ou ouvimos argumentos reais, temos a tendência de avaliá-los intelectualmente. Somos céticos: estamos prontos para rebater ou refutar quaisquer argumentos. Entretanto, quando ficamos fascinados com uma boa história, naturalmente baixamos a guarda e deixamos de lado nossa descrença. Em *Contar Histórias para Vencer — Conectar, Persuadir* (Ed. Alta Books), o CEO do Mandalay Entertainment Group, Peter Guber, faz uma comparação entre uma história bem contada e o Cavalo de Troia. Para o ouvinte, a história parece uma dádiva. Contudo, no final das contas, a história é apenas um canal, um recipiente para a pauta do narrador. É um truque para inserir uma mensagem na fortaleza sináptica de nossa mente.

"Temos que estimular e incitar as pessoas", Duarte disse, "para que estejamos no lugar certo no futuro, e a história é a melhor maneira de fazer isso". Chame-a de mágica narrativa ou judô oral, mas a mente humana rende-se à atração de uma boa história. A narrativa pode ser usada para influenciar tanto funcionários como clientes e, assim, é tanto uma ferramenta interna como externa. Além disso, como tem diversos usos, considero a narrativa especialmente importante em duas áreas, na criação de um propósito e na consolidação de uma marca.

A história e a importância do propósito

No final, o trabalho de um líder é articular e ajudar as pessoas a se unirem em torno de um propósito compartilhado que inclua o passado da empresa e esboce seu futuro. E quando se trata de comunicar um propósito para sua organização — Por que ela existe? Que valor transmite aos funcionários, clientes ou à sociedade? — poucos veículos conseguem transmitir sua mensagem de uma forma tão eficaz quanto uma boa história.

Aqui e agora, deixe-me apenas dizer que o *propósito* é um fator extremamente importante do *soft edge*. É o que o leva a criar produtos autênticos e proporcionar experiências heroicas aos clientes, mesmo que isso não seja a coisa certa a fazer em termos de ROI (retorno sobre o investimento) no curto prazo. E, em um determinado momento, mas principalmente quando você crescer — e especialmente se sua empresa for de capital aberto —, palavras como fé, autenticidade, durabilidade e como seus grandes esforços serão recompensados daqui a dois anos, em vez de no próximo trimestre, pode ser algo muito, mas muito difícil de vender. Sim, são necessários atributos do *soft edge*, como coragem e paixão. No entanto, se você perder aquela crença real no seu propósito maior e não conseguir vendê-lo, começará a comprometer tudo o que fez sua marca crescer.

No Capítulo 1, escrevi sobre a Hewlett-Packard. A HP é o exemplo de uma empresa que perdeu seu propósito — o HP Way — durante o reinado dos CEOs que otimizaram a corporação em termos de escala e lucro. Surgiu o lucro no curto prazo, na hora certa, e os CEOs foram enaltecidos. Porém o propósito foi perdido — e finalmente também se foram os lucros. Meg Whitman, atual CEO da HP, está trabalhando duro para restabelecer o HP Way, conforme originalmente definido pelos fundadores David Packard e Bill Hewlett.

Discuti a importância do propósito no Capítulo 3, mas deixe-me apenas acrescentar que transmitir um forte propósito envolve a criação de um significado mais além de coisas como saltos na carreira ou aumentos de salário. Um propósito precisa incluir metas ambiciosas que energizem as pessoas e incentivem a responsabilidade coletiva.

E como transmitimos essas ambiciosas metas? Com uma história. Não é através de gráficos e diagramas, estatísticas e avisos sucintos sobre políticas que os funcionários se identificam com as metas da empresa e ajudam a incorporá-las ao DNA organizacional, mas através da experiência da história. "As histórias são os elementos que podem moldar uma cultura", explicou Nancy Duarte. "Quando você pensa nisso, 100 anos atrás, o maior local para se reunir era na igreja, onde as pessoas compartilhavam normas e crenças. Elas se agrupavam em torno de histórias muito antigas. Hoje em dia, as pessoas não fazem muito isso; seu maior local para se reunir é no trabalho. Portanto, precisamos criar significado em um lugar que às vezes serve apenas, como você sabe, para montar widgets (coisas)."

Enquanto podem desempenhar um papel importante ao moldar a cultura e as atitudes internamente — catalisando e galvanizando o propósito de uma empresa — as histórias também podem ser uma força poderosa fora da organização.

História e consolidação da marca

Nunca houve tantas maneiras para se alcançar os consumidores quanto hoje em dia. Isso é um fato, mas também nunca foi tão difícil estabelecer uma ligação profunda com os consumidores. As transações acontecem somente uma vez e estão mais rápidas do que antes. Repetir um negócio exige relacionamentos. Para quase todo tipo de negócio, o sucesso depende do retorno dos clientes. Eles precisam voltar ao seu estabelecimento. E outra vez. E, claro, outra vez. Precisamos que sejam nossos fãs. Precisamos que contem para os amigos.

Esse relacionamento depende das histórias contadas. Se você realmente quiser criar uma legião de fãs da sua empresa, que as pessoas se tornem apóstolos e defensoras, precisa usar a narrativa. Nós, consumidores, fomos programados para ouvir uma boa história.

Se olharmos as pesquisas sobre consolidação de marcas (*branding*), e há muita coisa sobre isso por aí, as histórias sobre as marcas realmente ajudam a moldar nossa cultura. Como assim? Bem, consideremos apenas os dispositivos retóricos e metafóricos usados pelos pesquisadores, psicólogos, cientistas sociais e antropólogos para descrever as marcas: as marcas têm personalidade; as marcas são ícones; as marcas representam grupos de referência, representam "o ego", e estabelecem fronteiras étnicas. As marcas se aferram à nostalgia e são parceiras românticas. As marcas podem ser a base tanto para a comunidade como para a individualização. As marcas contam histórias sobre nós e nós também contamos histórias sobre elas.[3]

Considerando essas conceitualizações, não é nenhuma surpresa que as marcas representem o relacionamento emocional, o ponto de contato entre um consumidor e um produto. E, sejamos honestos, há uma enorme quantidade de coisas para escolher por aí. Para praticamente qualquer tipo de produto, temos a opção de escolher entre cinco, dez ou mais fabricantes. Como dizem no mercado imobiliário, hoje o mercado é do comprador. Portanto, em sua essência, o marketing é a narração de histórias. Ou, melhor dizendo, o bom marketing *deve* ser uma narração de histórias. De certo modo, a narrativa tira produtos e serviços do lugar comum e acondiciona um significado a eles.

A consolidação de marcas realmente eficaz é a capacidade de aplicar uma série de significados e imaginações a um produto, serviço ou empresa. Isso significa não só mostrar um produto, mas também transmitir, de maneira muito mais profunda, o significado do produto em uma cultura mais ampla. Nesse sentido, a história transcende o produto. A Nike não representa apenas calçados; são histórias de atletas icônicos. O Aston Martin não é apenas um carro; é o automóvel dirigido pelos maiores espiões do mundo.

Dessa forma, as marcas nos transmitem e reforçam qualidades específicas através da cultura popular, convidando-nos a adotar determinadas identidades, estilos de vida ou ideais. Fazem isso porque nos ajudam a alcançar o prazer decretando um arquétipo específico — o caubói, o espião, o astronauta, o atleta — e basicamente recontando aquela história da marca toda vez que usamos e voltamos a usar aquele produto.

Como podemos ver, você quer que sua história se torne a história do seu cliente. À medida que as pessoas enxergam seus próprios valores, esperanças e sonhos na história que você cria, elas aprofundarão o vínculo emocional com a sua marca. Começarão a usar sua marca para descrever a si mesmos: sou "um usuário de Mac", "um cara que tem um Chevy", "um sujeito que bebe Bud". Vejamos a Harley-Davidson: o fato de as pessoas tatuarem o nome e o logotipo da empresa no corpo mostra um nível extremo de envolvimento com a história de uma marca.

A HISTÓRIA QUE DEU ERRADO: DELL

Para toda história bem conhecida, há inúmeras outras muito mal contadas. Margit Wennmachers me deu alguns exemplos de como aparentemente uma grande história pode, tão rápido quanto um foguete, ficar ruim. Wennmachers é uma empreendedora talentosa, que fundou a maior empresa de relações públicas do Vale do Silício, a The OutCast Agency, em 1997. O que torna Wennmachers especial é que ela saiu da OutCast para se tornar sócia em uma das principais empresas de capital de risco do Vale do Silício, a Andreessen Horowitz. Nunca ninguém da área de RP havia se associado a uma grande empresa de capital de risco. No entanto, Marc Andreessen, cofundador da empresa, queria contar com a participação de Wennmachers pela seguinte razão: na era da tecnologia barata, financiamentos disponíveis e mercados globais, o mercado estava tão abarrotado de startups de tecnologia que elas precisavam de uma boa história para se destacar na multidão. "Acho que a tecnologia é uma grande armadilha", disse Wennmachers, "é a empresa se posicionando em torno dos números ou do sucesso financeiro".

Quando lhe pedi que desse um exemplo, ela me contou sobre o período em que trabalhou com a Dell, nos anos 1990, quando estava à frente de sua empresa de RP. "Acho que tudo bem compartilhar isso agora", ela começou a dizer. "Quando tivemos nossa primeira reunião formal, perguntei a eles, 'então, o que vocês consideram o sucesso? O que desejam alcançar com isso?' E eles basicamente disseram, 'veja bem, somos uma empresa de $30 bilhões atualmente. Estamos fazendo planejamento, contratando pessoas e construindo escritórios para alcançar uma área de cobertura internacional a fim de nos tornarmos uma empresa de $60 bilhões. O preço da nossa ação está em x dólares e basicamente o que você precisa fazer é ajudar-nos a crescer.'"

E por que uma empresa não gostaria de crescer? Crescer não é o problema. O problema é que o crescimento não é uma história. Wennmachers continuou, "se a sua história é sobre dinheiro e o preço das ações, isso sempre muda. E você basicamente diz a seus funcionários e clientes para ficar de olho nessas duas coisas. E quando o preço da ação cai, a receita se achata ou as taxas de crescimento ficam estagnadas, tudo é uma questão de queda nos números. Não há nada mais de concreto para fazer um funcionário permanecer mais tempo ou para reter um cliente quando esses números mudam".

Para a Dell, a história tornou a empresa descartável. Ela prendeu a si mesma em uma única onda de crescimento, em vez de criar uma história que atravessasse os tempos bons e ruins, através dos inevitáveis tropeços e passos em falso. Como disse Wennmachers, "a sorte sempre se esgota com o preço das ações".

Embora sejam intangíveis, as histórias têm algo concreto que ajuda a manter uma sensação de normalidade, calma e propósito tanto durante os períodos de crise como nos de prosperidade. "Uma boa história é o alicerce mais importante para todos os seus funcionários", ressaltou Wennmachers. Agora a Dell é uma empresa privada. Como tal, tem uma segunda chance para alcançar a grandeza, sem acionistas questionando cada movimento. Os primeiros sinais são encorajadores. A nova estratégia da história da Dell é celebrar outros empreendedores e startups.

O desempenho financeiro não é a única armadilha da história a ser evitada. "A outra grande armadilha na tecnologia, em especial, é o produto", explicou Wennmachers. "Digamos que sua história seja apenas a lista das características de seu produto atual. E, como você sabe, os ciclos dos produtos mudam, os conjuntos de recursos mudam, certo? Seus novos concorrentes aparecerão com 20 recursos que os colocarão nas primeiras páginas dos sites de tecnologia. Veja o que andou acontecendo com os celulares. Temos o iOS e temos o Android. A cada ciclo, um é melhor do que o outro. Se você for ao nosso escritório na Andreessen Horowitz e sua história for 'somos um app para iPhone que faz x', não despertará nosso interesse. Isso não é algo para o qual se possa recrutar pessoas e não é algo que possa resistir às mudanças."

De alguma forma, você poderia dizer que ter uma história convincente pode ajudar a conquistar a graça quando se está em um caminho difícil. "Graça, e ela proporciona inspiração mais além da atual condição de ser", disse Wennmachers. Não há nenhuma dúvida de que as histórias são capazes de mudar a maneira como pensamos, agimos e sentimos. Os líderes, em especial, podem usar a força de uma boa história para influenciar e motivar suas equipes a alçarem voos mais altos.

LIDERANÇA E NARRAÇÃO DE HISTÓRIAS

Não se engane, as histórias podem ser uma ferramenta de liderança muito poderosa. Os grandes líderes sabem disso e hoje muitos dos melhores CEOs usam histórias para demonstrar seus argumentos e vender suas ideias. A persuasão está na essência da atividade empresarial. Então, por que a maioria dos executivos de alto escalão tem dificuldade de se comunicar, e, principalmente, de inspirar? Eles normalmente se perdem no meio da desordem da comunicação corporativa; coisas como mensagens inúteis dos departamentos internos de RP e avisos sobre o que *não* dizer, oriundos dos departamentos jurídicos. Nesses casos, até mesmo os melhores esforços são normalmente recebidos com cinismo ou apatia.

Em vez disso, para motivar as pessoas, os líderes devem incluir suas emoções. E o segredo para tocar o coração das pessoas é uma história. "A história — os líderes normalmente a deixam relegada a uma função de RP ou de marketing", observou Wennmachers, "é algo que o fundador ou o CEO realmente precisa ter. Não é possível terceirizar a narrativa da sua empresa. Basicamente, a história é a empresa e a empresa é a história, e elas não podem se divorciar". Em resumo, ela disse, a história que serve de base é realmente "a síntese do que a empresa faz".

Isso significa que contar histórias poderia ser a competência *chave* da liderança no século XXI. A capacidade de saber qual é a história certa a ser contada, aliada ao talento de saber como repassá-la de forma eficaz, pode inspirar tudo — da compreensão até a ação. Isso pode ser usado para vincular os funcionários a uma estratégia, proporcionando entendimento, convicção e motivação. A história pode oferecer ao ambiente de trabalho algo ao qual as pessoas podem se agarrar durante os períodos de dificuldade econômica.

No final, os CEOs são responsáveis por conduzir as empresas durante os períodos difíceis de recessão econômica e concorrência acirrada. Nesse tipo de situação, a história pode ser a mão firme que pilota o avião quando as medidas típicas sobre a saúde da empresa passam por uma turbulência. E falando em turbulência, voltemos para a história da Cirrus Aircraft e seus clientes briguentos.

POR QUE A CIRRUS FOI PIONEIRA COM O PARAQUEDAS PARA FUSELAGEM

Em uma agradável noite de abril de 1985, Alan Klapmeier, um jovem de 27 anos e natural de Winsconsin, participava de uma aula de voo por instrumentos perto do aeroporto de Sauk Prairie. O segredo desse tipo de voo é ter habilidade e manter a calma para pilotar o avião quando você não consegue enxergar nada pela janela por causa das nuvens ou da escuridão.

Quando John F. Kennedy Jr. sofreu o acidente de avião em 1999, a causa provável foi a perda da referência visual. Kennedy, sua esposa e a irmã dela haviam decolado do pequeno aeroporto de Essex County, em New Jersey, ao anoitecer. Como o céu ficou escuro, Kennedy seguiu a rota ao longo da costa de Connecticut em direção a Martha's Vineyard. Mas com o crepúsculo e a neblina sobre o Oceano Atlântico, Kennedy perdeu suas referências visuais e provavelmente teve uma desorientação espacial. Como não era um piloto certificado para voo por instrumentos, ele não estava treinado para lidar com essa circunstância. Perdeu o controle, e todos os que estavam a bordo do avião morreram.

Mas o jovem Klapmeier estava praticando voo por instrumentos com seu instrutor em boas condições. Klapmeier vestia um capuz que lhe permitia ver somente os instrumentos no painel do avião e nada lá fora. É assim que o treinamento por instrumentos é realizado em boas condições.

O capuz de Klapmeier impedia que ele olhasse pelas janelas, e seu instrutor (que podia fazer isso) também não olhava para fora. Olhava para Klapmeier, que mantinha o avião subindo em uma volta para a direita. Nenhum dos dois viu o outro avião que vinha na direção deles. O piloto desse avião estava olhando direto para o pôr do sol. O piloto não viu o avião de Klapmeier — até que foi tarde demais.

A colisão no ar arrancou quase 1 m da asa esquerda do Cessna 182 de Klapmeier. Era praticamente impossível pilotar o avião, mas Klapmeier e seu instrutor conseguiram pousar em segurança apesar da avaria.

O outro piloto não teve tanta sorte. O avião foi danificado e ficou fora de controle. A cerca de 480 m acima da zona rural de Wisconsin, começou uma descida descontrolada em direção ao solo, matando o piloto.

Um ano antes do acidente, Alan Klapmeier e seu irmão mais novo, Dale, loucos por aviação desde que eram crianças, haviam aberto uma empresa para construir aviões do tipo faça você mesmo no celeiro da casa de seus pais, perto de Baraboo, Wisconsin. Depois do acidente, Alan Klapmeier decidiu que aviões pequenos precisavam de algo que os tornassem mais seguros. Esse objetivo transformou-se em uma ideia radical. Por que não ter um paraquedas para a fuselagem inteira? Grande ideia, certo? Mas como em toda nova ideia no mundo da aviação, é mais fácil falar, ou pensar, do que fazer.

Nada acontece rápido na aviação. É uma atividade que envolve uso intensivo de capital, e obedece a rigorosas leis aerodinâmicas, e não a lei de Moore, que evolui de forma rápida e serve de parâmetro para computadores, telefones e a Internet. A aviação também é extremamente regulamentada — nos Estados Unidos, pela Federal Aviation Administration. Porém, em 1999, quatorze anos depois do acidente de Alan Klapmeier, ele e seu irmão Dale conseguiram superar o desafio dos altos custos e da certificação regulatória. Eles lançaram o avanço mais radical na fabricação de aviões pequenos desde 1940, que recebeu o nome de Cirrus SR20, um monomotor de material combinado, com quatro assentos e um paraquedas para a fuselagem.

A Cirrus, como empresa, estava estabelecida e voando. Em 2000, os Klapmeiers anunciaram um avião com um motor maior, chamado SR22, que podia voar a cerca de 320 km/h durante mais de quatro horas com os tanques cheios. O avião fez tanto sucesso que havia uma lista de espera de até dois anos. Em 2003, a Cirrus construiu o primeiro avião pequeno certificado pela FAA para substituir os tradicionais medidores de instrumentos por duas telas planas de computador no painel, um recurso somente disponível nos grandes jatos da época. Entre as várias maravilhas modernas, os painéis de vidro tinham um grande mapa em movimento, para mostrar a localização, altitude e velocidade do avião. O sistema do painel de vidro logo estaria conectado ao satélite meteorológico XM, para que o piloto pudesse ver e evitar o mau tempo ao longo da rota.

O paraquedas, a consciência situacional proporcionada pelos mostradores do painel de vidro e a representação das condições meteorológicas em tempo real formavam um pacote e tanto. Com isso, parece que a Cirrus conseguiu realizar o sonho de Alan Klapmeier de fabricar aviões pequenos tão seguros quanto os automóveis. Klapmeier tinha razão em se preocupar com a segurança, e não só por causa de seu próprio acidente aéreo. As estatísticas do segmento de aviões de pequeno porte estavam se tornando mais preocupantes. Com uma base por quilômetro, esse tipo de aeronave tinha uma probabilidade 10 vezes maior de matar os ocupantes do que os carros. Os aviões pequenos eram tão seguros quanto as motocicletas, ou seja, não ofereciam tanta segurança assim.

Com sua série de recursos de segurança, a Cirrus tentava preencher a lacuna. Mas aconteceu algo curioso. De 1999 a 2005, a taxa de acidentes e mortalidade do Cirrus não melhorou em relação às estatísticas de segurança de aviões pequenos em geral. Na verdade, a estatística do Cirrus era, talvez, um pouco *pior* do que a média do seu segmento. Pilotos e seus passageiros continuavam morrendo. Eles se chocavam contra montanhas. Perdiam o controle nas nuvens. Tentavam inutilmente pousar o avião com falha no motor em terrenos adversos. E, estranhamente, a Cirrus, empresa fundada para melhorar a segurança, não fazia nada em relação a isso. Ela tinha seus próprios problemas.

Foi quando os próprios donos do avião Cirrus decidiram cuidar do assunto com suas próprias mãos. Continuaremos com esta história mais adiante neste capítulo.

AS BOAS HISTÓRIAS E A ARTE DA NARRATIVA

Então, o que torna alguém um bom contador de histórias? A boa notícia é que somos todos naturalmente contadores de histórias. Fomos levados a pensar que contar histórias é algum tipo de habilidade misteriosa que apenas algumas pessoas talentosas têm. Como já mencionei anteriormente neste capítulo, todos usamos histórias e a narrativa nas conversas do dia a dia e como algo que faz parte da nossa vida. Normalmente, contamos histórias para nossos amigos, filhos, outros familiares e para nossos colegas mais próximos. E, acredite se quiser, essas histórias normalmente são engraçadas, envolventes, cativantes e memoráveis. Então, como transferimos essa capacidade natural para as reuniões e apresentações?

A narrativa envolve uma série de ferramentas e métodos. Enquanto não existe nenhuma maneira certa de contar uma história, o maior mandamento para a boa narrativa é, "FAÇA com que eu me importe". Preencha essa exigência e você se sairá muito bem. Contudo, selecionei mais algumas dicas de especialistas no assunto, como Nancy Duarte e Margit Wennmachers. Não são regras, apenas algumas diretrizes úteis:

- Seja simples.
- Conheça o seu público.
- Não banque o Galinho Chicken Little.
- Torne a coisa real.
- Não esqueça a dor e o sofrimento.
- Pratique, pratique, pratique, e então pratique um pouco mais.

Seja simples

Muitas pessoas cometem o erro de acreditar que quanto mais, melhor: mais efeitos visuais, mais flash, mais brilho. As pessoas acreditam que esses elementos agregarão emoção às suas histórias em vez de se afastar da espinha dorsal temática ou emocional.

Em vez disso, a simplificação é essencial em qualquer processo criativo. Seja você um romancista, pintor ou designer, a inovação corta como a navalha de Occam: a solução mais simples é a melhor solução. Como explicou Nancy Duarte, especialista em histórias, "os maiores discursos de todos os tempos não tinham efeitos visuais, pois as palavras estavam escritas de forma tão maravilhosa, que pintavam o quadro, pintavam as cenas que queríamos ver — que queríamos que as pessoas vissem". Até que os trabalhos de Hollywood provem o contrário, as boas histórias não são criadas com base em uma trama inteligente e grandes explosões. Palavras simples e uma linguagem acessível podem criar coisas novas e avivar os sentimentos autênticos e significativos, como qualquer evento tangível e real.

Conheça o seu público

Uma característica que os bons contadores de histórias compartilham é a capacidade de ler uma plateia. "Se você estiver falando para um público analítico", Nancy Duarte comentou, "precisará segurar o apelo emocional e manter intacta sua credibilidade. Se estiver falando para um público extremamente emotivo, deverá segurar o apelo analítico". A probabilidade é que você não vai querer fazer o mesmo discurso em uma sala de reunião como você faria em um vestiário, certo?

Outro exemplo notável é uma palestra da TED dada por um conhecido capitalista de risco. Enquanto falava sobre a mudança climática, ele disse que a Terra não conseguiria... e começou a engasgar. Sim, as pessoas incorporam suas próprias tendências a uma história ou apresentação. Então, se você fosse um ambientalista ou um forte defensor da tecnologia verde, provavelmente daria ao palestrante o benefício da dúvida. Uau, ele realmente se importa.

Mas se estiver em cima do muro, provavelmente você se perguntará se o palestrante — que criou um fundo verde de um bilhão de dólares — está tentando manipulá-lo emocionalmente. Essa foi a reação inicial de algumas pessoas: ele é um grande vendedor e *talvez* consiga chorar quando necessário.

Com toda a justiça, para algumas pessoas, o discurso foi muito bom. E não acho que o palestrante estivesse fingindo — acho que ele acreditava tão fortemente no que estava financiando e vendendo, que sua apresentação se tornou um tanto quanto emotiva. Mas realmente acho que ele se prejudicou quando começou a chorar. "Perdeu sua credibilidade porque abusou da emoção", observou Nancy Duarte. "Tentou apelar demais às nossas emoções." E ao fazer isso, ultrapassou o limite da narrativa. Se você está falando para um público amplo, se sua meta é um grande apelo, você precisa ter mais cuidado. E isso me leva a passar para a próxima dica.

Não banque o Galinho Chicken Little

Quando pedi a Nancy Duarte que desse um exemplo de uma história que tivesse dado errado, ela disse: "Sabe do que mais? Essa coisa de 'o mundo está desabando' não funciona. Tentei isso na minha própria empresa. Meu grande erro em uma apresentação foi essa história muito bonita e interessante no estilo 'o céu está desabando'. Estávamos em 2007 e eu sabia que haveria uma crise em 2008. Lancei um enfático: 'santo Deus! O mundo está desabando! O mundo está desabando!' E foi um verdadeiro furo na água. Diante da aparente calmaria dos meses seguintes, perdi totalmente minha credibilidade até a economia realmente entrar em crise."

Ao contar uma história, evite prever o futuro. Sim, talvez as coisas deem errado. Talvez até piorem. Isso pode ser verdade, mas tente controlar sua mensagem. Não estou dizendo para ser desonesto ou evitar uma conversa franca. Seja honesto e acessível. Mas não faça grandes prognósticos que poderiam ser facilmente considerados fraudulentos ou manipulativos. E não exagere no drama, como o choroso capitalista de risco na seção "Conheça o seu público".

Torne a coisa real

A verossimilhança sempre é um ingrediente importante nas narrativas. Quando digo *verossimilhança*, estou falando em agregar realismo a uma história, e não torná-la necessariamente realista. Torná-la realista significa ater-se aos fatos, aos números e dados rígidos, frios, que normalmente preocupam o mundo dos negócios. Com agregar realismo, estou me referindo a pequenos detalhes que ajudam a definir a cena e transportar os leitores ou ouvintes para um lugar novo. Ao contar uma história, compartilhe o que você vê, cheira, sente, saboreia e ouve. Compartilhe a emoção; descreva os momentos. Há um grande poder na saudade e nas lembranças. Quando você ativa essas sensações em alguém, eles são atraídos para a história com você.

Mas não se trata apenas de adicionar detalhes ou florear um pouco. Também é preciso incluir o pano de fundo, a gênese do seu produto ou negócio. Guy Kawasaki, ex-evangelista-chefe da Apple e autor de *Encantamento* (Rio de Janeiro, Ed. Alta Books, 2001), recomenda entrelaçar uma "história de origem" ao histórico cultural da sua empresa. Você começou a criar seu produto na garagem ou criou a próxima grande rede social no dormitório da universidade. Brian Maxwell criou a PowerBar, a primeira barra energética, na pequena cozinha da casa que dividia com sua futura esposa. Então personalize ainda mais sua história — você começa com uma receita da sua avó ou o velho ferro de solda do seu pai.

Da mesma forma, muitos produtos são criados a partir da necessidade do mundo real. A Patagonia e a Northface, empresas de vestuário de alta performance, foram fundadas porque, como não conseguiam encontrar equipamentos de qualidade para escalada e montanhismo, Yvon Chouniard e Douglas Tompkins decidiram que eles mesmos os fabricariam. Mike Sinyard começou a Specialized Bicycles porque não conseguia encontrar equipamentos de qualidade para ciclismo nos Estados Unidos e, como alternativa, importava-os da Itália. A Filson Clothing foi fundada porque mineiros e lenhadores da região noroeste do Pacífico precisavam de roupas melhores, mais grossas do que as que podiam ser encontradas nas lojas.

Não importa como você decida fazer isso, um pouco de realismo ajuda os ouvintes e a plateia a acabar com a descrença. Isso ajuda a atraí-los para o seu mundo e o mundo do seu produto. Às vezes é um detalhe muito bem escolhido; às vezes é uma referência cultural; às vezes trata-se apenas de ser honesto sobre por que você pegou um panfleto sobre como abrir uma empresa. As histórias podem capturar a imaginação e tornar as coisas reais de uma forma que os fatos concretos e frios não conseguem, mas somente se elas tiverem no mínimo as sementes da autenticidade.

Não esqueça a dor e o sofrimento

A autorrevelação através da narrativa é um método poderoso para engajar e envolver os outros. Nancy Duarte me disse, "sou muito mais propensa a seguir um líder que tenha tentado e fracassado (e esteja disposto a falar sobre isso) do que um líder que finge que nunca fracassou. Isso exige certa vulnerabilidade. Não há nenhuma transformação se você não passar por dificuldades".

Portanto, você não vai querer, de jeito nenhum, contar uma história que, do começo ao fim, descreva como você obteve os resultados esperados sem nenhum esforço. Esse tipo de narrativa é o que eu chamo de história da Imaculada Conceição. A empresa A escolheu um produto, tudo correu perfeitamente, e agora ele está "bombando" mundo afora. Uau! A implementação deve ter sido *muito fácil*. Isso é entediante. E provavelmente não é verdade. Em vez disso, você quer mostrar a luta entre as expectativas e a realidade.

Ou seja, como contador de histórias, você quer ser franco em relação aos problemas e mostrar como os superou. Os antagonistas, ou vilões, podem ser um concorrente, um credor ou qualquer força que ofereça resistência e proporcione um conflito. Isso cria um pouco de suspense: foi uma luta, uma batalha. Então apresente a ideia de que a história talvez não tenha um final feliz: ei, esse castelo pode desmoronar! Não é que o mundo esteja desabando, mas as chances são reais. E muito altas. Depois revele as escolhas que fez, as decisões difíceis que teve de tomar diante das adversidades. Nosso verdadeiro espírito é revelado nas escolhas que fazemos sob pressão. Quando você conta a história das suas lutas contra os desafios reais, seu público o vê como uma pessoa sensacional, dinâmica e até mesmo heroica.

Mas como chegar lá? Como você encontra a história de luta dura, heroica e cheia de determinação? Seja honesto.

"Quando as pessoas me pedem para ajudá-las a transformar suas apresentações em histórias", Nancy Duarte disse, "eu começo fazendo perguntas. A maioria das empresas e dos executivos varre a sujeira, as dificuldades, os antagonistas e o sofrimento para baixo do tapete. Preferem apresentar um cenário cor-de-rosa — e chato — para o mundo. Tudo é analítico: faça isto; meça aquilo; alcance este objetivo". Tudo tão fácil e tão previsível.

Mas o que há de errado em continuar sendo positivo? Quero dizer, a maioria dos profissionais de relações públicas lhe diria para nunca pronunciar uma palavra negativa, não importa o quão difícil seja o desafio ou o quão terrível seja a crise. Bem, o problema é que isso não soa verdadeiro. O seu público sabe que nunca é tão fácil assim. Mesmo com todos os seus defeitos, a autorrevelação através da narrativa é um método poderoso para envolver e inspirar os outros.

Pratique, pratique, pratique, e então pratique um pouco mais

Outro fato sobre os bons contadores de histórias é que eles praticam. Não só um pouco, mas muito. Em determinado momento, muitos parecem engolir a ideia de que saber contar histórias é um talento dado por Deus e nos enganamos achando que os grandes oradores têm uma aptidão especial para criar uma boa história. "As melhores histórias são mais planejadas do que achamos, no sentido de que essas pessoas as lapidaram com carinho", revelou Nancy Duarte.

Embora exista um pouco de verdade na ideia de que alguns talvez se sintam mais à vontade e confiantes em criar uma narrativa do que outros, a ideia de que isso acontece de forma natural, mesmo com os oradores mais talentosos, é totalmente errada. Perguntei a Tony Fadell, da Nest Labs, sobre a incrível capacidade de falar de Steve Jobs, e ele respondeu: "Você está de brincadeira? Quando Steve surgiu no MacWorld, ele já havia dado aquela palestra cinco mil vezes."

Portanto, talvez haja mais artifícios do que pensamos por trás de um Jobs tão à vontade. Nancy Duarte mapeou todo o lançamento do iPhone em 2007 e descobriu que havia reações físicas ao seu conteúdo — a plateia ria, exclamava (oh!) ou batia palmas — a cada 30 segundos, cravados. É por isso que ele conseguia falar durante 90 minutos e ainda manter as pessoas entretidas. Ele não só dominava o ritmo certo para contar histórias, mas também demonstrava um entusiasmo incrível, quase um encantamento, em relação ao seu próprio produto. "Eu realmente acompanhei o quanto ele ficava deslumbrado com seu próprio produto", comentou Duarte. "Você pode ver quantas vezes ele exclamava o quanto o trabalho que sua equipe havia realizado era fantástico. Então, acho que sua paixão tinha um papel muito importante, e sua paixão por fazer as coisas certas."

Mas nem todos podem ser Steve Jobs, certo?

Então o que fazer se você tem muito a oferecer, mas não consegue ficar diante de uma multidão e nocauteá-la? Pratique. Depois pratique um pouco mais. É necessário ter coragem — aquele alicerce sempre presente do *soft edge*. A maioria das pessoas, em suas 10, 20 ou até 30 primeiras palestras, vai de mal a pior. Mas todo mundo, quando fala sobre um assunto sobre o qual é competente e apaixonado, pode se sair muito bem, conforme demonstra a TED, se trabalharem nessas primeiras apresentações esses pontos ruins. "Oh, claro. Cada pessoa na TED, em algum momento, não esteve pronta para enfrentar uma plateia enorme", confidenciou Duarte. "Elas trabalharam esses pontos. Trabalharam duro. Trabalharam todos os pontos o ano inteiro. Nem todo mundo se torna dramático. Mas se você tiver uma estrutura clara, um conteúdo claro, uma grande ideia, se souber de algo que vale a pena espalhar, as pessoas na TED trabalharão com você o ano inteiro."

Então, se você quer contar histórias como o seu palestrante preferido da TED, trabalhe isso.

QUANDO SEUS CLIENTES CONTAM HISTÓRIAS MELHOR DO QUE VOCÊ

O avião de Alan Klapmeier, o Cirrus, com tecnologia avançada e seu paraquedas para a fuselagem, foi recebido primeiramente com ceticismo pela velha guarda da aviação. Vários desses antigos pilotos foram treinados para voar pelas Forças Armadas dos Estados Unidos na Segunda Guerra Mundial, e posteriormente durante os conflitos na Coreia e no Vietnã. Quando se aposentavam como civis, seguiam alguma carreira e faziam alguma fortuna, esses pilotos normalmente compravam aviões para uso próprio. Geralmente eram aviões de alumínio projetados nos anos de 1940 e 1950, e esses modelos antigos eram bons, pois eram conhecidos.

O que a Cirrus descobriu foi um mercado de pessoas mais jovens que jamais haviam pilotado seus próprios aviões ou nem sequer pilotado coisa alguma na vida. Muitas delas, como Curt Sanford e Rick Beach — dois homens muito ligados com a COPA — haviam ganhado dinheiro com carreiras na área de tecnologia e podiam dar-se ao luxo de dedicar-se a pilotar pela primeira vez.

Beach, ex-executivo da Xerox e professor universitário, disse: "O Cirrus tem inteligência e tecnologia. Depois de ler sobre o avião, aventurei-me a obter uma licença de piloto privado e comprar um." Sanford havia ganhado uma excelente remuneração com ações como presidente de grupo na Lucent durante os anos 1990. Ele buscava um hobby e teve o mesmo desejo que Beach. Queria um avião! Mas queria uma aeronave com tecnologia moderna.

O fato de esses pilotos novatos, ricos e ávidos por tecnologia se sentirem atraídos pelo Cirrus foi a realização do sonho de Alan Klapmeier e muito mais. Mas isso veio com uma dificuldade — uma grande dificuldade.

Conforme Sanford explicou: "Na Ascend e Lucent, tínhamos um dos primeiros grupos de usuários on-line na Internet. Nossos clientes se reuniam imediatamente e começavam a falar dos nossos produtos. Eu logo percebi o quanto os grupos de usuários poderiam ser poderosos em termos do que eles fazem com uma empresa. A Cirrus tinha um grupo de usuários que estava apenas começando. Pensei: essa é uma força que vai mudar a Cirrus, quer ela saiba ou não."

A COPA era o lar natural dos donos de Cirrus como Beach e Sanford — afluentes, ávidos por tecnologia, movidos por dados, obstinados e independentes. Em pouco tempo, o site da COPA estava repleto de experiências compartilhadas sobre treinamento, lojas de serviço de manutenção boas e ruins, lugares legais para voar, as melhores maneiras de usar o avião e assim por diante.

Quando o avião Cirrus era elogiado, os membros da COPA espalhavam o fato aos quatro cantos. Quando as críticas eram merecidas — sobre portas mal alinhadas, por exemplo, ou peças que pareciam ser mal projetadas ou produzidas — os membros da COPA também compartilhavam isso, muito contra a vontade da administração da Cirrus.

Em especial, contudo, Beach, Sanford e vários membros da COPA estavam ficando alarmados com os registros de segurança do Cirrus, que não eram melhores do que a média dos aviões de pequeno porte. O que equivale a dizer que a segurança era ruim. Pilotos de Cirrus estavam morrendo em acidentes que a tecnologia de segurança deveria ter evitado. Isso era um mistério — e um mistério muito perigoso.

"Os índices de segurança eram tão ruins, que as seguradoras não aceitavam o Cirrus. Olhávamos para o futuro e víamos que nossos aviões talvez não pudessem ter um seguro", disse Beach. Mas, de forma curiosa, a Cirrus estava sendo passiva na promoção do seu recurso de segurança mais inovador — o paraquedas para a fuselagem. "O que aconteceu é que a Cirrus defendia o uso do paraquedas somente em determinadas circunstâncias — depois de uma colisão no ar ou com uma falha estrutural como uma avaria na asa", disse Beach. Mas, na verdade, a maioria dos pilotos morre, como aconteceu com John F. Kennedy Jr., como consequência da desorientação espacial em um avião em perfeito estado.

Por que a Cirrus não defendia claramente a abertura do paraquedas quando ocorresse uma desorientação? Beach diz que a Cirrus era intimidada por seus advogados. Nenhum sistema mecânico complicado envolvendo rojões ou paraquedas funcionará 100% do tempo. Então, a Cirrus sentiu-se legalmente obrigada a dizer que o uso do paraquedas poderia resultar em morte. Esse jargão jurídico gerou um resultado muito infeliz. Alguns pilotos de Cirrus que deveriam ter aberto o paraquedas após uma falha no motor ou desorientação espacial não o fizeram. E estavam morrendo em acidentes que poderiam ser evitados.

"Era de partir o coração", diz Beach.

Então, a COPA tomou as rédeas do assunto e Rick Beach encarregou-se de espalhar o segredo para os pilotos de Cirrus. "Abra logo, abra quase sempre" tornou-se seu mantra e da COPA. Já que a Cirrus não diria, a COPA diria.

"Você pode morrer se você abrir o paraquedas depois de ficar desorientado", alertou Beach. "As chances são muito pequenas, mas você deve tentar. Nenhuma garantia, mas há uma chance muito, muito maior de você morrer se não abrir o paraquedas."

Muitas vidas — incluindo a do Dr. McGlaughlin e de sua filha, Elaine — foram salvas desde que a COPA iniciou sua campanha para abrir o paraquedas ao primeiro sinal de perda de controle. Os paraquedas já foram abertos 40 vezes, o que salvou mais de 90 vidas, incluindo a de um piloto de 74 anos e de seus três netos. Quando perdeu o controle de seu Cirrus em uma turbulência nas montanhas rochosas do Canadá, esse piloto veterano abriu o paraquedas e todos os quatro ocupantes sobreviveram, tiveram apenas ferimentos leves.

Graças à COPA, o registro de segurança do Cirrus melhorou de forma impressionante. Mas há um senão. Melhorou somente para os membros ativos da COPA que interagem através do site dessa associação com frequência. A estatística de acidentes não melhorou muito para os pilotos de Cirrus que não usam esse recurso. A estatística de Beach diz que os membros da COPA que "postam" mensagens regularmente têm uma probabilidade quatro vezes menor de se envolver em um acidente fatal do que a população de pilotos de Cirrus em geral.

Sim, é um mundo novo na narração de histórias. O relacionamento Cirrus-COPA é uma rápida visão do futuro. As empresas já não controlam mais sua própria história. Os clientes também querem compartilhar suas histórias, especialmente quando é uma questão de vida ou morte.

A TECNOLOGIA MUDA, MAS AS HISTÓRIAS PERMANECEM

Hoje, você precisa dominar várias formas diferentes de comunicação. Para tanto, você realmente precisa ter um senso profundo de para onde a tecnologia está levando cada uma delas, para não ser surpreendido pelas novas oportunidades. Você não vai ignorá-las e não vai recusá-las. Quem sabe como será a televisão amanhã? Ou qual será o futuro do livro? As mídias sociais com certeza estarão por aí, mas continuarão se transformando.

Se tudo isso está em constante mudança, o que sabemos então? Se o passado é o prólogo, sabemos que as histórias e a narrativa continuarão. E o centro dessa prática consiste em criar um vínculo através da experiência compartilhada e da emoção. As mídias sociais trazem consigo entusiasmo e novas oportunidades para esse tipo de ligação interpessoal. Basicamente, essas mídias estabelecem um contrato social, que fomenta o compartilhamento e a contribuição mútua. Só para ficar claro, quando falo em mídias sociais, eu me refiro a redes como Facebook, LinkedIn, Twitter e Pinterest, assim como blogs, fóruns e grupos de usuários autoadministrados como a COPA. Com esses tipos de fóruns, os usuários com poder assumem a responsabilidade de suas comunidades e transformam a narrativa de uma marca em uma experiência coletiva.

Como as mídias sociais são voltadas aos receptores das mensagens e envolvem conversas bilaterais, é uma mudança drástica do tradicional e unilateral conceito de propaganda e marketing, voltado ao remetente. Como disse Vivek Wadhwa, da Singularity University, "o conhecimento foi democratizado, as ideias foram democratizadas". Então, como se basear nessa nova liberdade para fortalecer sua cultura e a percepção da sua marca?

Deixe as pessoas falarem.

Coloque-as on-line e faça um desafio com algumas perguntas, diga-lhes o que você está procurando. É aí onde os líderes das empresas precisam estar ativos: eles precisam começar a se comunicar com todo mundo dentro da organização. Esse tipo de gestão e liderança acontece de cima para baixo, pelo menos no início. Você cria os fóruns e diz, "olha, estou tentando alcançar isto, isto e isto. Ajude-me". E você permite que todos na empresa participem igualmente. Você deixa o motorista de caminhão, o funcionário que distribui a correspondência, o assistente administrativo júnior expressarem suas ideias da mesma forma como fazem os executivos seniores e consultores de estratégia. Um dos grandes problemas das hierarquias corporativas é que as pessoas dos níveis inferiores sofrem para expressar suas opiniões ou ideias. Tanto é assim que, normalmente, elas desistem de tentar. Próxima parada, a apatia em toda a empresa. Então sua cultura organizacional começa a se despedaçar na base.

As mídias sociais achatam essa hierarquia. Você não só permite que todo mundo expresse opiniões, mas também fornece as ferramentas, o fórum, o famoso "palanque" para isso ser feito. Através desse envolvimento ativo, você tem a capacidade interna de contar as histórias necessárias para espalhar organicamente seu propósito e os pontos culturais de contato. Agora você está compartilhando conhecimento de forma igual e criando significado, mesmo que seja em um lugar, como disse Nancy Duarte, que apenas "monte widgets".

Mas tenha cuidado: atualmente há um excesso de entusiasmo pelas redes sociais na Web e a sabedoria das multidões. Será que existe um termo de efeito mais popular do que "*crowdsourcing*"? Possivelmente. Mas, nos dias de hoje, estamos usando essa abordagem coletiva para angariar dinheiro, ampliar o conhecimento, obter mão de obra e, como descrevi no Capítulo 5, usamos o *crowdsourcing* até para escrever as histórias para livros. Então, esse entusiasmo se justifica em alguns casos — funciona realmente muito bem quando você tem uma multidão enorme. "Mas dentro da empresa", como me contou Keith Collins, CTO (Chief Technology Officer) do SAS Institute, "tudo gira em torno de realmente entender quem são os verdadeiros formadores de opinião e é preciso ter muito cuidado. Quando a população diminui, um sujeito resmungão pode distorcer as coisas".

Então esse é o aspecto interno da narrativa, mas e os efeitos tecnológicos sobre a consolidação de marca por vias externas?

Quando falamos sobre contar histórias de uma marca através dos canais de mídia, isso não é um conceito novo. Porém, com o crescimento explosivo das mídias sociais, a capacidade de contar histórias como parte do marketing de marca (direto e indireto) tornou-se uma prioridade estratégica. John Earnhardt da Cisco, que gerencia os premiados blogs da empresa, diz que contar histórias nas mídias sociais é um "quarto espaço" diferente, não ocupado anteriormente pelo marketing corporativo, RP ou relações com investidores.

Os avanços na tecnologia estão transformando a natureza, o alcance, a velocidade e o foco da influência humana. De acordo com vários especialistas, passamos da "economia do conhecimento" para a "economia das conversas", ou seja, atualmente, ter um diálogo significativo com os clientes é crucial para o sucesso da maioria das empresas. Assim, com a proliferação de mídias como Twitter e Facebook, onde aqueles que estão de fora podem influenciar e às vezes ter mais poder sobre sua marca do que você que está do lado de dentro, a narrativa tornou-se mais importante do que nunca. O que faz sua empresa? Quais são os valores que ela defende? Se ela pudesse falar, como seria sua voz?

Não sabe? Seus concorrentes com certeza sabem.

As mídias sociais exigem que as marcas sejam capazes de gerar conversas e inspirar histórias interessantes. Nesse espaço, as marcas se comunicam e se envolvem junto com integrantes confiáveis das redes sociais em que uma pessoa navega, sejam eles pilotos privados como os da COPA ou fanáticos por motos Harley ou pela confecção de *scrapbooks*. Para ajudar a garantir o envolvimento, assegure-se de que sua marca crie conteúdo de forma consistente, seja nos posts do Facebook ou no Twitter, em newsletters distribuídas por e-mail ou vídeos. Todos nós ouvimos inúmeras vezes a mensagem "mantenha seu público interessado", mas isso é essencial para a narrativa contínua da sua marca nessa era de atenção rápida como um foguete e saturação total da mídia. Quando seu conteúdo acabar, também acabará a história da sua marca.

Claramente, o crescimento e a popularidade das mídias sociais mudaram o jogo para as empresas, para o pessoal de marketing e propaganda. Você não precisa adotar todos os novos canais, mas não se limite à mídia tradicional só porque isso é tudo o que você conhece. Tantas ferramentas por aí afora são mais eficazes e mais baratas do que os canais tradicionais para a consolidação de marca e contar histórias e, inevitavelmente, ferramentas mais novas surgirão, com um nível de sofisticação que ainda nem conseguimos imaginar. Pense da seguinte forma: toda essa inovação tecnológica deve nos inspirar, deve nos desafiar a pensar em formas novas e melhores de criar histórias que gerem pensamento e causem emoção.

NARRATIVAS QUE CONTAM OS DADOS

Em minha experiência, constatei que muitas pessoas focadas no *hard edge* (atributos técnicos) dos negócios — que inclui tecnologia, operações e finanças — não são, digamos assim, os melhores contadores de histórias. Por quê? Porque elas vivem e respiram dados. É a língua que elas falam. Mas o restante de nós não consegue absorver os dados tão facilmente. Não pensamos em dados. Não pensamos em linhas e colunas, em números e estatísticas. Pensamos em histórias. Ou seja, se você contar uma história, as pessoas conseguirão absorver rapidamente o significado de uma série de dados.

O mundo dos dados, da TI e das finanças está repleto de pessoas dotadas de habilidades analíticas naturais. Mas ao entrar em áreas como marketing, recursos humanos ou vendas, estamos lidando com pessoas que, provavelmente, têm conjuntos de habilidades diferentes, e o outro lado de seu cérebro pode ser dominante. Esses tipos, e eu sou um deles, sempre sofreram com conceitos estatísticos mais profundos. Mas a grande promessa da visualização de dados é que agora temos uma língua franca — uma linguagem comum de trabalho — que abrange toda a organização.

De forma apropriada, essa ideia retorna ao pilar da confiança do *soft edge*. No Capítulo 3, falei sobre o poder da visualização de dados e expliquei como a linguagem simples de imagens, história e contexto é um fator de consenso. Com a visualização de dados, você pode contar uma história baseada em dados para um grupo maior de pessoas, ter uma penetração mais rápida e obter uma resposta muito mais inclusiva. Existe realmente uma vantagem embutida na capacidade de dizer "veja, estamos nesta situação" ou "este é o problema que o cliente está enfrentando" e depois conseguir analisar os dados, entender a história por trás deles e chegar a um acordo sobre o caminho a seguir.

Isso significa que o verdadeiro trabalho de um cientista de dados é, ou logo será, contar histórias. O que, por sua vez, significa que a parte mais importante desse trabalho é — surpresa! — qualitativa. Coisas como fazer perguntas, criar diretivas baseadas em dados e contar uma história. O cientista de dados do futuro será um novo tipo de profissional, que combina as habilidades de um estatístico, um antropólogo e de um artista para extrair os pequenos insights escondidos sob as montanhas de dados. É por isso que Keith Collins, CTO do SAS Institute, busca talentos musicais e artísticos nos cientistas de dados que contrata. Ele me disse isso enquanto estávamos sentados ao lado de uma escultura artística do símbolo *pi* no gramado do campus da SAS, na Carolina do Norte.

Sem uma estrutura humana, como imagens ou palavras que tornem saliente a emoção oculta, os dados só confundirão a maioria das pessoas. Dados brutos ou informação por si só não têm nenhum significado, mas a história agrega significado e contexto. Os dados lhe fornecem "o quê"; as pessoas sabem o "por quê". Em outras palavras, os dados e a história estão inexoravelmente vinculados.

Não confunda as coisas: contar histórias não substitui o pensamento analítico, apenas o complementa, permitindo que imaginemos novas perspectivas e novos mundos, e propõe a união entre os pontos fortes em termos de imaginação e comunicação da narrativa e as vantagens das análises estatísticas. Basicamente, humanizamos os dados e os tornamos muito mais poderosos ao transformar números brutos em uma história. Sim, sempre haverá alguém que use uma planilha, mas acho que a comunidade empresarial está descobrindo que, quando o assunto é dados e analytics (analíticas avançadas), a história, com certeza, será o ponto decisivo.

E só para adicionar um pequeno contexto pessoal a *esta* história — eu fui uma das pessoas que entrou no mundo da computação através do Macintosh. Lembro-me da primeira vez que vi um desses em uma loja de departamentos em 1984. De repente, pude ver o mundo inteiro se abrindo diante de mim, e eu tinha essa visão de editoração eletrônica. Era realmente, como Steve Jobs retratou, o computador para o restante de nós. E me parece que a promessa de contar histórias baseadas em dados e análise visual é parecida. É o analytics para o restante de nós. É fazer pelos dados e o analytics o que as interfaces gráficas de usuário, a editoração eletrônica e todas aquelas ferramentas visuais fizeram pela geração anterior de computadores.

Mal posso esperar!

COMO ALCANÇAR A VANTAGEM COMPETITIVA

- As histórias são uma atividade humana universal. Expressam como e por que a vida muda. Confirmam quem somos, que nossa vida tem um significado.
- As histórias são uma ferramenta de liderança poderosa. A persuasão está na essência dos negócios.
- As histórias passam por tudo o que fazemos nos negócios. São o segredo de uma cultura forte. Ficam gravadas na nossa memória de uma forma que listas com marcadores e planilhas não conseguem.
- As histórias conseguem transformar clientes em apóstolos e defensores.
- É preciso lutar pelas histórias. As melhores histórias das empresas ironicamente têm que enfrentar os maiores desafios das comunicações corporativas e departamentos jurídicos.
- Normalmente os clientes e, às vezes, os críticos contam melhor as histórias do que os próprios funcionários. Inclua essas histórias contadas por terceiros.
- Na era dos dados, as histórias exigirão estatísticos com as habilidades de um antropólogo ou artista.

Conclusão
O ponto ideal do alto desempenho

Alguns dias depois de entregar o primeiro rascunho do manuscrito deste livro, participei de uma discussão agradavelmente estranha — estranha para um ambiente de negócios, ou seja — em uma conferência em Napa, Califórnia. Chamado de CIO-CMO Forum, o evento foi organizado pela Forrester Research of Cambridge, Massachusetts. A plateia era formada por pessoas com duas funções executivas — Chief Information Technology Officers (CIOs) e Chief Marketing Officers (CMOs) — que evidentemente brigam e batem boca em todas as empresas. A razão parece óbvia, pelo menos aparentemente. Na era do e-commerce, dispositivos móveis e mídia social — todos estes novos canais para mensagens de marketing —, os CMOs passaram a controlar uma fatia crescente do investimento da empresa em tecnologia. Na maioria das organizações, esse investimento crescente sai diretamente do bolso dos CIOs, que não estão muito contentes com isso.

Em Napa, sentei-me no palco com Sheryl Pattek, que controla as pesquisas da Forrester relacionadas com os CMOs. Ela havia trabalhado com um colega da Forbes escrevendo um trabalho que revelou uma forte divisão do tipo Vênus-Marte entre CMOs e CIOs. Pattek, com seu eterno sorriso sarcástico, explicou que a maioria dos CMOs acha, embora não o confirme publicamente, que os CIOs são *nerds* que usam um jargão de tecnologia, não têm nenhum sentido de urgência — especialmente em relação a vendas e marketing — e que nem sequer têm a mínima compreensão sobre como a empresa obtém sua receita. Por outro lado, os CIOs acham, embora também não o digam, que os CMOs são pessoas falsas, de fala mansa, quando o assunto é algum tipo de tecnologia mais complexa, que vá além de uma apresentação feita em PowerPoint.

Do palco, fiz uma pergunta à plateia. Esses estereótipos são verdadeiros na sua empresa? Um monte de gente levantou a mão. Uma mulher na primeira fileira disse, "pedi que meu CIO participasse de uma reunião. Ele desdenhou e disse que tinha coisas mais importantes para fazer".

Como o quê, perguntei?

"Ele disse que tinha de estar presente na reunião do conselho", ela respondeu.

Isso é muito importante, observei. A maioria dos CIOs precisa fazer uma apresentação para o conselho de administração.

"Por que não me pedem isso?", ela retrucou. Percebi que as CMOs mulheres na plateia murmuravam concordando. Os homens disfarçavam, olhando para o cordão de seus sapatos.

Portanto, era impossível saber se a divisão entre CMOs e CIOs na sala de conferência era principalmente por causa da briga pelos orçamentos para tecnologia ou era algo mais profundo que envolvia as funções de homens e mulheres na empresa. Desde 2014, há mais CIOs homens e mais CMOs mulheres. Essa diferença não tem nenhuma razão inerente, mas reflete os papéis tradicionais entre ambos os sexos, suponho. As coisas estão começando a mudar, mas o fato é que os CIOs ainda são em sua grande maioria homens e CMOs normalmente são mulheres. A raiva das mulheres por não serem incluídas na reunião do conselho da empresa era natural. Em geral, o número de mulheres representadas no conselho da empresa é muito menor.

Uma briga pelo orçamento? Guerra dos sexos? Acredite se quiser, há uma terceira explicação plausível para o racha entre CMOs e CIOs. Isso data de 1959, quando um inglês bochechudo de meia-idade, que se parecia um pouco com o cineasta Alfred Hitchcock, subiu ao atril do senado universitário da Cambridge University e começou a falar. Ele se chamava Charles Percy Snow, químico por profissão e novelista por diversão. Com um pé tanto no mundo científico quanto literário, C. P. Snow tinha uma perspectiva sem igual. Sua palestra em

Cambridge foi chamada de "The Two Cultures and the Scientific Revolution" (As Duas Culturas e a Revolução Científica).

"Várias vezes, estive presente em reuniões de pessoas que, pelos padrões da cultura tradicional, são consideradas como pessoas com um alto nível de educação e que, com um extremo bom gosto, têm expressado sua incredulidade pelo analfabetismo de cientistas", disse Snow. "Uma ou duas vezes, perguntei à empresa quantas delas seriam capazes de descrever a Segunda Lei da Termodinâmica. A resposta foi fria — e negativa. Apesar de eu estar perguntando algo que é o equivalente científico de: 'você já leu uma obra de Shakespeare?'"

"Agora, acredito que se tivesse feito uma pergunta ainda mais simples — como, 'o que você quer dizer com massa, ou aceleração?', que corresponde, em termos científicos, a perguntar, 'você sabe ler?' — não mais do que uma em cada dez das pessoas com alto nível de educação teria tido a sensação de que eu estava falando a mesma língua. Assim, o grande edifício da física moderna é erguido, e a maioria das pessoas mais inteligentes do mundo ocidental tem tanta percepção sobre isso quanto teriam seus ancestrais neolíticos."[1]

Snow ridicularizou as pretensões de seus amigos literários, que acreditavam que as pessoas do mundo científico tinham apenas um alto nível de educação. Snow virou o argumento de ponta-cabeça. As pessoas de humanas é que não tinham a menor ideia sobre como o mundo funcionava.

E assim o nosso racha entre CMOs e CIOs, que existe na maioria das empresas, poderia indicar pelo menos três fraturas na cultura despedaçada da empresa: primeira, uma briga em relação aos orçamentos; segunda, uma guerra entre os sexos; e, terceira, um menosprezo mútuo de longa data entre tecnólogos e artistas liberais.

Qualquer que seja a razão, a grande verdade é que as empresas que apresentam esses relacionamentos rompidos entre os altos executivos são aquelas que se descuidaram dos investimentos em *soft edge*. Visto de outra forma, é muito menos provável acontecer uma discussão em público entre um CMO e um CIO na FedEx, Specialized, Northwestern Mutual, Mayo Clinic, ou em qualquer uma das estrelas do *soft edge* mencionadas neste livro.

Uma cultura forte em relação ao *soft edge* não acabará com as brigas pelos orçamentos. Não é possível pôr fim à eterna guerra dos sexos. Isso não reverterá completamente o menosprezo mútuo das duas culturas de C. P. Snow. Mas um *soft edge* sólido estabelecerá as prioridades na sua empresa. Proporcionará a linguagem certa para discutir essas diferenças. Proporcionará valores fortes para construir a ponte entre elas. Evitará que os conflitos entre os egos afetem o desempenho da empresa.

Imaginemos como seria um relacionamento entre um CMO e um CIO em uma empresa que domina o *soft edge*.

Confiança. Em um relacionamento saudável entre um CMO e um CIO — usarei a NetApp como exemplo — a confiança se revelaria de várias formas. O CIO confiaria em que as solicitações do CMO para verbas maiores em tecnologia não seriam uma forma de ganhar poder, mas um reflexo da realidade. A fatia de marketing que passa pelos canais digitais — pela Web e pelas mídias sociais, em smartphones e tablets — está crescendo de forma absurda. As mídias sociais, em especial, estão sempre despejando oportunidades de mercado que estão voando na natureza. Elas devem ser agarradas ou serão perdidas, e os CIOs precisam se dar conta disso. Por outro lado, o CMO pode reconhecer que grande parte do que Julie Parrish, CMO da NetApp, chama de "TI sombra" tende a brotar como erva daninha dentro da área de marketing. Isso cria uma confusão para o departamento de TI. A confiança, diz Cynthia Stoddard, CIO da NetApp, nasce ao mostrar que você tem em mente o melhor interesse da outra pessoa, trabalhando duro para alcançar uma linguagem comum e a transparência, e fazendo o que você diz que vai fazer.

Inteligência. Para estarem sempre à frente, Parrish e Stoddard da NetApp se reúnem com frequência para discutir tendências na análise preditiva, análise de sentimentos e outros temas importantes. Isso exige um relacionamento saudável entre CMOs e CIOs. Para continuar esperta, Parrish gosta de lembrar a todos "quais são as perguntas que devemos fazer? Se você não fizer as perguntas certas, poderá rapidamente desenvolver muita tecnologia em marketing sem nenhuma coerência". Stoddard disse ainda que uma governança adequada facilita uma aprendizagem mais rápida. "Usamos um comitê de arquitetura executiva empresarial, com todos os líderes de todas as funções da empresa — marketing, vendas, RH, operações, finanças, e assim por diante. É assim que estabelecemos um plano de ação para toda a empresa."

Equipes. Em um relacionamento saudável entre CMOs e CIOs, as pessoas da equipe de marketing e da equipe de TI fazem, regularmente, um "intercâmbio de funções" com o outro lado. O pessoal de marketing aprende com seus pares de TI sobre dados e analytics (análises avançadas); o pessoal de TI aprende sobre os programas de marketing e critérios de medição. Na NetApp, os dois lados estão abertos e são honestos sobre suas estruturas de custos. A CMO Parrish criou uma base de um bom trabalho em equipe com a CIO Stoddard quando reconheceu que o marketing tinha projetos demais. "Solicitei uma auditoria da TI", Parrish disse. A partir desse dia, Stoddard soube que Parrish não estava tentando construir um império.

Gosto. Em uma empresa com excelência em *soft edge*, os CMOs ensinam os CIOs como as plataformas de marketing são criadas e como adaptar as mensagens para um determinado público. Os CIOs mostram onde a complexidade desacelerará a implementação e, assim, sugere áreas para simplificar a plataforma para acelerar o processo o máximo possível. Às vezes as partes discordam. Não tente ocultar isso! Ponha lenha na fogueira! Lembre-se de como o CEO da Labs, Tony Fadell, gosta de colocar pessoas da área de análises e pessoas de marketing na mesma sala para discutir quais algoritmos deixarão os clientes encantados com os produtos da Nest e gerarão fidelidade.

História. A NetApp tem uma história profunda e rara, portanto valiosa, e um prenúncio do que está por vir. É uma das poucas empresas no mundo, junto com Google, Singapore Airlines, Starbucks, e pouquíssimas outras, que entram regularmente em duas listas anuais: os melhores lugares do mundo para trabalhar e as empresas mais inovadoras do mundo. A NetApp tem muito orgulho de fazer parte das duas listas, e com razão. Mas deixando o orgulho de lado, o valor real de fazer parte das duas listas é que isso cria uma história consistente para funcionários, fornecedores e clientes. Sempre que a CMO da NetApp, Julie Parrish, e a CIO Cynthia Stoddard discordam de alguma coisa, elas podem pedir um tempo, voltar atrás e perguntar: o que uma grande empresa inovadora faria? O que uma empresa considerada um dos melhores lugares para trabalhar faria? Assim, a história da NetApp — sua autoconvicção — incentiva o comportamento certo e, com bastante frequência, as decisões corretas todas as vezes. É algo muito bonito.

INOVAÇÃO A 300 KM/H

Vou concluir com mais uma história, de um esporte muito intenso e competitivo, com muita coisa em jogo, uma competição de vida ou morte: as corridas de Fórmula Um (F1). É uma história muito rara, mas ilustra bem como um sólido *soft edge* pode unir culturas completamente diferentes.

Em 1971, nos sopés do Himalaia no norte da Índia, nasceu uma menina chamada Monisha Narang. Seus pais se mudaram com a família para Viena, na Áustria, quando Monisha era pequena. Como muitos imigrantes indianos ao redor do mundo, Monisha batalhou, dedicou-se intensamente aos estudos. Tornou-se advogada, com especialização em Direito Comercial Internacional. Estagiou na ONU e em um escritório de advocacia em Stuttgart, na Alemanha, onde conheceu seu futuro marido, Jens Kaltenborn. Ela finalmente começou a trabalhar no Fritz Kaiser Group, uma empresa de administração de patrimônio em Liechtenstein.

Quando Monisha Kaltenborn entrou no Kaiser Group, a empresa era dona de um terço de uma equipe de Fórmula Um com sede na Suíça, a Sauber Formula One. Os outros principais donos da empresa eram o fundador Peter Sauber e Dietrich Mateschitz, fundador da Red Bull. A jovem advogada ficou encarregada dos assuntos jurídicos da equipe de corrida.

Quando criança, a pequena Monisha normalmente olhava para o céu e sonhava em ser astronauta. A ideia de se movimentar com rapidez e precisão havia dado asas à sua imaginação muito antes de ela se mudar para a Europa ou começar sua vida profissional no esporte automobilístico. Agora, como advogada da Sauber, Monisha Kaltenborn absorvia tudo o que podia sobre corridas de F1. Comparecia às corridas, gerenciava os contratos e as relações com os fornecedores, como BMW e Pirelli, cuidava de tudo. Em 2010, premiada por seu entusiasmo e trabalho duro, foi nomeada CEO da Sauber Motorsports, a primeira e ainda a única CEO mulher na F1. Em 2013 Kaltenborn adquiriu 33,3% de participação na Sauber.

Conheci Kaltenborn no final de 2013, no Grande Prêmio de Fórmula Um em Austin, no Texas. Depois de um sábado de treinos de classificação na pista, fomos para um resort que fica no oeste de Austin, na região das colinas e lagos, onde a entrevistei no palco diante de uma plateia de CEOs e tecnólogos.

Além da impressionante história pessoal de Kaltenborn, eu estava interessado em saber como uma equipe de Fórmula Um usa a tecnologia para projetar seus veículos — um carro novo, que custa vários milhões de dólares e é projetado para cada temporada. E o papel dos dados para fazer os ajustes no meio da corrida? Os carros de corrida de F1 da Sauber chegam a 18 mil RPM com um pequeno motor de oito cilindros de 2,4 litros. Como os motores estão sempre a ponto de se autodestruírem, ter os dados em tempo real é essencial.

O mesmo vale para a escolha, temperatura e pressão dos pneus, ajustes na suspensão e nos aerofólios, e para cada milímetro do carro que gere potência, que toque na pista ou que corte o vento. Cada pista de corrida do Grande Prêmio e condições meteorológicas apresenta mais variáveis. Há uma combinação certa de ajustes para cada pista e cada tipo de condição meteorológica, mas o simples número de variáveis e combinações está além da capacidade de qualquer um de acertar tudo isso.

Por isso, sensores, computadores e análises se tornaram uma parte essencial de uma equipe de Fórmula 1. A Sauber usa um "centro de dados móvel" configurado pela NetApp. Kaltenborn gosta do equipamento porque é fácil de montar antes da corrida, desmontar depois e despachar para a próxima corrida. Por exemplo, uma semana depois do Grande Prêmio de Austin havia outra corrida no Brasil. Um centro de dados portátil e resistente é essencial.

Mas também há o piloto. Ah, o piloto! Pense em um homem jovem, magro, que pode parecer um ator de Hollywood ou modelo, impetuoso, corajoso, pretensioso, sempre bem acompanhado de uma bela mulher. Ele tem mais dinheiro do que bom-senso. O principal piloto de F1 normalmente está entre os atletas mais bem pagos do mundo. Naquele ano, o alemão Sebastian Vettel ia concorrer com LeBron James e Tiger Woods pelo título de o atleta mais bem pago do mundo.

O que torna alguém um grande piloto de F1? Perguntei a um ex-piloto, segundo o qual é tudo uma questão de "sentir a ponta dos dedos da mão, a ponta dos dedos do pé, o assento embaixo de você, de onde está o limite absoluto a cada segundo". Ultrapasse o seu limite e você terá um acidente. Ande abaixo do seu limite e você será ultrapassado pelos outros pilotos.

Você consegue enxergar em que direção esta história está indo? Um enorme conflito — entre os "donos" das equipes e o piloto de F1 — está absolutamente garantido em todas as corridas. O ex-piloto de F1 explicou: "Imagine que os dados mostrem que estou perdendo dois décimos de segundo na quarta curva de cada volta. A equipe me passará essa informação por rádio. Todo mundo sabe disso. Mas qual é a resposta correta? Devo tentar fazer a quarta curva dois segundos mais rápido? Não posso fazer isso, porque a ponta dos meus dedos da mão, do pé e o assento embaixo de mim estão me dizendo que já estou no limite."

Quem ou o quê, então, é responsável por essa perda de dois segundos a cada volta?

Fiz essa pergunta a Monisha Kaltenborn. Em casos como esse, você acredita no piloto ou nos dados? "Oh, nos dados!" ela disse. A plateia de CEOs e tecnólogos — um público que pensa com o lado esquerdo do cérebro, deu risada, concordando. Claro que você não pode esperar que o piloto, que é comandado pelo lado direito do cérebro, aquele cara impetuoso, pretensioso e que ganha muito dinheiro, dê informações confiáveis!

Mas, então, Kaltenborn ficou séria. "A resposta não é fácil. Exige que você confie no piloto, que ele lhe dê a explicação mais detalhada possível sobre o problema, embora ele esteja sob pressão correndo em uma pista a cerca de 320 km/h. Então você trabalha com a equipe para encontrar um nível mais profundo de dados. Talvez o carro precise de um ajuste mínimo na suspensão assimétrica. Talvez a temperatura na pista esteja subindo, afetando os pneus ou o aerofólio. Todo mundo precisa confiar nos outros. Todos precisam falar a mesma língua. É necessário trabalhar em equipe ou você continuará perdendo esses dois segundos a cada volta. Ou pior ainda, tomará medidas extremas e sofrerá um acidente."

Tudo se resume ao seguinte: a Sauber deve inovar em tempo real. Deve inovar a 320 km/h, para ser exato. Para fazer isso, a Sauber confia na tecnologia mais avançada para capturar e analisar os dados. Mas depois de fazer tudo isso, a Sauber ainda precisa confirmar com o piloto, aquele ser humano imperfeito por trás do volante que continua sendo uma parte indispensável na equação do desempenho.

Como se pode ver, na verdade, o piloto somos nós.

Nenhuma empresa nega o fato de que seres humanos imperfeitos ainda estão no comando, e seres humanos imperfeitos não são exatamente racionais e consistentes da mesma maneira como os sensores, computadores e o software de análise são racionais e consistentes. A maioria de nós tende a realizar um melhor trabalho quando está "na área". Mas o que isso significa em um mundo movido a dados? Significa que devemos encontrar "aquele ponto ideal e difícil entre a verdade humana e a verdade dos dados", como o designer-chefe da Specialized Bicycle, Robert Egger, explicou no Capítulo 6.

Encontrar essa zona, esse ponto ideal, e trabalhar dentro dele é o segredo do alto desempenho na economia atual. Mas como disse Egger, da Specialized, essa busca pode ser extremamente ilusória. A boa notícia é que nossas chances de encontrar e trabalhar nesse ponto ideal aumentam drasticamente quando temos o *soft edge* e seus valores profundos:

- Confiamos em nossos colegas, mesmo quando sua raça, sexo, idade e modo de pensar são diferentes do nosso.
- Demonstramos vontade para nos testar e aprender constantemente.
- Mantemos nossas equipes enxutas e as organizamos com base nesse difícil, porém factível ponto ideal.
- Ficamos muito entusiasmados com os produtos e serviços que fornecemos.
- Contamos uma história autêntica, convincente e com um propósito.

A tecnologia e a concorrência estão constantemente elevando o nível do alto desempenho em nossas empresas. Mas, por mais engraçado que pareça, à medida que o nível aumenta, são os antigos valores de confiança e inteligência, trabalho em equipe e gosto e a narração de histórias que se tornam cada vez mais importantes.

Não podemos nos dar ao luxo de ignorar o *soft edge* da nossa empresa.

Epílogo

Clayton M. Christensen

*Professor da cátedra Kim B. Clark,
Harvard Business School*

Centenas de anos atrás, fenômenos como terremotos, escassez de alimentos, inundações, trovoadas, raios, doenças e cura pareciam verdadeiros enigmas. A explicação costumava ser, "as coisas acontecem e temos de aceitá-las como são". Vez por outra, os mais teimosos diziam o que pensavam sobre esses fatos e por que eles ocorriam, mas a culpa quase sempre recaía sobre a vontade de Deus.

Felizmente, surgiram Francis Bacon e outros estudiosos que criaram e seguiram o que se tornou conhecido como método científico, trazendo a visão de que quase tudo no mundo físico tem uma determinada causa. Quando algo parece aleatório, é porque não conhecemos a causa. Essa mentalidade motivou os pesquisadores a identificar o que faz as coisas acontecerem. À medida que eles descobriram como controlar esses mecanismos de causa e efeito, o mundo natural tornou-se bastante previsível.

O método científico envolve seis etapas. Primeiro, você observa e descreve os fenômenos. Em seguida, classifica o que viu em categorias de acordo com as características identificadas. Em terceiro lugar, mede as correlações e probabilidades entre os atributos dos fenômenos em cada categoria e as consequências interessantes. Em quarto lugar, através do estudo aprofundado de um único evento, organismo ou empresa, você poderá descobrir as causas e os motivos por trás dos fatos. Então, com este entendimento de causa e efeito, você (e outros pesquisadores) poderão estudar as diferentes situações em que devemos proceder de modo diferente para atingir o resultado desejado. Por fim, tente encontrar anomalias — fenômenos que a teoria não consegue explicar. A resolução de tais anomalias é a maneira pela qual podemos aprimorar as teorias. Nos últimos 400 anos, as leis do universo não mudaram, mas, graças ao método científico, nosso entendimento do mundo físico mudou extraordinariamente.

No entanto, os pesquisadores da administração raramente seguem o método científico para entender como os negócios funcionam. Em vez disso, a maioria pensa da mesma forma como as pessoas entendiam o mundo físico 400 anos atrás: "As coisas acontecem e temos de aceitá-las como são." Os gurus geralmente opinam sobre o porquê das coisas, mas "o mercado" (e não Deus) quase sempre leva a culpa. *Venture capitalists* acreditam, por exemplo, que para cada dez empresas nas quais investem, uma ou duas darão certo — só que eles não conseguem prever qual delas será bem-sucedida. Mas isso não é verdade. A criação de empresas prósperas parece um enigma para os *venture capitalists* porque eles ainda não entenderam quais são as causas do fenômeno do sucesso.

Um pequeno grupo de pessoas está cada vez mais convencido de que o mundo dos negócios não é imprevisível e insondável por natureza – e, portanto, pode ser tratado pelo método científico. Sou grato a Rich Karlgaard por fazer parte desse grupo.

Como editor da *Forbes* há muitos anos, Rich tornou-se um dos observadores mais perspicazes dos fenômenos dos negócios. Ocasionalmente, Rich recua para avaliar quais e como foram nossas tentativas de entender os negócios e quais devem ser os próximos passos. Esse é o tema central deste livro. Rich começa descrevendo os fenômenos — desenvolvendo suas narrativas em torno das histórias de empresas que prosperaram seguindo um sistema composto por três categorias: estratégia, o *hard edge* (atributos técnicos) e o *soft edge* (atributos sociais).

O objetivo de Rich não é estabelecer uma relação de causa e efeito, mas sim usar exemplos para mostrar o que é possível. Rich descreve os fenômenos, sugere como caracterizá-los para melhor compreendê-los e propõe relações que merecem um estudo mais aprofundado. Rich é um navegador para todos nós.

Rich nos deixa uma série de questões para reflexão: será que alcançamos o sucesso com apenas alguns atributos do *soft edge* ou precisamos dominar todos eles? Como um gestor pode criar essas habilidades? Essas características e capacidades diferenciadas serão duradouras ou devemos estar preparados para regredir e voltar à média do mercado? Essas são tarefas que eu e minha equipe teremos de desempenhar.

Sou grato por minha equipe, pelo papel central que Rich desempenha nesse grupo e pela orientação que este livro nos oferece sobre os próximos temas que, como pesquisadores, teremos de explorar.

Notas

Capítulo 1
1. Esta descrição de Tim Cook e seus hábitos no trabalho se baseia no artigo de Adam Lashinsky, "The Genius Behind Steve: Could Operations Whiz Tim Cook Run the Company Someday?" CNNMoney, última modificação em 10 de novembro de 2008, http://money.cnn.com/2008/11/09/technology/cook_apple.fortune.
2. Norman Schwarzkopf, que foi comandante em chefe das U.S. Central Forces Command na Guerra do Golfo Pérsico, disse isso em uma entrevista na televisão durante a invasão do Iraque em 2003. Mas durante as pesquisas sobre esta citação descobri que, na verdade, trata-se de um velho ditado militar. A maioria dos escritores e jornalistas introduz um ditado "Como se diz,..." ou "Como diz o velho ditado militar...".
3. Thomas J. Peters e Robert H. Waterman, *In Search of Excellence: Lessons from America's Best-Run Companies* (Nova York: HarperCollins, 2004). (No Brasil, publicado como *Vencendo a crise,* São Paulo: Ed. Harbra, 1999)

Capítulo 2
1. Richard Foster e Sarah Kaplan, *Creative Destruction: Why Companies That Are Built to Last Underperform the Market — and How to Successfully Transform Them* (Nova York: Random House Digital, 2011).

Capítulo 3

1. Warren G. Bennis e Burt Nanus, *Leaders: Strategies for Taking Charge* (Nova York: HarperCollins, 2003), 43. (No Brasil publicado como *Líderes: estratégias para assumir a verdadeira liderança,* São Paulo: Harbra, c1988)
2. C. Ashley Fulmer e Michele J. Gelfand, "At What Level (and in Whom) We Trust: Trust Across Multiple Organizational Levels", *Journal of Management* 38, n. 4 (2012): 1167–1230.
3. Fulmer e Gelfand, "At What Level (and in Whom) We Trust".
4. "2013 Edelman Trust Barometer", Edelman, site acessado em 8 de dezembro de 2013, http://www.edelman.com/insights/intellectual-property/trust-2013; e John Wood e Paul Berg, "Rebuilding Trust in Banks", *Gallup Business Journal,* última modificação em 8 de agosto de 2011, http://businessjournal.gallup.com/content/148049/rebuilding-trust-banks.aspx.
5. Fulmer e Gelfand, "At What Level (and in Whom) We Trust"; Amy L. Pablo, Trish Reay, James R. Dewald e Ann L. Casebeer, "Identifying, Enabling and Managing Dynamic Capabilities in the Public Sector", *Journal of Management Studies* 44, n. 5 (2007): 687–708.
6. Pamela S. Shockley-Zalabak e Sherwyn P. Morreale, "Building High-Trust Organizations", *Leader to Leader* n. 60 (2011): 39–45.
7. "2013 Edelman Trust Barometer".
8. Muitos estudos têm estabelecido a conexão entre confiança e aumento da fidelidade do cliente, incluindo a capacidade de cobrar preços mais altos, entre eles, cito os seguintes: Elena Delgado-Ballester e Jose Luis Munuera-Aleman, "Brand Trust in the Context of Consumer Loyalty", *European Journal of Marketing* 35, n. 11/12 (2001): 1238–1258; Frederick F. Reichheld e Phil Schefter, "E-Loyalty", *Harvard Business Review* 78, n. 4 (2000): 105–113; Sulin Ba e Paul A. Pavlou, "Evidence of the Effect of Trust Building Technology in Electronic Markets: Price Premiums and Buyer Behavior", *MIS Quarterly* (2002): 243–268; Hean Tat Keh e Yi Xie, "Corporate Reputation and Customer Behavioral Intentions: The Roles of Trust, Identification and Commitment", *Industrial Marketing Management* 38, n. 7 (2009): 732–742; Walfried Lassar, Banwari Mittal e Arun Sharma, "Measuring Customer-Based Brand Equity", *Journal of Consumer Marketing* 12, n. 4 (1995): 11–19; e Johan Anselmsson, Ulf Johansson e Niklas Persson, "Understanding Price Premium for Grocery Products: A Conceptual Model of Customer-Based Brand Equity", *Journal of Product & Brand Management* 16, n. 6 (2007): 401–414.
9. Richard Branson, "Give People the Freedom of Where to Work", Virgin Corporation, última modificação em 25 de fevereiro de 2013, http://www.virgin.com/richard-branson/give-people-the-freedom-of-where-to-work.

10. Tom Clarke, "Students Prove Trust Begets Trust", *Nature*, última modificação em 13 de março de 2003, http://www.nature.com/news/2003/030310/full/news030310-8.html.
11. Esta citação de Jennifer Aaker, professor de marketing da Stanford Graduate School of Business, foi difundida em inúmeros veículos, entre os quais: Lydia Dishman, "Secrets of America's Happiest Companies", *Fast Company*, última modificação em 10 de janeiro de 2013, http://www.fastcompany.com/3004595/secrets-americas-happiest-companies; e Jon Stein, "The Culture of a Successful Company Mirrors Its Mission", *Forbes*, última modificação em 11 de fevereiro de 2013, http://www.forbes.com/sites/jonstein/2013/02/11/the-culture-of-a-successful-company-mirrors-its-mission. Para uma compreensão mais aprofundada do trabalho do Professor Aaker, consulte o artigo de Cassie Mogilner, Sepandar D. Kamvar e Jennifer Aaker, "The Shifting Meaning of Happiness", *Social Psychological and Personality Science* 2, n. 4 (2011): 395–402.
12. W. Edwards Deming, *Out of the Crisis* (Cambridge, MA: MIT Press, 1986) (no Brasil publicado como *Saia da crise,* São Paulo: Futura, 2003).
13. Consulte, por exemplo, Amy Edmondson, "Psychological Safety and Learning Behavior in Work Teams", *Administrative Science Quarterly* 44, n. 2 (1999): 350–383; Markus Baer e Michael Frese, "Innovation Is Not Enough: Climates for Initiative and Psychological Safety, Process Innovations, and Firm Performance", *Journal of Organizational Behavior* 24, n. 1 (2003): 45–68; Ingrid M. Nembhard e Amy C. Edmondson, "Making It Safe: The Effects of Leader Inclusiveness and Professional Status on Psychological Safety and Improvement Efforts in Health Care Teams", *Journal of Organizational Behavior* 27, n. 7 (2006): 941–966; e Amy C. Edmondson, "Psychological Safety, Trust, and Learning in Organizations: A Group-Level Lens", *Trust in Organizations: Dilemmas and Approaches* (2004): 239–274.

Capítulo 4
1. Filip Lievens e Charlie L. Reeve, "Where I–O Psychology Should Really (Re) Start Its Investigation of Intelligence Constructs and Their Measurement", *Industrial and Organizational Psychology* 5, n. 2 (2012): 153–158.
2. Ian J. Deary, Lars Penke e Wendy Johnson, "The Neuroscience of Human Intelligence Differences", *Nature Reviews Neuroscience* 11, n. 3 (2010): 201–211.
3. Ingrid M. Nembhard e Amy C. Edmondson, "Making It Safe: The Effects of Leader Inclusiveness and Professional Status on Psychological Safety and Improvement Efforts in Health Care Teams", *Journal of Organizational Behavior* 27, n. 7 (2006): 941–966.

4. Kenneth M. Steele, "Arousal and Mood Factors in the 'Mozart Effect'", *Perceptual and Motor Skills* 91, n. 1 (2000): 188–190; e Sylvain Moreno, Carlos Marques, Andreia Santos, Manuela Santos e Mireille Besson, "Musical Training Influences Linguistic Abilities in 8-Year-Old Children: More Evidence for Brain Plasticity", *Cerebral Cortex* 19, n. 3 (2009): 712–723.
5. Gerd Kempermann, Klaus Fabel, Dan Ehninger, Harish Babu, Perla Leal-Galicia, Alexander Garthe e Susanne A. Wolf, "Why and How Physical Activity Promotes Experience-Induced Brain Plasticity", *Frontiers in Neuroscience* 4 (2010); e Kristel Knaepen, Maaike Goekint, Elsa Marie Heyman e Romain Meeusen, "Neuroplasticity — Exercise-Induced Response of Peripheral Brain-Derived Neurotrophic Factor", *Sports Medicine* 40, n. 9 (2010): 765–801.
6. Amy Edmondson e L. Feldman, "Phase Zero: Introducing New Services at IDEO (A)", Case study — Harvard Business School (2006).

Capítulo 5
1. Natalie Sebanz, Harold Bekkering e Gunther Knoblich, "Joint Action: Bodies and Minds Moving Together", *Trends in Cognitive Sciences* 10, n. 2 (2006): 70–76.
2. Robin I. M. Dunbar, "The Social Brain: Mind, Language, and Society in Evolutionary Perspective", *Annual Review of Anthropology* (2003): 163–181.
3. Nicolai J. Foss e Siegwart Lindenberg, "Teams, Team Motivation, and the Theory of the Firm", *Managerial and Decision Economics* 33, n. 5–6 (2012): 369–383.
4. Consulte, por exemplo, Chris Argyris, *Knowledge for Action: A Guide to Overcoming Barriers to Organizational Change* (San Francisco: Jossey-Bass, 1993); Chris Argyris, "Today's Problems with Tomorrow's Organizations", *Journal of Management Studies* 4, n. 1 (1967): 31–55; Deborah G. Ancona e David F. Caldwell, "Bridging the Boundary: External Activity and Performance in Organizational Teams", *Administrative Science Quarterly* (1992): 634–665; Deborah Gladstein Ancona, "Outward Bound: Strategies for Team Survival in an Organization", *Academy of Management Journal* 33, n. 2 (1990): 334–365; Deborah Ancona, Henrik Bresman, and David Caldwell, "The X-Factor: Six Steps to Leading High-Performing X-Teams", *Organizational Dynamics* 38, n. 3 (2009): 217–224; Amy Edmondson, "Psychological Safety and Learning Behavior in Work Teams", *Administrative Science Quarterly* 44, n. 2 (1999): 350–383; and Amy C. Edmondson, Richard M. Bohmer e Gary P. Pisano, "Disrupted Routines: Team Learning and New Technology Implementation in Hospitals", *Administrative Science Quarterly* 46, n. 4 (2001): 685–716.

5. Jeffrey F. Rayport, "The Miracle of Memphis", *MIT Technology Review*, 20 de dezembro de 2010, http://www.technologyreview.com/news/422081/the-miracle-of--memphis.
6. Elizabeth Mannix e Margaret A. Neale, "What Differences Make a Difference? The Promise and Reality of Diverse Teams in Organizations", *Psychological Science in the Public Interest* 6, n. 2 (2005): 31–55.
7. Daphna Oyserman, Larry Gant e Joel Ager, "A Socially Contextualized Model of African American Identity: Possible Selves and School Persistence", *Journal of Personality and Social Psychology* 69, n. 6 (1995): 1216.
8. Thomas Kochan, Katerina Bezrukova, Robin Ely, Susan Jackson, Aparna Joshi, Karen Jehn, Jonathan Leonard, David Levine, and David Thomas, "The Effects of Diversity on Business Performance: Report of the Diversity Research Network", *Human Resource Management* 42, n. 1 (2003): 3–21.
9. Mannix e Neale, "What Differences Make a Difference?"
10. Há uma enorme quantidade de livros excelentes disponíveis sobre equipes e o trabalho em grupo. Seguem alguns dos melhores: Patrick Lencioni, *The Five Dysfunctions of a Team: A Leadership Fable* (Nova York: Wiley, 2002) (no Brasil, publicado como *Os 5 desafios das equipes*, Rio de Janeiro: Elsevier, 2003); J. Richard Hackman, *Leading Teams: Setting the Stage for Great Performances* (Boston: Harvard Business Press, 2002); Jon R. Katzenbach e Douglas K. Smith, *The Wisdom of Teams: Creating the High-Performance Organization* (Boston: Harvard Business Press, 1992); e Joe Frontiera e Daniel Leidl, *Team Turnarounds: A Playbook for Transforming Underperforming Teams* (Nova York: Wiley, 2012).
11. Muitos estudos analisam os estereótipos associados à idade, especialmente com relação às mudanças, eis alguns deles: Warren CK Chiu, Andy W. Chan, Ed Snape e Tom Redman, "Age Stereotypes and Discriminatory Attitudes Towards Older Workers: An East-West Comparison", *Human Relations* 54, n. 5 (2001): 629–661; Barbara L. Hassell e Pamela L. Perrewe, "An Examination of Beliefs About Older Workers: Do Stereotypes Still Exist?", *Journal of Organizational Behavior* 16, n. 5 (1995): 457–468; e Philip Taylor e Alan Walker, "Employers and Older Workers: Attitudes and Employment Practices", *Ageing and Society* 18, n. 6 (1998): 641–658.
12. Teresa A. Amabile e Mukti Khaire, *Creativity and the Role of the Leader* (Boston: Harvard Business Press, 2008).
13. Como não consegui entrevistar o Professor Pentland para esta parte do livro — mas considero a pesquisa dele brilhante e oportuna — recorri a vários artigos, teses e blogs para compor grande parte do conteúdo apresentado neste trecho. As fontes de pesquisa incluem: Mark Buchanan, "Secret Signals: Does a Primitive, Non-Linguistic

Type of Communication Drive People's Interactions?", *Nature* 457, n. 7229 (2009): 528–530; Mark Buchanan, "The Science of Subtle Signals: The Most Successful Telephone Call Center Operators Have the Same Kind of Rhythm in Their Voices as a Mother Speaking Singsong to a Baby. That's One of Many New Insights Emerging from the Use of Sensors and Tracking Devices Within Corporate Walls", *Strategy and Business* 48 (2007): 68. A citação neste parágrafo é de Anne Eisenberg, "You May Soon Know If You're Hogging the Discussion", *New York Times*, 25 de outubro de 2008, http://www.nytimes.com/2008/10/26/business/26novelties.html?_r=2&.

14. Alex "Sandy" Pentland, "The Hard Science of Teamwork", HBR Blog Network (blog), *Harvard Business Review*, 20 de março de 2012, http://blogs.hbr.org/2012/03/the--new-science-of-building-gr.
15. Andy Greenberg, "Mining Human Behavior at MIT", *Forbes*, 12 de agosto de 2010, http://www.forbes.com/forbes/2010/0830/e-gang-mit-sandy-pentland-darpa--sociometers-mining-reality.html.
16. Alex Pentland, "To Signal Is Human: Real-Time Data Mining Unmasks the Power of Imitation, Kith and Charisma in Our Face-to-Face Social Networks", *American Scientist* 98 (2010).

Capítulo 6

1. N. Millard, "Learning from the 'Wow' Factor — How to Engage Customers Through the Design of Effective Affective Customer Experiences", *BT Technology Journal* 24, n. 1 (2006): 11–16.
2. Consulte, especialmente, Ravindra Chitturi, Rajagopal Raghunathan e Vijay Mahajan, "Form Versus Function: How the Intensities of Specific Emotions Evoked in Functional Versus Hedonic Trade-Offs Mediate Product Preferences", *Journal of Marketing Research* (2007): 702–714.
3. Chitturi, Raghunathan e Mahajan, "Form Versus Function".
4. Este fato foi definido através de vários estudos, entre os quais: Daniel E. Berlyne, "Ends and Means of Experimental Aesthetics", *Canadian Journal of Psychology/Revue canadienne de psychologie* 26, n. 4 (1972): 303; Raji Srinivasan, Gary L. Lilien, Arvind Rangaswamy, Gina M. Pingitore e Daniel Seldin, "The Total Product Design Concept and an Application to the Auto Market", *Journal of Product Innovation Management* 29, n. S1 (2012): 3–20; e Robert W. Veryzer, "A Nonconscious Processing Explanation of Consumer Response to Product Design", *Psychology & Marketing* 16, n. 6 (1999): 497–522.
5. Jo Piazza, "Audiences Experience 'Avatar' Blues", *CNN Entertainment*, 11 de janeiro de 2010, http://www.cnn.com/2010/SHOWBIZ/Movies/01/11/avatar.movie.blues.

6. Esta história é baseada no seguinte artigo: John Bryant, "Sinyard the Obsessed", *Bicycling*, acessado em 8 de dezembro de 2013, http://www.bicycling.com/news/featured-stories/sinyard-obsessed.
7. Consulte, Karen McVeigh, "Why Golden Ratio Pleases the Eye: US Academic Says He Knows Art Secret", *Guardian*, 28 de dezembro de 2009, http://www.guardian.co.uk/artanddesign/2009/dec/28/golden-ratio-us-academic; Lance Hosey, "Why We Love Beautiful Things", *New York Times*, 15 de fevereiro de 2013, http://www.nytimes.com/2013/02/17/opinion/sunday/why-we-love-beautiful-things.html?_r=0; e Adrian Bejan e Sylvie Lorente, "The Constructal Law and the Evolution of Design in Nature", *Physics of Life Reviews* 8, n. 3 (2011): 209–240.
8. Moshe Bar e Maital Neta, "Humans Prefer Curved Visual Objects", *Psychological Science* 17, n. 8 (2006): 645–648; e Moshe Bar e Maital Neta, "Visual Elements of Subjective Preference Modulate Amygdala Activation", *Neuropsychologia* 45, n. 10 (2007): 2191–2200.
9. Consulte, por exemplo, Albert T. Poffenberger e B. E. Barrows, "The Feeling Value of Lines", *Journal of Applied Psychology* 8, n. 2 (1924): 187; e Kate Hevner, "Experimental Studies of the Affective Value of Colors and Lines", *Journal of Applied Psychology* 19, n. 4 (1935): 385.
10. Bianca Grohmann, Eric R. Spangenberg e David E. Sprott, "The Influence of Tactile Input on the Evaluation of Retail Product Offerings", *Journal of Retailing* 83, n. 2 (2007): 237–245; e Lawrence E. Williams e John A. Bargh, "Experiencing Physical Warmth Promotes Interpersonal Warmth", *Science* 322, n. 5901 (2008): 606–607.
11. Marieke H. Sonneveld e Hendrik N. J. Schifferstein, "The Tactual Experience of Objects", *Product Experience* (2008): 41–67; e Charles Spence e Alberto Gallace, "Multisensory Design: Reaching Out to Touch the Consumer", *Psychology & Marketing* 28, n. 3 (2011): 267–308.
12. D. Katz, *The World of Touch* (L. E. Krueger, Trans.) (Mahwah, NJ: Erlbaum, 1989). (Trabalho original publicado em 1925.)
13. Albert A. Harrison, "Mere Exposure", *Advances in Experimental Social Psychology* 10 (1977): 39–83; e John G. Seamon, Nathan Brody e David M. Kauff, "Affective Discrimination of Stimuli That Are Not Recognized: Effects of Shadowing, Masking, and Cerebral Laterality", *Journal of Experimental Psychology: Learning, Memory, and Cognition* 9, n. 3 (1983): 544.

14. Pawel Lewicki, "Processing Information About Covariations That Cannot Be Articulated", *Journal of Experimental Psychology: Learning, Memory, and Cognition* 12, n. 1 (1986): 135; Pawel Lewicki, Thomas Hill e Maria Czyzewska, "Nonconscious Acquisition of Information", *American Psychologist* 47, n. 6 (1992): 796; e Pawel Lewicki, *Nonconscious Social Information Processing* (Orlando, FL: Academic Press, 1986).
15. Daniel Coyle, *Lance Armstrong's War: One Man's Battle Against Fate, Fame, Love, Death, Scandal, and a Few Other Rivals on the Road to the Tour de France* (Nova York: HarperCollins, 2009). (No Brasil publicado como *A luta de Lance Armstrong*, São Paulo: Ed. Gaia, 2006)

Capítulo 7

1. Dr. Richard McGlaughlin recontou sua própria história em um discurso na 38th Annual Sun'n Fun International Fly-In & Expo no Florida Air Museum: "BRS, BRS Ballistic Recovery Aircraft Parachute Saves Pilot and Daughter Over Open Water". O vídeo de 20m59s está disponível no YouTube em http://www.youtube.com/watch?v=d9FCmfaV0yY, e foi publicado como "Light Sport and Ultralight Flyer", 16 de abril de 2012.
2. Roland Barthes, *Introduction to the Structural Analysis of the Narrative* (Birmingham, UK: University of Birmingham, Centre for Contemporary Cultural Studies, 1966). (No Brasil, publicado como *Análise estrutural da narrativa*, Petrópolis: Ed. Vozes, 1971)
3. Elizabeth C. Hirschman, "Evolutionary Branding", *Psychology & Marketing* 27, n. 6 (2010): 568–583.

Conclusão

1. Charles Percy Snow, *The Two Cultures* (Cambridge, UK: Cambridge University Press, 2012). (Trabalho publicado originalmente em 1959. No Brasil, publicado como *As duas culturas e uma segunda leitura*, São Paulo: Edusp, 1995.)

Índice

Os números de página em itálico referem-se às figuras.

A

A felicidade não se compra (filme), 36
A verdade dos dados e a verdade humana, o ponto ideal entre, encontrando o, 12, 25, 148-152, 191
Aaker, Jennifer, 53
Ábaco 2/5, 21-
Ábaco chinês (Suanpan), 21-
Ábaco da Babilônia, 21
Ábaco romano, 21
Ábaco Suanpan, 21-
Ábacos, 21-
Abertura, 41, 58
Acionistas: como os mais voltados ao *hard edge*, 20; *versus* clientes como donos/proprietários, 48
Ações da LFMN, 34
Ações estranhas, 132, 133
Adequação das equipes, 107-110
Administração científica, 22-, 25, 26
Aeroporto Internacional de Memphis, 93, 94
Alienação: redução da, 28; aumento da, 16
Alpes Suíços, 140
Amazon, 7, 30, 54, 96, 151
Ambiente seguro, criando um, importância de um, 53, 54
American Airlines, 24, 130
American Arithmometer Company, 21
Ampla atração, 169
Ampliação (da escala), histórias baseadas em, problema com, 163

Análise de sistemas, 23
Análise dos sentimentos, 186
Análise quantitativa, 23-24
Análises das mídias sociais, 55, 56
Análises de redes, 55
Análises preditivas, 186
Análises sociais, 55-56
Análises visuais, 58, 180, 181
Analogia com o Cavalo de Troia, 159-160
Analogia do imposto, 40
Analytics (análises avançadas), 15, 21, 22, 23-25, 30, 57, 107, 116, 118, 119, 145, 179, 186, 189, 191; das redes sociais/clientes, 55-56; visual, 58, 180, 181. *Veja também* Dados; Métricas
Analytics (análises avançadas) do cliente, 55-56
Ancona, Deborah, 93
Anderson, Andy, 44
Andreessen, Marc, 89, 163
Andreessen Horowitz, 76, 141, 163, 164
Android, 164
Angularidade, resposta negativa à, 138-139
Apatia, 164, 177
Apelo emocional, 169
Apelo/atração visual, 138-139
Apple, 6, 12, 17, 21, 30, 54, 103, 106, 110, 125, 131, 132, 133, 139, 140, 141, 142, 170
Apple II, 24
Apple Macintosh, 24, 140, 180-181
Aprendizado: acelerando a inteligência, 11, 64, 65-67; autorregulada, 66-67; com erros, 12, 75-77; com os melhores, 72-75, 86, 87; combinando

pessoas de equipes diferentes, 186; contribuindo para o [bom] gosto, 13; ditando estratégia *versus* direção, 15; facilitador da confiança, 11, 13, 41; facilitando equipes, 12; e a tecnologia, 71, 82-83; governança adequada facilitando um aprendizado mais rápido, 186; na educação tradicional, 100
Aprimoramento contínuo, 28, 75
Aquilo que desejamos, 135, 136, 140
Argyris, Chris, 93
ARM, 31
Armadilha de tecnologia (ou produtos) ultrapassada, 31, 90
Armadilhas das histórias, 163-164
Armstrong, Lance, 123, 148, 151
As empresas mais inovadoras do mundo, 42
"Assinaturas de dados", 116-117, 118
Assumir riscos: diferenças no apetite por, 133; incentivando, 76
Aston Martin, 140, 162
Atitude confiante, 63
Atlassian, 57
Atração, mecânica da, 13, 124, 130, 137. *Veja também* Design, bom gosto
Atração do toque, 139-140
Atração por análises, 169
Atributos/características sensoriais, 127, 139
Autenticidade, 10, 41, 42, 54, 55, 142, 160, 169, 171, 191
Autoconhecimento, 49
Autodisciplina, 66
Autoestima, 27
Automotivação, confiança na, 51
Automóvel Hummer, 123
Autonomia, maior ênfase na, como requisito, 29
Autoridade, conquistando a confiança, 49
Autorrealização, 27, 123
Autorreflexão, 49
Autorrevelação, 171, 172
Avatar (filme), 130
Avião Cirrus SR20, 166
Avião Cirrus SR22, 153-155, 167

B

Baby boomers, 34, 105
Bacon, Francis, 193
Balanço patrimonial, sólido, 48
Ballmer, Steve, 49
Bancos de dados: computadorizados, surgimento dos, 23-24; os primeiros, história dos, 21
Bar, Moshe, 138
Barksdale, Jim, 89, 90, 91, 92, 104
Barthes, Roland, 156

Base estratégica, essência da, 4-5; no triângulo do sucesso duradouro nos negócios, *4*, *14*; pilares do, descrita, 5-6
Basquete feminino de Stanford University, 11, 66-67, 73, 81, 111
Batalha entre os sexos, 185
Beach, Rick, 174, 175, 176
Beatles, 73
Becker, Greg, 65
Bejan, Adrian, 138
Beleza, 124, 127, 130, 131, 135, 140, 148, 151
Bellini, Mario, 124
Bennis, Warren, 28, 36
Bezos, Jeff, 54, 96
Bias, 169
Bicicleta Epic Allez, 133
Bicicleta Shiv, 146, 147, 148
Bicicleta Stumpjumper, 133, 140
Bicicleta Turbo, 123, 128-130, 140-140, 143, 144
Big data, 15, 57, 83, 107, 115, 116, 151
Blogs, 55, 177, 178
BMW, 140, 188
Bono, Edward de, 80
Branson, Richard, 51, 143
Brase, Jennifer, 48, 109
Braun, 141
Bricklin, Dan, 24
Bridge Communications, 91
Brin, Sergey, 64
Building Trust at the Speed of Change (Covey), 40
Building Trust at the Speed of Change (Marshall), 40
Burroughs, William Seward, 21
Burroughs Corporation, 21

C

Cadeia de suprimentos: como insuficiente para sustentar a excelência, 2; como um pilar do *hard edge*, 7, 8, *14*; domínio da, pelos líderes do setor, 30; e investimento em tecnologia, 20; faltando na atração duradoura, 21; indicadores de, 20;
Caim e Abel, 21
Calçados Nike, 162
Cambridge University, 185
Cameron, James, 130
Campbell, Bill, 110-111, 133
Campos de batalha, militares, 77
Canais de comunicação, 117, 176-177, 179
Canais digitais, 185
Cantos arredondados, atração por, 138, 139
Capacidade de adaptação, 66, 85-87
Capacidade humana, otimismo sobre a, 110
Capacidade sensorial, 145, 148. *Veja também* Gosto

Capitalismo, 15, 16
Carnegie, Dale, 35
Carrico, Bill, 91
Carros da Ferrari, 140, 143
Causa e efeito, 193, 194
Center for Innovation, 69-70, 85
Centre for Contemporary Cultural Studies, 156
Centros de Câncer dos Estados Unidos, 85
Cérebro, o, 66, 72, 92-93. *Veja também* Inteligência
Cerf, Vint, 91
Ceticismo, 159
Chang, David, 75-76, 79-81, 110
Chaplin, Charlie, 26
Cheever, John, 27
Chicago Bulls, 50
Chief Executive Officers (CEOs): como insuficientes para manterem sozinhos a excelência, 1-2; como os mais focados no *hard edge*, 20; histórias que ajudam, 158, 164-165; nível de conforto dos, conversando na linguagem do *soft edge*, 9
Chief Information Technology Officers (CIOs). *Veja* relacionamento entre CMOs e CIOs
Chief Marketing Officers (CMOs). *Veja* relacionamento entre CMOs e CIOs
China, 30
Chouniard, Yvon, 170
Christensen, Clayton M., 5, 29, 40, 85, 193
Ciclo de vida normal da inovação à comoditização, 31
Cincinnati Bengals, 77
Cinelli, Cino, 145-147
Cinismo, 34, 36, 164
Cirrus Aircraft, 156, 165-167, 174-176
Cirrus Owners and Pilots Association (COPA), 155, 174, 175, 176, 177, 179
Cisco, 31, 98, 178
Citigroup, 30
Clark, Jim, 89
Clientes: as histórias moldando o relacionamento entre empresas e, 13, 155, 176; como donos/proprietários, 48; como um pilar da base estratégica, 5, *14*; compromisso dos, 20; conectando-se com, através de histórias, 161, 162; dizendo "não" aos, 145; e confiança, 37, 41, 48, 54, 55, 86; entendendo os seus, 141, 150; envolvimento/engajamento dos, equipes e, 118; feedback dos, que solicitam, 55; satisfação dos, avaliando/mensurando, 55, 86; usando, para verificações de realidade, 54-55
Coca Zero, 127
Cognição, desenvolvimento da, 138
Coisas irracionais, fazendo, 132, 133

Colaboração: e conflito, 105; e denominador comum, 106; essência da, 12; estudos sobre, usando a sociometria na, 116; maior necessidade de, 119
Collins, Jim, 28
Collins, Keith, 58, 178, 180
Colnago, Ernesto, 147
Columbia University, 111
Combinações de toques, 140
Como fazer amigos e influenciar pessoas (Carnegie), 35
Como fazer fortuna: pense e fique rico (Hill), 35
Comparação na hora da compra, instantâneo, disponibilidade de, 30-31
Compartilhando conhecimento, 41, 100, 101, 178
Compartilhando informações, 96, 106
Comportamento de sinalização inconsciente face a face, 116
Comportamento ético: acreditando em um colega de trabalho, 48; padrões de, codificando, 113
Compromisso: ampliado, o *soft edge* levando ao, 20; conquistando o, estrutura conceitual para, 27; convicção e, 47; para as metas da equipe, em busca do, 108
Compromissos, cumprindo-os, 48
Computador Macintosh. *Veja* Conferência Apple Macintosh MacWorld, 173
Comunicação: aprimorando as habilidades de, programas de software para, 119; corporativa, desordem na, perdido na, 164; eficácia da, rastreando/monitorando, 118; estilo de, escolhendo integrantes da equipe com base na, 118; histórias e, 158, 162; individual *versus* unilateral, 177; maior necessidade de, 119; padrões de, identificando, 116, 117
Concorrentes: como um pilar da base estratégica, 5, *14*; efeito dos, no nível do alto desempenho, 191; intensa concorrência, necessidade maior causada por, 119; *Veja também* Computadores inovadores, 23, 24, 25, 31, 81-84, 85, 90, 104, 147, 148, 151, 166, 180, 189, 191
Conexão emocional, 13, 124, 125, 128, 130, 159, 161, 162, 165, 176
Confiança: atores na conquista da, 39-40, 48-54; catalisador de, 58-59; como a pedra angular da inovação, 40-41; como base para a excelência, 36-38; como elemento fundamental, 10, 13, 36, 37, 38, 39, 190; contribuindo com o gosto, 13; criando, investindo em, como estratégica e rara, 38-40; definindo, 36; descrita como um pilar do *soft edge*, 9, *14*; diante da rejeição nas vendas, 44-46; dimensões primárias da, 37; ditando estratégia *versus* conquistando, 15; durante os tempos

difíceis, 42-43; e a fidelidade dos clientes, conexão entre, 37, 41, 54, 55; e chances de encontrar o ponto ideal, 191; e determinação, 46-48; e equipes, 13, 40, 99, 106, 190; em um relacionamento saudável entre CMO e CIO, 185-186; excelência na, atração exercida pela, 87; falta de, crescimento da, 16, 36, 39, 41, 42; força da, analogia ilustrando a, 40; gerando, 50-52, 56; histórias e, 158, 179; importância da, ilustração da, 33-34; medição da, ferramentas para, 55-57; pontos-chave sobre, e como alcançar a vantagem competitiva, 59; resultados ligados à, 38-39; sinais sociais e a formação da, 117; usando os dados com sabedoria para conquistar, 54-57; valor da, empresas que dão o exemplo, 35-36; vantagem proporcionada pela, 21; visão geral, como uma vantagem do *soft edge*, 10-11

Conflito do Vietnã, 23

Conflito: administrando, 105-107, 118; garantido, 190; nas histórias, 156, 157, 171

Conhecimento: coleta e comunicação do, 158; compartilhando, 41, 100, 101, 178; democratização do, 177; explosão do, 69-71; liberando o, 11; mesmo, acesso ao, 30. *Veja também* Aprendizado

Conselhos de Administração: criando a diversidade nos, 91-92; cuja maioria é focada no *hard edge*, 20

Considerações fundamentais. *Veja* Base estratégica

Consistência/coerência, 13, 21, 54, 142-143, 187

Consolidação de marca, histórias e, 13, 155, 158, 161-162, 178-179

Constituição dos Estados Unidos, 112

Consumidores. *Veja* Clientes

Contágio do humor, 117

Contar Histórias para Vencer - Conectar, Persuadir (Guber), 159

Contexto compartilhado, 58-59

Contexto: criando, através de histórias, 180; linguagem do, 58-59

Controle do gestor, 22-. *Veja também* Gestão de cima para baixo

Controle: extremo, 22, 26, 30; falta de, sobre a trajetória e ritmo da tecnologia, 31

Convicção, 47

Cook, Tim, 6-7

Coragem, 15, 63, 64, 66, 133-134, 160

Corporate Cultures (Deal e Kennedy), 28-29

Corridas de Fórmula Um, 187, 188-191

Costco, 135

Cote, Mark, 148

Covey, Stephen M. R., 40

Credenciais acadêmicas, relevância das, 64, 107, 110

Credibilidade, 37, 38, 42, 169, 170

Crescimento e lucro: perda de, 16; redução no, 53

Criação de comunidades, 158, 161

Criatividade: ativando, 36, 41, 111; celebração da, razões por trás da, 137; como propulsor, 137; desbloqueando nossa, necessidade de, 137; e o gênio intuitivo, 148; embotada, 53; foco excessivo na, no design, 124; maior ênfase na, como requisito, 29; perdida, 16

Crise financeira (2007-2008), 39

Crowdfunding, 114, 178

Crowdsourcing, 114-116, 178

Cuidado/preocupação, 50, 96-97, 168

Cultura organizacional. *Veja* História da origem das culturas, criando uma, 170

Cultura popular, 161, 162

Cultura: baseada em valores, mudança de, 16; com um sólido *soft edge*, relacionamentos que se beneficiam com uma, 185; de altas expectativas, cultivando, 110-111; de confiança, 10, 38, 40, 41, 42, 48-54; de medo, 53-54; disrupções na, fraturas comuns na, 185; e histórias, 156, 158, 159, 160, 161, 162, 177-178; em pedaços, 177; sólida, mantendo uma, em tempos difíceis, 42-43

Curiosidade, o medo que mata a, 53

Custo: como insuficientes para manterem sozinhos a excelência, 2; indicadores de, 20; como um pilar do *hard edge*, 7, 8, 14; confiança e, 40; vantagens efêmeras de, 30

D

Dados: aprendendo sobre, 186; big data, 15, 57, 83, 107, 115, 116, 151; coleta de, nova tecnologia para, 116; ; comprando, 151; dando atenção excessiva aos, 135; fascinação dos, 20, 30; grandes volumes de, entendendo os, estrutura conceitual para, 58; incorporando, nas tarefas do *soft edge*, 15; intersecção entre gosto e, exemplo de, 145-148; medição dos, bytes nos, 24-25; uso sensato dos, para conquistar confiança, 54-57

Dali, Salvador, 138

Davis, Jim, 37, 56, 57

Deal, Terry, 28

Decisões de design, fatores que influenciam, 150-151

Decisões orientadas por dados, 151

Deep Blue (supercomputador), 81-82

Definitiva checagem, 54-55

Delegação, 67

Dell, 2, 163-164

Delta Airlines, 130

Deming, W. Edwards, 28, 53-54

Demissões, lidando com, 42-43

Democratização, 177

Denominador comum, 105-106

Desconfiança: surgimento da, 16, 36, 39, 41, 42; das histórias, 159
Desempenho: alto, elevando constantemente o nível de, fatores envolvidos nos, 191; das equipes, 12, 101, 104; organizacional, aprimorados pela confiança, 11, 38; solapando o, 53
Design, bom, 13, 21, 123-124, 125, 127, 127, 128-129, 131, 132, 135, 135, 140, 142, 148, 149. *Veja também* Gosto
Design aerodinâmico de bicicletas, fatores no, 147-148
Design centrado no ser humano, 141
Design de produtos. *Veja* Design, bom
Design iterativo, 140, 149, 150-151
Design modernista, 141
Design Thinking, 123, 135, 141
Desonestidade, 54
Desperdício, eliminação do, 22, 25
Destacamento Operacional Alpha, 97
Detalhes sensoriais, compartilhando, 170
Determinação, 11, 15, 46-48, 64, 65-67, 109, 173, 191
Diet Coke, 127
Diferenças entre as gerações. *Veja* Idade
Diferenciação, 127
Digital Equipment, 2, 5
Dignidade, 38
Dilema da inovação, O (Christensen), 5, 29
Diligência, 47
Dinheiro, história baseada no, problema com, 163
Discernimento, foco no, necessidade de, 124
Discriminação, redução da, 101
Disney, 86, 92, 130, 135
Disney, Walt, 140
Disneylândia, 140
Dispositivos móveis, 183. *Veja também* Smartphones
Disputas por verbas, 185
Disruptivos: adaptando-se rapidamente aos, a inteligência que gera, 11, 85-87; capacidade de sobreviver, 20; como um pilar da base estratégica, 5, 6, *14*; crescente inovação gerada por, necessidade maior causada por, 119; frequência de, 1; líderes de mercado enfrentando, 17; mantendo-se à frente dos, mudando para equipes pequenas e ágeis, 98-99; no setor de saúde, 84-85; novos, criação de, e a era digital, 30
Distorção, 178
Diversidade: benefícios tangíveis da, 102; cognitiva, 102-105, 106; conflito resultante da, administrando, 105-107; da força de trabalho, iniciativas positivas para, 100, 101; problemas com equipes e, 100-102

Diversidade cognitiva, 102-105, 106
Diversidade de habilidades, 103, 104
Diversidade educacional, 103, 104
Diversidade racial, 100, 101, 102, 103, 104, 191
Diversidade sexual, 100, 101, 102, 103, 104, 104, 191
Divisão cultural, 185
DNA cultural, 136
Dominância hedônica, princípio da, 127
Dresner, Howard, 24
Duarte, Nancy, 156, 159, 160, 161, 168, 169, 170, 171, 172, 173, 174, 178
Duke University, 115, 138
Durabilidade, 160

E
Earnhardt, John, 178
Eastman Kodak, 2, 17
Economia das conversas, mudança para uma, 178-179
Economia de escala, 133
Economia do conhecimento, mudança da, 178
Economia global, 12, 32
Edelman Trust Barometer, 39, 41
Edgecumbe, Eric, 108
Edmondson, Amy, 93
Educação continuada, 69
Educação tradicional, problema com, 99-100
Efeito da exposição, 140
Eficiência, ênfase na, 22-, 25
Eficiência do capital: como um pilar do *hard edge*, 7, 8-9, *14*; e Wall Street, 15; falta no longo prazo, 21; indicadores de, 20
Egger, Robert, 12, 108, 135, 140, 142, 143, 144, 148, 149, 151-152, 187
Egoísmo, 13, 141-142
Electronics Arts, 135
Ellison, Larry, 24, 110
Empatia, gerando, 118
Empresas (lugares) para trabalhar, as melhores, lista das, 10, 37-38, 42, 56-57, 187
Empresas comandadas pelo fundador, assumindo riscos em, 133
Empresas dirigidas pelo Conselho, assumindo riscos, 133
Encantamento (Kawasaki), 170
Enron, xi
Envolvimento/engajamento: criando, através de histórias, 162, 165, 172, 177, 179; emocional, 13; gerando, 36, 41; medindo, 116
Equilíbrio, xi, xii, 29, 32, 110, 148, 156
Equipes autônomas, como criar, com limites, 111-114

Equipes de basquete, treinadores, 11, 50, 61-62, 66-67, 68, 72-73, 78-79, 80, 81, 111
Equipes de desenvolvimento de produtos, uso de, 97-99
Equipes de futebol, treinamento, 77, 78-79, 80, 111
Equipes: ágeis e pequenas, mudança para, exemplo de, 97-99; compreendendo, história das, 92-93; comunicação nas, efeito da diversidade nas, 101; contribuindo para o gosto, 13; criando espaço para autonomia nas, com limites, 111-114; cultura orientada pelo gosto nas, 136; definindo expectativas elevadas para, 110-111; descritas como um pilar do *soft edge*, 9, *14*; e a paixão, 108-109; e a sociometria, 116-119; e a tecnologia, 115; e chances de encontrar o ponto ideal, 191; e confiança, 13, 40, 99, 106, 190; e determinação, 109-110; e diversidade cognitiva, 102-105; em um relacionamento saudável entre CMO e CIO, 186; esportes, coaching (treinamento/treinadores), 11, 50, 61-62, 66-67, 68, 72-73, 77, 78-79, 80, 81; estrutura básica para formar e gerenciar, lista de, 114; excelência nas, atração exercida pelas, 87; implementação eficaz de, dificuldade das, razões para, 99-100, 114; importância das, ilustração das, 89-92; magnificando, usando *crowdsourcing*, 114-116; mudança em direção às, na Mayo Clinic, 86, 87; na busca por perspectivas diferentes e denominador comum em, 105-106; pequenas, força das, 93-96; pontos-chave sobre, e como alcançar a vantagem competitiva, 119; prestação de contas das, 112; problemas com a diversidade e, 100-102; química da, e acertando, 107-110; sistemas de suporte para, 112; sucesso das, prevendo o, 116-117; tipos de, 93; visão geral, como uma vantagem do *soft edge*, 12
Era digital, ferramentas da, tendências que evoluem, 30
Ericsson, Anders, 73
Erros: reconhecendo os seus, 75, 76; medo de cometer, 53; sentindo-se livre para cometer, 114; honestos, tolerância aos, 54; aprendendo com os, 12, 75-77
Escola de design de Bauhaus, 141
Esforço, 65, 73, 73
Esgotamento, 110
Espelhamento, 118
Espinosa, Roberto, 10
Estereótipos, 105, 184
Estética, 124, 125, 127, 137-145
Estilos intelectuais, 104

Estratégia: como insuficiente para manter sozinha a excelência, 2; conectando os funcionários a uma, 165; ditando, facilidade da, 15; erros na, capacidade de sobreviver a, 20; escolhendo a errada, 2, 5; inteligente, importância da, 4-5, 19; livros clássicos sobre, 5
Estratégia Competitiva (Porter), 5, 8
Estresse, controle do, 99
Estrin, Judy, 91-92, 104
Estrutura de propriedade, 48
Evolução dos negócios, 30
Excel da Microsoft, 24
Execução: e Wall Street, 15; importância da, 7; perfeita, como insuficiente para manter sozinha a excelência, 2. *Veja também Hard edge*
Executivos de bancos de investimento, 33
Executivos: como os mais voltados ao *hard edge*, 20; abertura e confiança entre todos, 58. *Veja também* Chief Executive Officers (CEOs)
Exercício, 72
Expectativas, a luta entre a realidade e as,
Experiência, do cliente, integrada. *Veja* Experiência integrada
Experiência compartilhada, 176
Experiência integrada: foco na, na Nest Labs, 131-134; mudança em direção à, na Mayo, 86, 87
Experiência tátil, 139-140
Experiência: diversidade de, 102, 103, 104; e intuição, combinando, 149; compartilhada, 176
Experimentação, como facilitador da confiança, 11, 41
Exploração, reprimindo, 53
Explosão das empresas ponto.com, 33, 34
expondo as, 171-172
Expressão, liberdade de, 114
Expressão "névoa da guerra", 77-78
Exterminador do Futuro (filme), 84

F

Facas da marca Global, 127
Facebook, 17, 51, 52, 55, 64, 177, 179
Fadell, Tony, 13, 103-104, 106, 108-109, 110, 119, 131-132, 133, 134, 137, 141-142, 145, 149-150, 150-151, 173, 187
Falsidade e exibicionismo, 54
Familiaridade, 13, 140-141
Farley, David, 69, 70-71, 82
Fãs, criando, 161
Fatores da experiência, influência dos, no comportamento, 65-66
Fayol, Henri, 26

Fé, 160
FedEx, 4, 7, 11, 19, 30, 74, 90, 91-92, 93-96, 104, 112-113, 185
FedEx Corporation, 95-96
FedEx Express, 95
FedEx Express World Hub, 93-94
FedEx Freight, 96
FedEx Ground, 95
FedEx Information Technology and Oversight Committee, 91
FedEx Office, 96
FedEx Services, 96
FedExForum, 95
Feedback, 55, 70, 145
Fehr, Ernest, 52
Felicidade, 53
Ferramentas de cálculo, 21-22
Ferramentas digitais gratuitas, 30
Fidelidade: do cliente, e confiança, conexão entre, 37, 41, 54, 55; histórias e, 163; vantagem proporcionada pela, 21; aumentada, *soft edge* que leva à, 20
Fignon, Laurent, 147
Filson Clothing, 170-171
Financial Times, 41, 89,
Flexibilidade, 29, 99
Foco e escala, 95
Fofoca, 117
Fora de série - Outliers (Gladwell), 73, 74
Forbes, Inc., 32, 77
Forbes (revista), 16, 42, 195
Forbes ASAP (revista), 77
Forças Especiais do Exército dos Estados Unidos, 97, 107
Ford, Henry, 23, 26, 29
Ford, Henry, II, 23
Ford Motor Company, 23, 29
Forma, 125, 127, 132, 144
Formação/treinamento médico, 68-71
Forrester Research, 183
Fórum para CIOs e CMOs, 183-184. *Veja também* relacionamento entre CMOs e CIOs
Fóruns, 177
Fracassos: revelando, nas histórias, 171; aprendendo com, 76. *Veja também* Erros
Frankston, Bob, 24
Função, 125-127, 132, 145, 148, 149
Funcionários: compromisso dos, 20, 21; comunicando-se com, equipes e, 118; e confiança, 37, 38, 48, 51; privacidade dos, 56; recrutando, 10, 158
Futuros, possíveis, entendendo o, que geram histórias, 155, 160

G

Galinho Chicken Little, bancando o, como evitar, 170
Ganhos marginais, xiii
Ganhos transformadores, indo mais fundo para, ilustrando, xv-xvii
Gardner, Howard, 63
Garrafas/latas de Coca-Cola, 125, 127
Gartner Group, 24
Gates, Bill, 24, 49, 54, 73
Gen Xers, 34
General Motors, 23, 29
Geometria, 13, 138-139
Georgens, Tom, 38, 42, 42, 65
Gestão de cima para baixo, 23, 25, 49, 177
Gestão orientada apenas pela análise quantitativa, 22-23, 26
Gladwell, Malcolm, 73, 74
Goleman, Daniel, 63
Goodnight, Jim, 51, 55, 57
Google, 17, 25, 31, 64, 94, 187
Gosto: aprendizado, com o tempo, 149; contribuindo com as histórias, 13; definindo e descrevendo, 123-125; descrito como um pilar do *soft edge*, 9, *14*; desvendando os segredos do, 137-145; e criando uma experiência integrada, 131-134; e encontrando o ponto ideal do, 148-152; elementos essenciais do, 125-131; em um relacionamento saudável entre CMO e CIO, 187; excelência no, atração exercida pelo, 87; importância do, ilustração do, 121-123; intersecção entre dados e, exemplo de, 145-148; perdendo o, exemplo de, 134-135; pilares que contribuem para, 13; pontos-chave sobre, e como alcançar a vantagem competitiva, 152; reivindicando seu talismã e, 135-136; tecnologia e, 129-130, 150; visão geral, como uma vantagem do *soft edge*, 12-13
Governança, adequada, aprendizado mais rápido facilitado pela, 186
Graça, conquistando, com uma história, 164
Gráficos/tabelas, 56
Grande Depressão, 23
Gratificação adiada, 66
Greer, Phil, 90-91, 92, 104
Grossman, Jerome, 85
Grupo Virgin, 51, 143
Grupos, eficácia dos, aprimorados pela confiança, 11, 38
Grupos de discussão, limitações do, 150
Grupos de usuários, 155, 174, 175, 176, 177
Guber, Peter, 159-160

Guerra do Golfo Pérsico, 8
Guerra nas Estrelas (filme), 125, 142
Guia do gestor global, 113

H
Habilidade cognitiva. *Veja* Inteligência
Habilidades autorreguladas, 66-67
Hamel, Gary, 28
Hamilton, Ian, 128, 130, 140, 141, 144
Hansei, 75, 76
Hard edge, capacidade de dominar tanto o *soft edge* quanto o, como elemento fundamental, 32; adotando a disciplina do, ao mesmo tempo em que evita o extremismo, 25-26; ascensão do, e a visão de sistemas, 22-25; como fruto da escassez de recursos, 21-22; de Wall Street, 15; domínio do, 6-7; encontrando o equilíbrio certo do *soft edge* e, como elemento fundamental, 29, 32; importância do, 7, 30-30, 31; inclinação para favorecer o, 30; investindo em, razões para, 20, 87;
no triângulo do sucesso duradouro nos negócios, 4, 14; pilares do, descritos, 7-9; valor relativo do, 29; vantagens efêmeras do, 20, 29, 30-31; *versus soft edge*, na briga pelos recursos, 19-20
"Hard stuff" (atributos técnicos), xviii
Hartness, James, 26
Harvard Business School, 23, 29, 33, 124
Harvard Medical School, 138
Harvard University, 111
Hayes, Bob, 125
Heiden, Eric, 122, 127
Herrmann Brain Dominance Instrument (modelo de preferências cerebrais), 107
Hewlett, Bill, 16, 160
Hewlett-Packard (HP), 16, 160
Hierarquia das necessidades, 27
Hill, Napoleon, 35
Histórias analíticas, problema com, 172
Histórias da Imaculada Conceição, evitando, 171
Histórias de dificuldades, incluindo, 171-172
Histórias do tipo "o mundo está desabando", evitando, 170
Histórias simples, como elemento fundamental, 169
Histórias: atração das, 156; bem contadas, 159-160; boas, orientações para contar, 168-174; como base, 165; contínuas, 179; contribuindo para a confiança, 13; descritas como um pilar do *soft edge*, 9, 14; dos aviões Cirrus e seus clientes, 153-156, 165-167, 174-176; e chances de encontrar o ponto ideal, 191; e confiança, 158, 179; e mudando a tecnologia, 176-179; e os dados, 179- 181;
em um relacionamento saudável entre CMO e CIO, 187; excelência nas, atração exercida pelas, 87; importância das, ilustração das, 153-156; liderança e, 164-165; linguagem das, 58, 179; narrativa com conflito, 156-157; pilares que contribuem para, 13; poder das, analogia ilustrando as, 159-160; pontos-chave sobre, e como alcançar a vantagem competitiva, 181; quando os clientes contam uma história melhor, 174-176; que dão errado, razões para, 162-164; universalidade e ubiquidade das, 156-157; valor das, no mundo dos negócios, 158-162; visão geral das, como uma vantagem do *soft edge*, 13-13
Histórico cultural, entrelaçar uma "história de origem" ao seu, 170
Hitz, Dave, 40, 57
Hollerith, Herman, 22
Hollywood, 26
"Homem-organização", 26
Honestidade, 48, 54, 170, 171, 172, 186
Hornstein, Harvey, 53
Hospitalidade e serviços, foco no, 86, 87
HP Way, 16, 160
Huawei, 31
Human Dynamics Laboratory, 116
Human Factor in Works Management, The (Hartness), 26
Humanismo *versus* racionalidade, 17, 25-27, 28-29. *Veja também* Hard edge; Soft edge
Humildade, 74
Hwang, Jason, 85

I
IBM, 22, 23, 82, 84, 90, 98, 106
Idade: e confiança, 191; e diversidade, 102, 103, 104, 105, 191; estereótipos a respeito de, estudos associados, 105
Ideias: amplas, como captar, 158; apresentando, fonte de, 103; aprimorando, analisando dados para, 145; boas, rejeitando, 106; celebração da, como requisito, 29; de fora, aceitando, 73; debatendo, 124; democratização das, 177; e confiança, 41, 52, 54; em busca de, 77-79, 80, 81, 90-91; fluxo de, rastreamento de, 118; ligando, com emoção, 159; novas, fornecendo às pessoas, 115; propulsor de, 137; transformando, em dinheiro, 99; vendendo, 165. *Veja também* Inovação
IDEO, 77, 124, 135
IKEA, 144
Imagens, linguagem das, 58. *Veja também* Visualização de dados

Imaginação, transformando, em objetos físicos, 13
Implementação da mensagem, discutindo a, 187
Impulso emocional, 136
Índia, 30
Indiana University Hoosiers (1975-76), 61-62
Índice S&P, 31
Individualização, base para comunidade e, 161
Influenciadores/formadores de opinião, 55, 178
Informação: absorção de, acelerando a forma, 138; compartilhando, 96, 106; compreendendo, papel das histórias na, 158; crescimento da, 70, 82; fluxo de, facilidade de, benefícios da, 39-40
Informações obtidas através de vários sensores, 140
Innovator's Prescription, The (Christensen, Grossman, & Hwang), 85
Inovação: base para, 137; catalisadora de equipes, 12; como sustentáculo da confiança, 11, 52, 54; duradoura, como o objetivo, 13; e escala, 99; e função, ser fanático com relação a, 148-149; essência da, 12; histórias e, 158; pedra angular para, 40-41; tempo real, 190-191
Inspirando os outros, método poderoso para, 172
Integrantes das equipes: excelentes, atributos dos, 108-110; ideais, assinatura de dados dos, 118; ideais, identificando os, 12, 97, 107-110, 118; satisfação dos, efeito da diversidade nos, 101
Integridade, 50
Intel, 31, 98
Inteligência: artificial, 81-84; aumentando a, fatores na, 71-72; como um pilar do *soft edge*, 9, 14; cultivando, práticas/comportamentos para, 72-81; definindo a, 63; descrita, 62-64, 68; descrita, 62-65; e a explosão do conhecimento, 69-71; e aprendendo com os erros, 75-77; e aprendendo com os melhores, 72-75, 86, 87; e aprendendo rápido o suficiente para evitar disrupções, 85-87; e determinação, 64, 66-67; e o pensamento lateral, 80-81, 87; e os supercomputadores, 81-84; em um relacionamento saudável entre CMO e CIO, 186; excelência na, atração proporcionada pela, 87; importância da, ilustração da, 61-62; contribuindo para as histórias, 13; na busca por ideias, 77-79; pontos-chave sobre, e como alcançar a vantagens, 87-88; substitutos da, 133; testes para, 63, 64, 107; visão geral da, como uma vantagem do *soft edge*, 11-12
Inteligência artificial (IA), 81-84
Inteligência emocional (IE), 63
Inteligência geral (*g*), 63, 64
Inteligências múltiplas (MI), 63
Internet, 31, 54, 77, 89, 91, 166, 175, 185
Intuição, 103, 147, 148, 149

Intuit, 110, 150
Invenção, 99, 108, 150
iOS, 164
iPhone, 85, 141, 164, 173
iPod, 103, 127, 131, 141, 142
Isolamento, 106
iTunes, 151
Ive, Jony, 140-141

J
Jackson, Phil, 50
James, LeBron, 189
Japão, 27-28, 79-81
Jeopardy (programa de televisão), 82
Jobs, Steve, 12, 54, 103, 125, 131, 140, 144-145, 173, 180
Johnson, Brooks, 81
Johnson, Lyndon, 25
Justiça, 48

K
Kaizen, 75, 76
Kaltenborn, Jens, 188
Kaltenborn, Monisha, 188-189, 190
Kanter, Rosabeth Moss, 28
Karlgaard, Rich, 194-195
Kasier Group, 188
Kawasaki, Guy, 123, 170
Kelley, Tom, 124
Kennedy, Allan, 28
Kennedy, John F., Jr., 23, 165, 175
Kidd, Jay, 39, 57
Kinkos, 96
Kirkpatrick, Curry, 62
Klapmeier, Alan, 165-166, 167, 174, 175
Klapmeier, Dale, 166
Knight, Bobby, 61-62, 66-67, 68, 73, 73, 74
Kochan, Thomas, 101

L
Laffley, A. G., 5
Lapsos éticos, 33, 34
Lascaux Caves, 156
Lei de Moore, 166
LeMond, Greg, 133, 147
Lencioni, Patrick, 28
Lendas, criando, 159
Leonardo da Vinci, 138
Levi's, 54
Liberalismo, 22
Liberdade, 51
Liderança, confiável, 48-50

Líderes do mercado, 17, 30-30. *Veja também empresas específicas*
Linguagem compartilhada, 58
Linguagem sarcástica, 33-34, 106
Linguagem: benéfica/sincera, 34, 35; comum, ter um, 58, 186, 190; sarcástica, 33-34, 106; simples, 169; tomando decisões sem, 116
LinkedIn, 55, 177
Lista das empresas mais inovadoras, 187
Listas de melhores empresas onde trabalhar, 10, 37-38, 42, 56-57, 187
Livre iniciativa, 15, 16
Lockheed, 5
Lógica e intuição, ponto ideal entre, encontrando o, 103
Lógica ocidental, 28
Logística: como um pilar do *hard edge*, 7, 8, *14;* indicadores de, 20;larga escala, 94; militar, 23, 94;
Longevidade, empresa, 48
Lotus 1-2-3, 24
Lucas, Amber, 128-129, 129-130, 144
Lucky Peach (revista), 75
Lugar-comum, como sair do, 20, 162

M

Madonna, 64
Mandalay Entertainment Group, 159
Manipulação, evitando, 170
Manipulação emocional, evitando a, 170
Manual de operações da FedEx, 95, 112
Mão de obra asiática, 30
Marca(s): colocando a sua em risco, 160; como promessas, 54; conhecendo a sua, 142; medíocres, 54; novas, lançando, histórias usadas para, 13; usando análises de dados para, 55
Marcas existentes, aprimoramento, histórias usadas para, 13
Marcas medíocres, 54
Margens de lucro, mais altas, *soft edge* levando a, 20
Marketing: bom, como narrativa de histórias, 161-162, 178-179; tradicional, 177, 179. *Veja também* relacionamento entre CMOs e CIOs
Marshall, Edward, 40
Martin, Roger, 5
Martin, Tony, 129, 147
Maslow, Abraham, 27, 53
Mateschitz, Dietrich, 188
Maxwell, Brian, 170
Mayer, Marissa, 51
Mayo, Charles, 68
Mayo, William J., 68
Mayo, William W., 68

Mayo Clinic, 11, 68-71, 82, 85-87, 185
Mayo Clinic Online Learning Program, 68-69
Mayo Graduate School, 68
Mayo Medical School, 68
Mayo School of Continuous Professional Development, 68
Mayo School of Graduate Medical Education, 68
Mayo School of Health Sciences, 68
McDonald's, 54
McGaw Cellular, 90
McGlaughlin, Richard, 153-156, 175
McNamara, Robert, 23-, 25
Mecanismos de feedback, 56-57
Medição: da confiança, 11; de dados, bytes na, 24-25; do *soft edge*, dificuldade de fazer, 9; facilidade de, 136. *Veja também* Métrica/indicadores
Medo, 53-54, 110, 111, 138, 139
Memorial Sloan-Kettering Cancer Center, 82-83
Mendoza, Tom, 42, 42-43, 49, 50
Meninos-Prodígio, 23
"Menos um" filosofia, 97
Mentores, em busca de, 72-75, 86, 87
Mercado: como um pilar da base estratégica, 5, *14*; confiança e o, 10-11
Mercado, abarrotado, efeito do, 124
Mercado externo, confiança e o, 10-11
Mercado interno, confiança e o, 10
Merrill Lynch, 34
Metas ambiciosas, transmitindo, com histórias, 160
Método científico, 193-194
Métrica/indicadores: aprendendo sobre marketing e, 186;e os resultados financeiros, foco na, 22, 23, 25; fascinação por, 20, 30; social, 115-119; vantagem mais influencia pela, 29. *Veja também* Analytics (análises avançadas)
Microsoft, 49, 54
Mídia, imediatismo da, aguentando a, 10-11
Mídias digitais, explorando mais, 135
Mídias sociais, 13, 51, 54, 55, 114-115, 176-179, 183, 185
Mind of a Chef, The (programa de televisão), 75
Mineração de dados de texto (text mining), 56
Miracle Blade, 127
MIT Human Dynamics Laboratory, 116
MIT Sloan School of Business, 101
Modismos, 54
Momofuku, 75, 76, 80, 110
Mondrian, 138
Moneyball (filme), 117
Monson, Don, 72
Montana, Joe, 77, 78

Moral: solapando, 53; histórias e o, 158; pesquisa sobre, 56
Morito, Akio, 28
Motivação: medo e, 54, 110, 111; em grandes equipes, 115; expectativas elevadas e, 110; habilidade de promover a, importância da, 119; usando histórias para, 157, 159, 164, 165
Motivation and Personality (Maslow), 27
Motocicletas Ducati, 143
Mudança no modelo corporativo, 99
Mudanças no mercado, 30
Mudanças: estereótipos a respeito de idade e, 105; história e, 157, 158; no modelo corporativo, 99; sobrevivendo e adaptando-se às, 3; tecnológicas, 176
MySpace, 2

N
Narrativa contínua, importância da, 179
Narrativas que contam os dados, 179-181
NASA, 94
Natureza humana: explicação para, 191; não conseguindo explicar, 23
Natureza social, 92
Navalha de Occam, princípio da, 169
Necessidades, hierarquia das, 27
Neocórtex, 93
Nest Labs, 13, 103-104, 108, 110, 131-134, 141, 145, 150, 151, 173, 187
Neta, Maital, 138
NetApp, 37, 39, 42-43, 50, 57, 65, 186, 187, 189
Netscape, 89-90
Neurogênese, 72
Neuroplasticidade, 66, 72
New York Times (jornal), 63
Newell, Pete, 72-73, 74
Newsletters distribuídas por e-mail, 179
Nordstrom, 54
Norman, Donald, 124
Northface, 170
Northwestern Mutual, 10, 34, 35-36, 45-48, 52, 56, 109, 159, 185
Noseworthy, John, 68
Novartis, 30
Números. *Veja* Métricas/indicadores
Nussbaum, Bruce, 124, 125

O
O Jogo da Liderança (Laffley & Marton), 5
Observação, 16, 74, 80
Ohio State University, 73
Old La Honda Road (OLH), pedalando na, 121-123, 127
Operários, 22-23, 26, 30
Oracle, 24, 98, 110
Organizações confiáveis, definindo, 48
Orgulho, 38
Orientação de equipe, 108
Os líderes devem fazer o que dizem, 49
Otimismo, 110, 111
Oughtred, William, 21
OutCast Agency, 76, 163
Ouvir, 74
Owens, Bill, 107-108

P
Paciência, 47, 76
Packard, Dave, 16, 160
Painel digital, criando um, 118
Paixão, 15, 20, 108-109, 133, 134, 135, 136, 158, 160, 173, 191
Palestras da TED, 169, 173-174
Panke, Helmut, 140
Papéis dos sexos, 184
Parcerias, cadeia de suprimentos, e confiança, 41
Parede de vidro, 101
Parrish, Julie, 186, 187
Participação de mercado, elevada, 28
Pascal, Blaise, 21
Passado, entendendo o, que geram histórias, 155, 160
Patagônia, 170
Pattek, Sheryl, 183-184
Peale, Norman Vincent, 35
Pedir tempo, 187
Pensar lateralmente, 12, 77, 79-81, 87
Pentland, Alex, 116-117, 118, 119
Perguntas, fazendo as certas, 186
Período paleolítico, 21, 156
Perseverança, 11, 63, 64, 74
Personagem Carlitos, 26
Personagem de James Bond, 140
Personagem George Bailey, 36, 48
Perspectivas, diferentes, em busca de, e denominador comum, 105-106. *Veja também* Diversidade
Pesquisa de mercado, tradicional, indo contra, 145
Pesquisa do Instituto Gallup, 39
Pesquisa e desenvolvimento (P&D), 2, 8
Pesquisas, uso de, 56, 57, 58, 86
Pesquisas com funcionários, 56, 57, 58
Pessoas mais jovens, 34, 105
Peters, Tom, 15, 28
Pickens, T. Boone, 64
Pink, Daniel, 124
Pinterest, 150, 177
Pirelli, 188

Poder do Pensamento Positivo, O (Peale), 35
Ponto ideal, encontrando o, 12, 25, 148-152, 191
Pontuações nos testes de QI, 63, 107, 110
Porsche, 98-99
Porter, Michael, 5, 8
Postrel, Virgina, 124
PowerBar, 170
Praticabilidade, 135, 136
Praticando: como um aspecto da inteligência, 73, 74; para aprimorar a capacidade de oratória (narrativa), 172-174
Preços, confiança e, 41
Preços das ações, histórias baseadas nos, problema com, 163, 164
Preocupação, 110
Preocupação, demonstrando, 48, 50, 186
Presidentes de Conselhos de Administração, 9
Pressionando e tranquilizando, ao mesmo tempo, 110, 111
Prestação de contas/transparência, 112, 113
Previsibilidade, 50, 132
PricewaterhouseCoopers, 40
Princípios da administração científica, Os (Taylor), 22
Pritzl, Michael, 52
Privacidade, 56
Processos de produção, abordagem do *hard edge* aos, 23
Produtividade: fofocas e a, 117; abordagem do *hard edge* à, 22-23; das equipes, 99; e confiança, 10, 38
Prognósticos fraudulentos, evitando, 170
Programas de marketing, aprendendo sobre indicadores e, 186
Programas/impressoras 3D, 152
Promessas, fazendo e cumprindo, 54
Propósito ambicioso, 52
Propósito: como tema recorrente, 15; dispersão do, 178; encontrando o seu maior, 52-53; histórias criando, 13, 160, 177-178; importância do, 160; perdendo o seu, 160; significativo, 52, 53, 54
Prova de matemática do SAT, 16, 48, 64
Público: como entender o seu, 13, 169-170; envolvido, prendendo a atenção do, 179

Q
Qualcomm, 31, 84
Qualidade: design, 135; foco na, 28; e reputação, 41
Quantificação, facilidade de, 20. *Veja também* Métricas/indicadores
Quicken, 150
Química, equipe, e como acertar, 107-110

R
Racionalidade *versus* humanismo, 17, 25-27, 28-29. *Veja também Hard edge*; *Soft edge*
Rams, Dieter, 141
Rastrear e registrar, 21-22
Rayport, Jeffrey, 94
Realidade: luta entre expectativas e, mostrando a, 171-172; reflexão sobre a, 185
Realidades que vão além da identidade social, 105
Realismo, adicionando, às histórias, 170-171
Realismo emocional, compartilhando, 170
Recompensas, extrínsecas *versus* intrínsecas, 27
Reconhecimento de marca, maior, *soft edge* levando ao, 20, 21
Recursos: briga pelos, entre o *hard edge* e o *soft edge*, 19-20; escassez de, *hard edge* começando com base em, 21-22
Recursos/características dos produtos, história baseada nos/nas, problema com, 164
Red Bull, 188
Redes, sociais. *Veja* Mídias sociais
Redes de sistemas cognitivos, 84
Redes sociais, 114
Redes sociais (networking), digitais, 114
Reduções de custos, 20, 30
Reduções de tempo, 20. *Veja também* Velocidade
Regalias/mordomias, 37, 38, 39
Registros, rastreamento e, 21-22
Regra das 10 mil horas, 73-74
Regra das duas pizzas, 96-97
Regra do 10-3-1, 46
Regras, definindo, 112-113
Rejeição, vendas, confiança diante da, 44-45
Relação custo-benefício, como meta, início da, 21
Relacionamento entre CMOs e CIOs: divide-se em, 183-184, 185, 185; saudável, 185-187
Relacionamentos: benéficos, estabelecendo, como um hábito inteligente, 11; criando, elemento fundamental da confiança nos, 36; eficazes, confiança por trás, 11, 38; moldando as histórias, entre empresas e clientes, 13, 155, 176. *Veja também* relacionamento entre CMOs e CIOs
Renascença: início, 21; fim, 21
Reputação, 41, 55-56
Resiliência, 38, 63
Respeito, 37, 38, 52, 54
Resposta à inovação, robusta: fatores não suficientes por si só para criar uma, 1-2; importância da, 1; fonte de, 3
Resultados financeiros, focados em indicadores/métricas e, 22, 23, 25. *Veja também* Limites do

Índice | 217

analytics (análises avançadas), definição dos, 112-114
Retângulo de ouro, 138
Retenção, 10, 16
Retorno sobre o investimento (ROI): mais rápido, investimento no *hard edge* proporcionando um, 20, 87; mensurável, confiança criando, 11; no *soft edge*, dificuldade em fixar uma cifra para o, 9; nas histórias, 160
Reuniões de Conselhos, 184
Reuniões: sentindo-se seguro nas, 54; definindo regras para, exemplo de, 112-113
Revista do MIT, 94
Riscos: enormes, de escala, 95; reduzindo as sensações de, nos grupos, 117; confiança como um elemento essencial, 36-38
Ritz-Carlton, 86
Robótica, 30
Rutgers, 92
Ryun, Jim, 125

S
SABRE, 24
Salas, Eduardo, 93
Salesforce.com, 56, 65
Samsung, 30, 139
San Francisco 49ers, 77, 78-79
San Jose Apaches, 78
Sanford, Curt, 174-175
Santayana, George, 126
SAP, 8, 12, 97-99, 112, 135-136
SAS Institute, 37, 51, 55, 56, 57, 58, 178, 180
Sauber, Peter, 188
Sauber Motorsports, 188, 189, 190-191
Saúde física, duradoura, 2-3
Saúde mental e emocional, 3, 3
Saúde pessoal, duradoura, estrutura conceitual para prever, 2-3
Saúde pessoal no longo prazo, estrutura conceitual para prever, 2-3
Saúde social, 3, 3
Schein, Edgar, 53
Schlifske, John, 35, 36, 48, 49
Schoon, Todd, 46, 47, 110
Schultz, Howard, 140
Schwarzkopf, Norman, 8
SEAL Team 6 da Marinha dos Estados Unidos, 107-108
Sears, 24
Sebanz, Natalie, 92
Segunda Guerra Mundial, 23, 27
"Seinfeld" (programa de televisão), 34

Sense of Beauty, The (Santayana), 127
Sensibilidade, universal, 12, 124
Sensores, 57, 116, 129, 147, 148, 189, 191
Sentimento mágico, 12, 123, 128, 130, 135, 140
Sentimentos e emoções. *Veja as entradas com a palavra Emoção e derivados*
Sentir-se inteligente, proporcionar a experiência de, 133, 144
"60 Minutes" (programa de televisão), 124
Setor automotivo, 152
Setor da aviação, 166, 167
Setor de saúde, 82, 84, 85
Setor de seguros, 48
Setor do conhecimento, 30
Sherlock, Ryan, 122, 127
Shooting from the Outside (VanDerveer), 73
Shrek (filme), 135
Siemens, 30
Significado: criando, através de histórias, 160, 162, 178, 180; cultivando, 52, 53, 54, 110; em busca de, 124; importância do, 124, 125, 127-131, 132-133
Silicon Graphics, 89
Silicon Valley Bank, 65
Simplicidade, 13, 143-145
Sinais sociais, 117
Sinalização/sinalizando, 116, 117-118
Sinceridade, 41
Sindicatos, 26, 30
Sinergia, solapando a, 53
Singapore Airlines, 187
Singularity University, 82, 84, 85, 99, 114, 150, 177
Sinyard, Mike, 108, 110, 134, 135, 142, 143, 146, 149, 170
Sistemas cognitivos, redes de, 84
Sistemas de gerenciamento de dados, 24
Sistemas de suporte, 112
Skynet, 84
Sloan, Alfred, 30
Sloan School of Business, 101
Sloan-Kettering Cancer Center, 82-83
Smartphones, 57, 84-85, 122, 128, 166, 185
Smith, Fred, 4-5, 11, 19, 74-75, 91, 92, 94-95, 96, 104, 112-113, 119
Snabe, Jim, 98-99, 99, 136
Snow, Charles Percy, 185
Sob a Névoa da Guerra (documentário), 24
Sobrepujar, 30
Socialcast, 56
Sociometria/sociômetro, 116-119
Sócios/parceiros, de confiança, na saúde, 86, 87
Sócios/parceiros, de confiança, na saúde, Mayo como, 86, 87

Soft edge, avaliação do, sites sobre, 14; capacidade de dominar tanto quanto o *hard edge*, como elemento fundamental, 32; como a fronteira final, 15; compreensão equivocada do, 9; compromisso com o, importância do, 191; descrito, 9-13; dificuldade de mensurar o, 9; domínio do, como elemento crucial, 32; encontrando o equilíbrio entre o *hard edge* e o, como elemento fundamental, 29, 32; excelência no, temas recorrentes no, 15; investindo em, razões para, 20-, 87; necessidade urgente do, razões para, 15-17; negligenciando e não fornecendo recursos suficientes para o, 9, 19-20, 185; no triângulo do sucesso duradouro nos negócios, 4, 14; perdendo o senso de, 135; pilares do, visão geral do, 10-13; questões para exploração futura do, 195; sólido, cultura com, relacionamentos que se beneficiam com o, 185; temas recorrentes vinculados ao, 15; valor relativo do, 29; *versus hard edge*, na briga pelos recursos, 19-20. *Veja também* Inteligência; Histórias; Gosto; Equipes; Confiança

Sony, 28
Southwest Airlines, 8
Specialized Bicycles, 12, 108, 108, 110, 123, 127, 128-130, 134-135, 140-140, 142-143, 144, 146, 147, 148-148, 148-149, 170, 185, 187
Sports Illustrated (revista), 62
Stanford Graduate School of Business, 53
Stanford School of Design, 135
Stanford University, 33, 91, 114
Starbucks, 20, 140, 187
Stewart, Jimmy, 36
Stoddard, Cynthia, 186, 187
Strava, 122, 127, 128
Suarez, Fernando, xiv
Substitutos, como um pilar da base estratégica, 6, *14*
Sucesso duradouro nos negócios: elemento fundamental para, 32; estrutura conceitual para prever, 4-13, *14*. *Veja também Hard edge*; *Soft edge*; Base estratégica
Sucesso duradouro. *Veja* Sucesso duradouro nos negócios
Supercomputadores, 25, 81-84, 85
Supercomputer Center da Universidade de Wisconsin, 89
Surgical Olympics (Olimpíada Cirúrgica), 69

T
Tab, 127
Tablets, xvii, 2, 31, 185
Talento, 65, 117
Tatuagens, marcas e, 162
Taxa de mortalidade, empresas, 31

Taylor, Fred, 73
Taylor, Frederick, 22, 25, 26, 29
Taylorismo, 22-23, 26, 29, 56
Technology Review (revista), 94
Técnica para contar histórias (narrativa), aprimorando, 13, 168-174
Tecnologia médica, 71, 82-85
Tecnologia: analytics (análises avançadas), 116; armadilhas da história na, 163, 164; coleta de dados, novos, 116; como insuficiente para manter sozinha a excelência, 2; comparação instantânea das compras através da, disponibilidade da, 30-31; da informação, supervisão, abordagem de equipe à, 91; divisão do investimento em, 183; e a cadeia de suprimentos, 8; e aprendizado, 71; e as equipes, 115; e o gosto, 129-130, 150; efeito da, no nível do alto desempenho, 191; empresas de vanguarda da, enfrentando riscos, 16; evolução da, ritmo da, 31, 81-82, 90; incorporando, nas tarefas do *soft edge*, 15; investimento em, ganhos no *hard edge* gerados pela, 20, 29; mudanças, e a história, 176-179; na medicina, 71, 82-85; nas corridas de Fórmula Um, 189, 190; sobrepujar, 30; ultrapassada, preso na (armadilha da), 31, 90; vantagem efêmera da, 20, 30, 31; vantagem influenciada principalmente pela, 29. *Veja também* relacionamento entre CMOs e CIOs
Telefonemas/chamadas telefônicas, 46, 47
Telefones, 86, 166. *Veja também* Smartphones
Tempo, levando, para aprender, 73, 74
Tempo de vida, empresas, 31
Tempos difíceis, atravessando, papel das histórias nos, 164-165
Tempos modernos (filme), 26
Tenacidade, 63, 68
Tendências: discussão sobre, reunindo, 186; dos negócios, atuais, 15, 30; produtos, novos, 130-131
Tênis de corrida da Adidas, 125
"Teoria Clássica da Administração", 26
Teoria de adaptação-inovação de Kirton, 107
Terremoto no Haiti, 153
Tesla Model S, 140
Teste de classificação tipológica de Myers-Briggs, 107
Teste dos cinco fatores de personalidade (Big Five), 107
Testes cognitivos, 63, 64, 107
Testes comparativos (benchmarking), 135
Testes de honestidade, 50
Testes de personalidade, 107
Testes de QI, 63, 64
Testes extremos, mundo real, 107-108
Testes extremos do mundo real, 107-108

Theodore, Scott, 45, 46-47
Tomada de decisões, mais acertadas, 99
Tompkins, Douglas, 170
Toy Story (filme), 135
Toyota, 28, 94
Trabalhadores de fábrica, 22-23, 26, 29
Trabalhadores de linhas de montagem, 22-23, 26, 29
Trabalho administrativo/burocrático, 26-27
Trabalho árduo, 11, 65, 73
Trabalho digital, 152
Trabalho em equipe: larga escala, usando as mídias sociais para, 114-116; solapando, 53; ciência do, 116-119
Traição: efeito da, na confiança, 54; risco da, 36
Tranquilizando e pressionando, ao mesmo tempo, 110, 111
Transmissão da mensagem, importância da, 43
Transparência, 41, 43, 186
Treinadores/técnicos, usando, 110-111
Treinadores/técnicos de equipes esportivas, 11, 50, 61-62, 66-67, 68, 72-73, 77, 78-79, 80, 81
Treinamento em ética, 51
Treinamento: cultural, 86; ético, 51; médico, 68-71, 82-83; militar, e testes, para determinar a adequação da equipe, 107-108; histórias usadas para, 158
Treinamento/formação cultural, 86
3M, xviii
Tricorder de *Jornada nas Estrelas*, 84
Trump, Donald, 64
Twitter, 51, 55, 101, 177, 179
"Two Cultures and the Scientific Revolution, The" (Snow), no Brasil, publicado como *As duas culturas e uma segunda leitura* (São Paulo: Edusp, 1995), 185

U

U.S. Central Forces Command, 8
Universidade da Califórnia em Berkeley, 23, 73
Universidade de Birmingham, 156
Universidade de Idaho, 72
Universidade de Wyoming, 28
Universidade de Zurique, 52
Universidade Toyota, 28
UPS, 94

V

Vale do Silício, 15-16, 33, 42, 48, 90, 98, 104, 110, 135, 162-163
Valor da marca: elevado, 28; perdido, 16
Valor relativo, 29
Valor: diversidade e, 102; relativo, 29

Valores: destruição dos, efeito dos, 16; centro comum, 105; confiança começando com, 10, 35, 48, 49. *Veja também Soft edge*
VanDerveer, Tara, 62, 66-67, 68, 72-73, 74, 81, 111, 119
Velocidade: atração pela, 30; como insuficiente para sustentar a excelência, 2; como um pilar do *hard edge*, 78-8, *14*; confiança e, 40; e Wall Street, 15; efêmera vantagem da, 30; indicadores de, 20
Vencendo a crise (Peters & Waterman), 15, 28-29
Venture capitalists, 33, 194
Verdadeiro norte. *Veja* Propósito
Verossimilhança, ligação direta, 13, 170-171
Vettel, Sebastian, 189
Viabilidade, 135, 136
Vídeos on-line, 179
Virgin America, transportes aéreos, 130
Visão (como um dos cinco sentidos), desenvolvimento da, 138
Visão de sistemas, surgimento da, 22-25
VisiCalc, 24
Visualização de dados, 58-59, 179
Von Clausewitz, Carl, 77
Vulnerabilidade, mostrando, 171

W

Wadhwa, Vivek, 85, 99-100, 114-116, 150, 177
Walgreens, 85
Walkman da Sony, 125
Wall Street, 15, 33, 39, 48
Walmart, 24, 30
Walsh, Bill, 77, 78-79, 80
Walt Disney Company. *Veja* Disney Walton, Sam, 24
Wang, 5
Warner, Mark, 86
Waterman, Bob, 15, 28
Watson (supercomputador), 81-84, 85
Web. *Veja* Internet
Webb, Maynard, 65
Weiss, Peck e Greer, 91
Wennmachers, Margit, 76, 141, 150, 158, 162-163, 165, 168
West Coast Offense, 77, 78-79
Whitman, Meg, 160
Whole New Mind, A (Pink), 124
Whyte, William, 26, 27
Wicher, Chris, 82, 84
Wikipédia, 30
Wilson, Sloan, 27
Wood, Doug, 69-70, 82, 85-86
Woods, Tiger, 189
WorldCom, xixWorldport, 94

X
X-Prize campeonato, 84
Xerox Palo Alto Research Center (PARC), 96

Y
Yahoo, 51, 65
Yale, 34
Yates, Richard, 27

York, Conrad, 47
Young, John, xvii

Z
Zona de conforto, indo além da nossa, 77
Zuckerberg, Mark, 64
Zune, 127